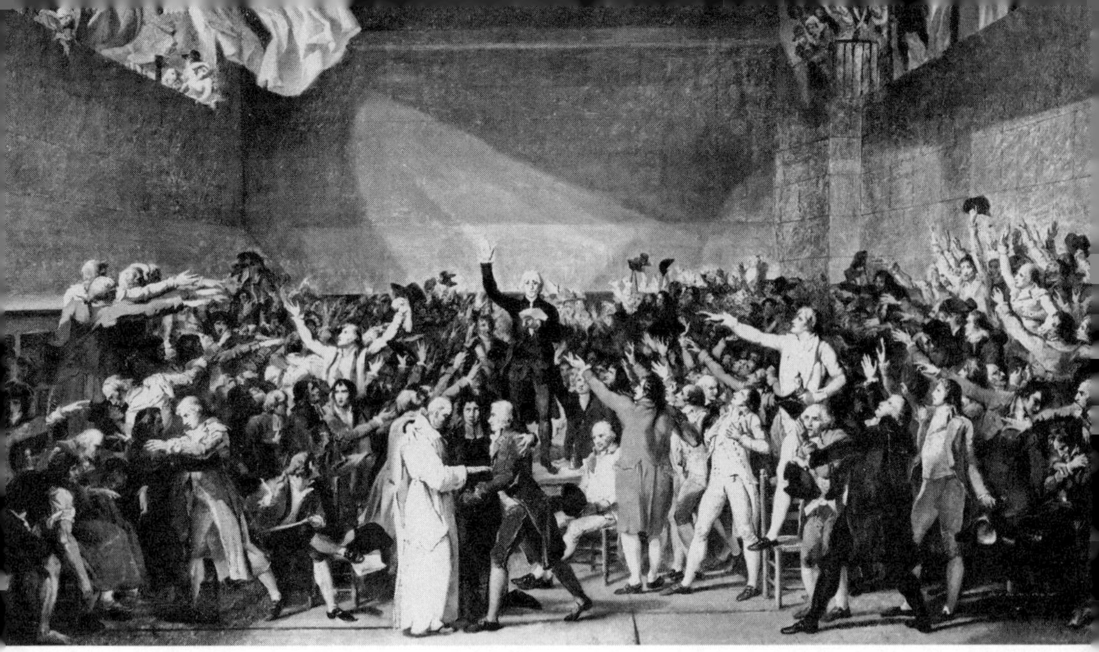

法国大革命补论

【英】埃德蒙·柏克 著 冯克利 译

Further Reflections on
the Revolution in France

图书在版编目(CIP)数据

法国大革命补论/(英)埃德蒙·柏克著;冯克利译. ——南昌:江西人民出版社,2023.11
(西方保守主义经典译丛/冯克利主编)
ISBN 978-7-210-12109-1

Ⅰ.①法… Ⅱ.①埃… ②冯… Ⅲ.①法国大革命-研究 Ⅳ.①K565.41

中国版本图书馆 CIP 数据核字(2020)第 044525 号

法国大革命补论

(英)埃德蒙·柏克著 冯克利译

江西人民出版社出版发行

长沙超峰印刷有限公司印刷　　新华书店经销
2023 年 11 月第 1 版　2023 年 11 月第 1 次印刷
开本:660 毫米×960 毫米 1/16 印张:23.25 字数:236 千字
ISBN 978-7-210-12109-1　定价:78.00 元
赣版权登字-01-2023-380
版权所有　侵权必究

江西人民出版社　　地址:南昌市三经路 47 号附 1 号
邮编:330006 学术出版中心电话:0791-86898143
网址:www.jxpph.com
E-mail:jxpph@tom.com   web@jxpph.com

(赣人版图书凡属印刷、装订错误,请随时与江西人民出版社联系调换)

总　序

冯克利[1]

在中国介绍西方保守主义，于今未必是一件能讨好人的事。首先是因为它引起的联想不佳。对于深受进步主义观念影响的读者来说，一提"保守"二字，往往会想到有碍"进步"的旧道统，想到特权和等级秩序，更直白地说，想到抵制变革的"反动势力"。

其次，还有一个更现实的原因。对于结构已然相对稳固、运转顺畅的社会来说，或许有很多东西值得保守。但是一个亟待转型的国家，如果好的旧事物留存下来的不多，体制依然尚无定式，这时人们便更愿意用变革来换取改进。倡导保守者于此不免自作多情，徒言往圣先贤而无"活着的"旧制可以依傍，会因缺乏所谓"建设性"和"前瞻性"而为人所诟病。与西方不同，中国人大多并不以保守主义者自居。

---

[1] 冯克利，山东大学政治学与公共管理学院教授、博士生导师，国内著名翻译家。主要译著有《民主新论》《乌合之众——大众心理研究》《致命的自负》《论公民》《宪政经济学》《哈耶克文选》《邓小平时代》等；发表论文有《柏克保守主义思想的法学来源》《政治学的史学转向——马基雅维里的现代意义刍议》等三十余篇；著有《尤利西斯的自缚：政治思想笔记》和《虽败犹荣的先知》。

这种理解可能没有错,但也忽略了保守主义的另一些特点。

首先,保守主义虽然尚古,但它本身并不是古董。就像社会主义、自由主义和民主主义一样,保守主义也是一种典型的现代思想。人们或许能从近代以前的思想家中找到类似保守主义的言论,如柏克之前的胡克(Richard Hooker,1554—1600)和巴特勒(Joseph Butler,1692—1752),但不能据此认为18世纪末之前便已有保守主义,因为那时人们并没有保守主义的自觉。保守主义是与现代世界同步发生的。1789年的法国大革命这一旷世巨变,才使保守主义真正成了一股强大的思想和政治势力。它所面对的不但是一个变化的世界,而且支持变化的观念和推动变化的技术手段,与民族国家的力量相结合,也使其规模与强度与往昔不可同日而语。它既清除陈旧的束缚与压迫,也能斩断一切凝聚社会的纽带。保守主义自觉与之对抗的便是"现代性"充满危险的一面,但它本身也是现代思想体系重要的一环。

其次,另一个常见的误解是,保守主义是一种专属于权贵或既得利益的意识形态。其实,保守主义自其诞生之日起,在西方便有着广泛的社会基础,支持保守主义政治势力的普通民众在欧美遍布各地,可见它并没有特定的阶层归属。厌恶频繁的变化乃人类的天性之一,大变革可以为英雄带来快感,但也能给生活的各个方面造成严重的不适。多数人并不希望自己的生活成为政客施展革新大业的舞台。保守主义所要维护的不是任何特定的利益,而是一种稳定的社会秩序模式。在保守主义看来,这种秩序的存在既是人的基本需求之一,也是文明成长的要件。

再次,保守主义多被喻为政治列车的刹车器,讽其抱残守缺,不知进取,缺少"行动能力"。在很多情况下确实如此。然而,姑不论阻止变革也需勇气和社会动员,即使从革除时弊的角度看,远有英国保守党首相罗伯特·皮尔（Robert Peel）和丘吉尔，近有美国总统里根和英国首相撒切尔夫人，皆表现出强大的行动力，其厉行鼎革的勇气丝毫不让于对手。可见在重新为社会定向的问题上，保守主义思想同样可以提供强大的动力来源。在国际关系领域更不待言，欧美的保守主义者通常比其他政党持更强硬的立场，更加倾向于"行动主义"。

不过，以上所述只涉及保守主义的形式特点。如果观察保守主义的思想内容，则会发现它并不是一个条理清晰的体系，而是有着十分复杂的成分。即以保守主义鼻祖柏克来说，他向不以理论家自居，其思想缺乏严谨一致的外表，法国的迈斯特与他相比，基督教宿命主义的倾向就要清晰得多。英美保守主义因柏克的缘故而与古典自由主义和法治传统结下不解之缘，同样受柏克影响的德国保守主义，则呈现出浪漫主义和民族主义的激情。在19世纪，黑格尔是普鲁士国家主义的辩护士，法国的贡斯当和托克维尔则为现代商业文明和民主趋势提供了理论支持。此后的保守主义思想同样成分复杂，有些甚至相互冲突。例如，同为德语文化圈的哈耶克和卡尔·施米特，大概除了可以共享保守主义之名外，两人的思想甚少相似之处。在英国的保守主义思想家中，奥克肖特的思想很世俗化，克里斯托弗·道森（Christopher Dawson）却是虔诚的天主教信徒。保守主义者在美国通常是小政府和地方主义的支持者，在法国则多是中央集权派。在经济学领域，政治光谱中偏保守的人多为市场至上派，但很多文化保守主义者对经济自由带来的物质主义有很大保留。施特劳斯对现代资本主义嗤之以鼻，可是在安·兰德看来，它是西方文明最珍贵的成果。有些保守主义者常常表现出民族主义甚至种族主义倾向，但也有不少保守主义者依然信守由基督教传统中演化出的普世主义。

所有这些难免给人一种印象，保守主义是一个混乱的概念。就如同哈耶克和亨廷顿所说，对于应当保守者为何，保守主义者并无统一的目标。它缺少清晰稳定的政治取向，因此不能提供一种实质性的理想。但是换一个角度看，思想色彩各不相同的人都愿意用"保守主义"自我或互相标榜，至少说明了它具有强大的工具性价值。保守主义本身可能无力提供一种完备的替代方案，但对于维护社会中某些既有的结构性成分，或避免某些政治方案的恶果，它却能发挥不可替代的作用。从这种工具角度来理解保守主义，使它与其他政治学说相比，拥有更多守护原则的实践技艺。所谓"道不自器，与之圆方"，它可以为变革与连续性之间的平衡提供一定的规范。从这个意义上说，保守主义不是政治哲学，而是一种古典意义上的"政策"理论；它不是无视现实的传统主义或文化原教旨主义，而是现实政治和伦理生活的有机组成部分。

保守主义虽然谈不上是一种严整的思想体系，勉强给出清晰的定义可能是费力不讨好的事，但还是可以为它归纳出一些基本特征。作为一个复杂的思想群体，这些特征不是表现在他们的共同主张上，而更多的是反映在他们的共同反对上。

第一，大体而言，保守主义者对于以现代技术理性为基础的进步主义持怀疑态度，他们不相信进步有无可争议的正面价值，认为眼前的经验并不足以为人的正确行为提供足够信息。无论观念还是技术革新给生活方式造成的改变，其长远后果不是立刻就能看清楚的，所以保守主义者都反对激进变革，对历史和信仰的传统持虔诚的敬畏态度。

第二，在保守主义者看来，社会不是外在于人类活动的客观事实，可以由人对其任意加以改造。社会最可贵之处，是通过特定群体长时间的实践活动而形成的内生秩序，它类似于一个复杂的有机体，其最好的、最自然的变化是演化与生长，这个过程不排除理性的作用，但由于人性天生并不完美，所以理性在引领变革中最重要的作用是审慎。

第三，社会的稳定性在很大程度上是由家庭伦理、风俗习惯和宗教信仰来维系，它们使人们在生活中感到惬意，形成真正的权威认同。如果这些因素受到破坏，恢复起来将极为困难。因此培育和守护这些因素，乃是维持社会健康的必要条件。

第四，保守主义者对政府权力一向保持戒备，不信任基于权利平等的现代民主政体具有至上价值。他们认为贤能政治（meritocracy）更有益于社会整合和道德风气的培养；肯定基于自然原因的不平等的正面意义。

第五，保守主义还有一个并非无关紧要的特点：它严重依靠历史和传统叙事，认为所谓科学思维提供的各种原理不具有道德和社会优势，因此排斥超越时空的理性批判。这使保守主义文献在话语风格上文学叙述多于逻辑分析，引经据典和释义成分多于体系建构，这也是保守主义缺乏系统性理论的一个重要原因。

自保守主义诞生二百多年来，相关文献汗牛充栋，由于产生的时代和区域背景不同，各派思想杂陈，良莠不齐，即或择其一支加以系统介绍，亦恐难以办到。编辑出版这样一套丛书，仅仅是着眼于过去西方保守主义在中国相对而言译介不多，如今反思百年革命者众，而对革命回应最有力的西方保守主义传统，却缺乏足够的文献可资借鉴，不免是一件憾事。在就民族未来亟须重建共识的时代，编者愿借这套丛书的出版，为中国读者提供一个机会，掬他山之水，浇灌我们的智慧。

是为序。

2015 年 8 月 20 日于济南历山雀巢居

译序　因袭的智慧

一

收入这本《法国大革命补论》中的文字，计有两本小册子和五封信。第一篇写给法国的年轻贵族弗朗西斯·杜邦的信，可以说是《法国大革命反思录》的前奏。读过那本书的人都知道，它就是以致杜邦信的形式面世的。除了这封信之外，其余各篇都是柏克在《法国大革命反思录》出版之后所写的。

促使柏克把一封信扩展成《法国大革命反思录》的诱因，除了法国事态的迅速扩大和演变之外，还有就是在他落笔写下这封信的同时，非国教牧师普莱斯（Richard Price，1723—1791）1789年11月在伦敦革命学社发表题为"论爱国"的布道，他借纪念光荣革命之名，为法国人追求自由的壮举大唱赞歌。柏克与普莱斯之间并无个人恩怨，但是他不忍心看到对自由有着"精湛理解"的英国人，被普莱斯鼓吹的法国式自由引入歧途。他要提醒那些为法国大革命而兴奋异常的英国人，正在巴黎发生的事情，并不是光荣革命的继续，更不是它的升级版。把两者混为一谈，会给英国乃至欧洲的社会秩序带来严重的恶果。

《法国大革命反思录》面世之后，以法国的事态之巨，柏克在政坛上名声之隆，免不了引来坊间各种议论。且不说报刊文章如柏克所说，"万箭齐发，遮天蔽日"，仅回应它的小册子，半年之内就出了二十八种之多，其中自然少不了嘲讽乃至漫骂。柏克后来写信告诉友人，他不屑于同那些"恶棍"和"印度瘪三"争论。对于这种一时难辨是非，却极易触发强烈情绪的问题，迎头反击并不会带来荣誉，反而有可能徒增对手的名声，所以柏克采取了更明智的做法：保持沉默。收到文章和小册子后，柏克便把它们丢在一旁，"我知道它们改变不了我的想法，我也改变不了他们的想法，所以不想再引起进一步的争论"。

但是，柏克对法国的事态并未放松关注。在此后一段时间里，他一边忙于黑斯廷斯弹劾案，同时仍密切注视着法国事态的发展，不时结合英国的内政外交问题发表意见。收入本书的文献，除了《论与弑君者讲和》（*Regicide Peace*, 1796）因篇幅过大只能单独成书之外，大体上汇集了柏克这个时期有关法国最重要的言论。

就像柏克以往的著述一样，若以思想的系统性为标准，这些文献依然让人感到有些杂乱无序，但我们大体上可以把它分为四部分内容。一是对法国事态的进一步评论，尤其是大革命给整个社会结构造成的破坏。其次，《法国大革命反思录》的出版给柏克带来了一个始料不及的结果，以福克斯为首的辉格党上层日益与他疏远。虽然大多数人并不反对柏克的立场，但是他们不想与对抗王权的中坚人物福克斯闹翻，所以也不愿意公开站在柏克一边。这迫使柏克不得不为自己的反革命立场辩护,为此他写下了最著名的小册子之一《新辉格党致老辉格党的申诉书》,对自己忠实于辉格党传统一以贯之的立场做了深入的表白。从这篇文字可以看到,柏克的政治理念使他不可能成为肤浅的党徒,他既不会一味反对王权,也不会无条件地支持人民;他毕其一生反对的,唯有任何专横的权力对宪政结构的破坏。对于后来指责柏克背叛了自由事业的人来说,这本小册子足以还他清白。

另外,柏克也讨论了法国革命政府的颠覆活动对欧洲秩序的破坏,以及结成反法联盟的可能。与评论国内政治采用的立场类似,他认为法国的革命意识形态给欧洲大陆传统的势力均衡构成了严重威胁,从中我们可以看到柏克对威斯特伐利亚体系的维护。最后一部分是就他退出政坛后领取王室年金所做的辩解,此事表面上不涉及公共话题,而且是源于一种曾受到柏克指责的王室陋习,但同样透露出柏克对政权和财产如何才能获得正当性的独特认识。

这几部分内容虽然各有侧重,都隐含着那个始终贯穿于《法国大革命反思录》中的主题:一个秩序井然的自由社会,是如何形成和生长的;不明乎此,维护文明社会的存续也无从谈起。

二

柏克在 1789 年 11 月写给杜邦的信中表示,他一直关注着海峡对岸正在上演的"令人错愕的大戏"。大概是因为对事态仍缺乏细致的了解,他在信中只是概括地谈了谈他对法国革命者极力标榜的"自由"的看法。柏克给出了自己对自由的理解：

> 我所说的自由，是社会性的自由。它是自由受到平等的限制所保护的状态。它是这样一种制度，任何人、任何人类团体、任何成员的自由，都不能侵害其他任何人或任何一类人的自由。其实，这种自由不过是正义的别称……只要自由与正义相分离，那么依我之见，两者便都不再安全。(4页)

接下来柏克罗列了一系列"假如"能在法国出现的情况。这些假设的条件都与理论无涉，而是柏克观察和判断一个良好社会的经验标准。后来他在《法国大革命反思录》中对此做了概括。他说，自由必须"与政府结合在一起，与公共力量，与军队的纪律和服从，与有效而分配良好的征税制度，与道德和宗教，与财产的稳定、和平的秩序，与政治和社会风尚结合在一起"。

显然，柏克罗列的这些事项，大多属于自由在政治和社会生活中受到的限制性条件，也可以理解为他对法国大革命表达的希望。他说，倘若这些假设的条件出现，他就会支持法国人争取自由的行动，不然他绝不会送上自己的祝贺。

但是，柏克对此显然没有信心。他很快就看清楚了，法国人正在建立的新制度，是一种无法仅凭经验加以评说的统治形态，而且它不可能提供自由的前景。法国大革命并不是"暂时的罪恶，一定会带来长久的好处"；它也不是尚不完备、可以逐渐成熟的自由计划。它从根本上就是错误的。(73页)

可怕的不仅是罪恶的规模,还有造成那些罪恶的理念。从某种意义上说,柏克或许是明确预感到现代"革命意识形态"全球化过程的第一人。他指出,法国正在发生的事情,迥异于一般的骚乱,它"扩展到了人类的思想结构"(261页),其基本成分是"信仰改宗"的精神。法国大革命是一场"教义和理论信条的革命",就像过去的宗教改革和教皇党与皇帝党之争一样,从本质上说它不是地方性的现象,它所信奉的教义不可能对法国人正确,对其他国家却是错误的。它不受地点和环境的影响,"以其巨大的灵活性向四处扩散,结果是到处都发生了大分裂"(192页)。柏克把这种四处漫延的新教义形容为从冥府跳出来的"鹰身女妖",它"到处交配下蛋,让它们在每一个邻国的鸟巢里孵化";它像一只"邪恶而贪婪的巨禽,在我们头上盘旋,扑到我们的桌子上搞得狼藉一片,用它的排泄物玷污了一切"(271—272页)。柏克警告说,假如"法国这个万恶之源的'大学校'"所宣扬的原则得势,世界上的任何政府都不可能安全。后来他在《论与弑君者讲和》中更是尖锐地指出,法国革命者的影响并不是一个帝国向境外的扩张,而是一个"志在建立普世帝国的宗派的扩张,法兰西不过是它的第一个征服对象"。

如此恶毒的诅咒,当然不是因为柏克要充当传统教义的维护者。作为务实的政治家,他对单纯的理论或教义之争一向不感兴趣。他痛恨法国大革命,说到底与他对社会的认识有着更为密切的关系。

在上面那段有关自由的引语中,尤可注意的一点是,柏克把自由的存在同两个实践性的概念紧密联系在一起。他特别强调了他所理解的自由是"社会中的自由",这种自由而且必须"正义"(justice,与"司法"同义)。就像后来的自由主义者一样,柏克笃信自由应当受到平等的司法保护,一个人的自由应以不侵害他人的自由为界。只有公正的法律能为这种自由提供保障,这就是柏克所说"正义不过是自由的另一种说法"的真正含义。熟悉约翰·斯图亚特·穆勒《论自由》的读者,对这种个人主义的自由观大概都耳熟能详。

然而柏克除了承认人在人格上的平等以外,从任何意义上说都不是个人主义者。他承认每个人都有自由的权利,甚至同意它是人"天生的权利",是一项"人类特权"。但是柏克在给杜邦的信中也特别表明,他所说的自由,不是"孤立的、与他人无关的私人自由",而是"社会中的自由"(3—4页)。就像人的任何欲望一样,自由只有通过某种长期的群体生活,才能提升到比原始本能更高的层次。具体到英国人的自由,柏克从来不认为它是"天赋人权",而是把它视为一种"因袭的权利"(prescriptive rights),顾名思义,这种权利只能发生在历史性的社会关系之中。所以柏克十分坚定地排斥从形而上学意义上理解个人自由,而是始终把它看作一种社会现象,或者更准确地说,自由是"文明社会"培育出的一项最珍贵的成果。柏克或许不会否认对于人类来说,自由有着固有的或"内在的"价值。但是,仅仅由这种内在性,无从确定自由是不是人类生活的福祉,自由的含义和价值,只有根据它与社会演变的关系才能做出判断,或者反过来说,只有在鲜活的社会生活中,自由才能充分展现出它的道德意义。

与这种"社会的自由观"相对应,柏克更愿意把"人民"理解为一个具有"社团"(incorporation)(152页)性质的群体。形成这个社团的要素,是宗教信仰、道德风尚、习惯、案例和法规的长期适用。它是一个"具有真正政治人格的群体",而且与一般社团法人不同,它"永远不会死亡,事实上也绝不会因为有人死亡而失去它的成员"(122页)。就像柏克在《法国大革命反思录》中的著名表述,它是死者、生者和未诞生者组成的共同体,个人的自由就蕴含在他们相互之间绵延不绝的权利义务关系之中。

在这个问题上,把柏克的社会观和著名的社会契约理论做一对照,可以更清楚地看出他和现代政治学主流学说的对立是多么严重。例如在卢梭的理论中,人类社会是因一个所谓的"原始契约"而形成,并且这个契约是源于一种罪恶:当有人指着某种物声称归他所有时,人的堕落就开始了。而对于柏克来说恰恰相反,契约只能是社会生活的产物,产权是文明秩序的基础。柏克是接受"社会契约"这个概念的,例如他在《法国大革命反思录》中就说过,人类社会确实存在着一个"伟大的初始契约",而且他像卢梭一样认为,这种契约是使个人服从于共同权威最重要的前提。如他所说,"国家的宪政体制一旦根据某种默示或明确的契约确定下来,那么除非打破协约,或者征得所有当事人的同意,是不存在改变它的权力的。这就是契约的性质"(146页)。但柏克和卢梭之间的相似性也就到此为止。

卢梭说人生而自由,却无往不在枷锁中。而在柏克看来,把社会规范一概视为"枷锁",无异于对文明社会的彻底颠覆。人并非如卢梭(或霍布斯)所说,要放弃自己的"自由意志"才能结合为社会,而是只有在社会中才能享有真正的自由;社会的黏合剂不是所谓的"公意"(或"利维坦"),而是个体在漫长的群体生活中形成的习惯。英国人得以享有"高贵的自由",是因为它有"自己的家谱和显赫的祖先,有它的支柱，它的徽符，有它的肖像画廊、纪念铭文，它的记载、物证和勋衔"，这些才是"我们继承的遗产"。每个人从他出生的那一刻，通过这些遗产，就进入了许多契约关系，例如家族关系、财产和商业关系、社区和教会，等等，这些契约关系都不是自由选择的结果，无论是个人还是"人民"，都没有权利随意加以改变（42页）。即使是形成国家的政治契约，也不过是封建民事契约关系的延伸，从柏克极为推崇《大宪章》的内容和行文风格，便可以清楚地感受到这一点。

既然社会从来就不是根据"自由"或"人权"这些抽象观念建立起来的，所以柏克也不需要"人生而自由"这个形而上学假设。在柏克的视野里，作为社会成员的个人，与其说是"生而自由的个体"，不如称之为"自由的后裔"。人在卢梭所谓的"自然状态"中无论是什么样子，对于柏克来说，自由只能是文明社会秩序的产物，这是由柏克对人性的经典定义——"技艺是人的天性"决定的。技艺在文明社会中的演进给人类提供了种种便利，其中无一不附带着权利义务关系。

由此衍生出了柏克对"自然状态"的独特理解："文明社会的状态……才是自然状态，与野蛮人毫无章法的生活方式相比，它是更为真实的状态。"在这里我们读到了柏克对人如何才能获得自由"资格"最精当的评论：

> 人享有文明社会中的自由的资格，与他们用道德来约束自身嗜好的倾向成正比，与他们把对正义的爱置于他们的虚荣和傲慢之上成正比；与他们更乐意倾听智慧友善的劝告，而不是流氓的奉承成正比。除非对意志和嗜好的控制能够得到落实，

社会是无法生存的，这种控制力在人的心中越弱，在外部就只能越强。按照事物的永恒定律，思想放纵之人不可能有自由。他们的激情铸就了他们的枷锁。（60页）

于此，我们也就不难理解，为何柏克在《致一位国民议会成员的信》中，向卢梭发起了最猛烈的攻击。在柏克看来，革命者把这个人奉为神明，是因为他提出了可以用来取代"过去一直用于规范人类意志和行为的所有原则"。卢梭不管有多么出色的文学才华，他是个不折不扣反社会的人，坚持"反社会的独立精神"。这让柏克怒不可遏，用语尖酸刻薄，他把卢梭称为"虚荣哲学大师""虚荣的大英雄"；虽然不时混杂着动人心魄的文字表达，炫耀的却是"阴暗而庸俗的恶行"，"虚伪的恶习和堕落"，"最不宜率直地公之于众的事情"。最令人不可容忍的是，这个"铁石心肠的下流父亲"，一边向人类释放着无远弗届的柔情，同时却把自己的子女送进育婴堂，从而颠覆了家庭的信任和忠诚，而正是后者构成了社会生活的基础（39—41页）。气昏了头的柏克可能忘记了一点，卢梭把自己的骨肉送进育婴堂，正是其伟大教育理念的完美实践：让他们回归"自然状态"。

三

从这种自由与社会关系的角度，柏克也谈到了他对法国社会的看法。按他的观察，在法国的旧体制中，最初也存在着像英国一样完备的原则（57页）以及根据这种原则形成的"宪政"。它有自己"传统的条件、关系和人们的相互权利"，有从国家的环境和财产状况中成长而来的社会结构；由三个等级形成的宪政是"自然的"，可以作为"法国唯一正当的代表"（60页）。后来托克维尔曾指责柏克幼稚地建议法国模仿英国的制度。但是至少从柏克在这本书中的论述来看，他认为以法国贵族和第三等级的政治素质而论，英国的两院制在那里未必行得通。他为法国旧制度的辩护，在很大程度上是出于他相信法国有着和英国大体一样的社会结构，它的君主制、贵族、教会和第三等级，都是可以培养出"宪政"的社会要素。

柏克虽然没有推销英国的制度，但是他强烈建议法国人采用英国的改良原则。他们应当像他的前辈，那些著名的老辉格党一样，"小心地防止把革命原则同个人或人民权利的空泛信条混为一谈"（131页）。在柏克看来，维护道德秩序，尊重古老的因袭权利，谨慎地实行变革，不但适用于英国，对法国甚至印度也同样有效。在法国这样一个已经拥有高度文明的社会里，无论建立还是改造政体，首先应当考虑的事情是不同利益原则之间的平衡，"阻止其中的任何一条原则像在理论中那样一意孤行，走得太远"。即使在革命爆发的极端情况下，也应当仅限于改造"违规的部分"，以确保不致引起整个公民社团和政治结构的崩解，使社会的原有要素得以衍生出新的公民秩序。

如果说柏克有任何政治理论的话，他关于均衡的"混合宪政"的言论，可能最接近于一种政治理论了。这也是英国政治文化的传统之一，我们从《大宪章》中已经可以看到它的雏形，在17世纪的政治论战中它成为激烈辩论的主题，甚至从查理一世的文告中也能看到它的表述，在史学家爱德华·吉本和同时代的美国国父约翰·亚当斯那里，混合政体的思想更是表达得淋漓尽致。柏克坚信,英国的宪政是由不同的成分——国王、贵族、教会和平民——组成的,这些成分可表现为不同的统治原则。良好的政体,应当允许各个不同的成分追求各自的目标,同时又使它们分别限制和控制着其他成分,从而达成政治结构的平衡,这种状态要远比单一统治原则的完美表现——君主的仁政、贵族的贤能统治或大众民主——更为可取。柏克在《法国大革命反思录》中那句著名的脏话,"民主是天底下最无耻的东西",也只有放到这个混合宪政的话语背景中才能得到正确的理解。柏克这里所说的"民主",当然不是后来在北美和西欧逐渐成型的代议制有限民主,而是更接近于亚里士多德政体分类中的共和政体堕落后的"平民政体"。柏克对亚里士多德的政体分类学是很熟悉的,多数、少数和一人统治作为政体的基本成分,是他头脑中一个挥之不去的意象,而单纯的平民政体无疑是一种腐败的政体。他的道理很简单,如果"任何一群人的意志强大到足以蔑视自己的义务,他们就不会再承担任何义务了",由此导致的专横意志,不管它是来自君主还是人民,只能意味着权力的腐败。

基于这种平衡感,柏克在《新辉格党致老辉格党的申诉书》中明确表示,他不是维护英国宪政一个特定成分的党徒,而是从原则上强烈信奉整个宪政体制。在现实的政治世界里,如果宪政的一个成分受到威胁时,他会"拼尽全力,真挚而热情,充分运用他所具备的陈述、论证和渲染的力量"(90页)去维护这个受到威胁的成分,而不是像理论家那样同时照顾到所有其他成分。为了防止可能的误解,柏克又特别说明,他维护的具体对象可以此一时、彼一时,但是他维护宪政平衡的立场是一贯的,"他今天为维护民众权利竖起了篱笆,就据以推断他明天会赞同把国王拉下马的人;第二天他捍卫王权时,也不应该认为他就放弃了人民的权利"(90页)。柏克在美洲独立战争期间为殖民地人民的权利大声疾呼,在法国大革命爆发后他又拼死捍卫君主制,正是这种立场的充分体现。

很多后世的历史学家认为,柏克对法国社会的认识未免过于天真了。按托克维尔和泰纳(Hippolyte Taine,1828—1893)等人的观察,对法国社会结构的破坏并非始自大革命,而是早在路易十四时代就开始了。随着中央集权的趋势有增无减,王室卖官鬻爵愈演愈烈,贵族和教会逐渐丧失了地方治理的功能,封建贵族守土有责的荣誉感,让位于攀附王室的虚荣心。他们纷纷涌向巴黎,变成国王的附庸,以至于到了路易十五时代,在他们眼里,"凡尔赛宫的前大厅就是整个世界"(泰纳语)。柏克缺乏对旧制度的细致研究,并没有清楚地看到法国中央集权的严重程度,大革命对社会织体的破坏,其实不过是王室集权过程的继续。

不过,换一个角度看,柏克的观点仍足以引起世人的警觉。托克维尔等人强调的是王权扩张给传统的社会治理体系造成的破坏,而柏克面对的最紧迫问题,是法国革命中"民权"的无节制膨胀,以及各路政客为了一己之私而对"人民"肉麻的谄媚。柏克认为,如果那些政客对社会有最起码的尊重,他们本可以在既有的财产关系和君主制基础上,像英国人那样谨慎地对待既有的利益关系,小心地探索改良之路。

然而法国的革命者却反其道而行之。他们在追求所谓的自由时,不想保留任何未加改变的事物。他们不是以救济冤苦的审慎方式,而是采取了全盘推倒重来的"野蛮尝试",热衷于"极为邪恶、可怕的创新,使知识变得比无知更有害"。他们"用结帮拉派、不讲原则的人组成的俱乐部和协会取代了所有的合法社团,没有任何异议敢于出现在他们中间,除非是以生命为代价"。他们改变国民的地位,颠覆财产制度,以便让国家符合他们的"宪法理论"(60页),他们用"虚假的多数"炮制出一部宪法,诱惑人民无节制地释放出各种欲望,教唆社会的不同成员相互掠夺,"压制、贬低、没收、消灭绅士和整个国家的土地财产",其结果是"把人类社会的基础结构破坏殆尽"(155页)。令柏克深感恐惧的,便是法国革命者这种对既有社会秩序的彻底践踏。在如此无节制的创新欲面前,通过自愿的合作关系形成的错综复杂的权利关系,都将荡然无存。

四

柏克从议会退休后,皮特首相为他争取到一笔优厚的王室年金(3700英镑)。两位立场激进的上院贵族挖苦他曾攻击王室年金的陋习,现在却安心享受这种特权的馈赠。柏克在为自己辩护时表示,这笔年金并非他主动要求,更不是助纣为虐所得,反而是这些贵族的财产的正当性令人生疑,它们的来源甚至更为肮脏,因为其功绩是积极充当一个暴君的贪婪工具,参与过洗劫当时国家的教会。它们来自亨利八世用非法判决聚敛的钱财,并且王室是将其赏赐给他们的祖先。

与柏克对"自然贵族"的推崇不同,他并不是特别喜欢世袭贵族制,他看重的是在与君权的对抗中,贵族已经成为让英国宪政保持平衡的重要一翼。所以尽管他出语刻薄,并没有否认贵族的后裔享有其家产的正当性。他很清楚,使一个社会失去秩序最方便的办法,就是破坏它的已经稳定的财产关系。这与他的因袭观有着密切的关系。按这种观点,财产之取得,并不需要个人劳动的神圣性这种洛克式的前提,虽然他会接受洛克关于政府的首要功能是私有财产保护者的结论。就像自由一样,财产也只能是漫长的社会关系演化出来的产物。柏克这种来自于习惯法传统的财产观,也回答了一个洛克的理论没有回答,却无处不在的问题,即不正当的占有如何变成了"财产"。

与统治权的情况类似,占有物在没有成为财产之前的正当性问题,几乎会发生在任何社会,也是最容易点燃各种政治冲突的原因。一个历史的常识是,世界上几乎任何政权都经不起"人民主权论"的追究。如果刨根问底,会发现它们几乎无一不是来自血腥的篡夺。柏克讽刺地说,那些自称"法兰西民族"的人民,如果追根溯源,其祖先也是"法兰克人、勃艮第人和哥特人的古代匪帮",这些人曾经烧杀掳掠,无恶不作,现在他们的后代要以所谓的人民主权的名义独占自己美丽的国家,这样的主张又有何道理可言?同理,柏克也并不认为财产仅仅会因其肮脏的来源而失去合法性。从不当的占有变为正当的财产,可以观察到一个漫长的因袭过程。占有者在这个过程中需要不断地用自己的行为证明,他在正当地使用占有物,直到人们对他的占有不再有异议。如果人们已经忘记了或不想再追究占有的来源,他便可获得法律意义上的财产权。用柏克本人的话说,在数代人时间里,在天命的影响之下，他的家族血统已经逐渐变得柔和，他的一代又一代的祖辈，已经逐渐具备了荣誉与美德。即使最初的占有来自血腥的掠夺，只要它的占有者及其后代能够悉心呵护和使用财产，时间自可洗去原罪。因袭和善意的使用也可使其变得不再血腥而归于正当，即使祖先是头号嫌犯，"他所挑起和平息的叛乱就会被人遗忘……他的许多同胞可以找到某种借口表达他们的感激之情"。切莫以为这种因袭主义的话语只可为篡权和不义之财辩护。对于柏克来说，"伟大的存在之链"从来不是抽象的存在，神意是通过因袭的过程透露它的纠错能力，彰显正义的救济过程。唯有在这个意义上，因袭不仅可以为财产正名，也可以使"无代表不纳税"成为一种自由的遗产，被柏克用来为美洲殖民地辩护。

柏克在谈到英国的混合宪政时，曾把它比喻为国王、贵族、教会和平民拧成的一股无人可以斩断的绳。他们已发出庄严的誓言，结成一个"同舟共济的宪政共同体，相互之间提供坚定的权利保障"，维护着共同的和各自的安全，使各方都各得其所。在这个共同体中，"上等人不会受到嫉妒和贪婪的掠夺，低贱者也不必遭受压迫的铁腕和傲慢的轻蔑"。说到动情处，柏克甚至像他的对手一样，罕见地操起布道家的语言，用宗教化的比喻来描述英国的政体。他说："就我们这片国土、我们这个种族而言，我们的教会和国家是一种良好的合约制度，如同耶路撒冷的庇护所和古老律法的圣殿……不容侵犯地屹立于不列颠的锡安山上。"（291页）谈到人的义务，柏克也不再局限于社会习俗和历史的论证，而是直接把它追溯到神意。他相信，我们在万物秩序中的位置，终极地说是由"令人敬畏的造物主"安排的。他按照自己而不是我们的意志,让我们承担起自己的道德角色。我们的家庭和社会义务,不是出于个人的选择,不是任何协定的结果,它们是来自人与人的关系、人与上帝的关系,这些关系和人的选择完全无关。相反,我们同人类的任何特定的个人或群体缔结的一切协定,其效力都取决于那些前定的义务。(149页)

柏克相信世俗生活一定具有某种超验的目的性,不然人在利益的追求中只能陷入混乱。但他也确实更多地表现出一种情境主义的倾向,拒绝用任何通用原则生硬地裁剪具体的社会问题,无论这种原则是宗教的还是哲学的。因此从思想风格来看,他常被误解为现代经验主义和实用主义的先驱;在社会理论领域,他很容易被误解为开了历史主义、民族主义和文化相对主义的先河。这些思想取向和柏克唯一的相似之处,就是对抗普适性的自然法原则和人权学说的革命性。但再明显不过的是,与柏克不同,这些思想取向都缺少对传统信仰的敬意。

柏克在这里采用超验的宗教语言,可以理解为他是在重大危机面前做出的底线式回应。一方面,他深知在复杂的政治世界里,道德困境无可避免,"各种责任有时相互交错。于是问题就来了:它们之中哪一个处于从属地位?哪一个可以完全放弃?……它需要非常可靠而敏锐的判断力,极大的谦逊、警惕和十分冷静的头脑。"另一方面他又坚定地主张,"我们对道德责任的看法不应处在飘忽不定的状态,而应该是稳固、可靠和坚定的"(150—151页)。

对于柏克这种容易引起误解的思想特点,罗素·柯克(Russell Kirk,1918—1994)有一段很精当的评论。他认为,柏克把原则视为以永恒的形式体现出来的正确理性,他排斥的不是原则,而是对原则的"抽象化"误用。柏克经常主张的"便宜行事",是明智地将一般性原则运用于具体情境,而机会主义则是对它的败坏。人们可以通过理解自然和历史获知原则的存在形式,将它们看作神意的体现,通过"便宜行事"使原则得到落实,但绝不会用它来取代原则,因为"原则体现了我们对上帝旨意的认可"。

正是这种信仰的因素,使柏克的经验主义和功利考虑有了崇高的方向感,使他所看重的政治中的"权宜之计"和"便利",迥异于机会主义的智巧,而是表现为一种有节制的理性、一种谦卑而又高贵的远见。

冯克利

编 者 序

自从埃德蒙·柏克写出论法国大革命的著作二百年来，如何在一个好社会中获得自由，一向是个紧迫的问题。西蒙·沙玛在论法国大革命的大作《公民》这本编年史中认为，大革命试图取得两项成就："一个强大的国家和……一个自由公民的共同体"，而这两者的利益诉求南辕北辙。沙玛说，增进一方而不损及另一方，是不可能的事情。[1]

在革命者的自由和革命者的国家之外，柏克提供了另一种选择，这遍见于本书各处，尤其是他对自由是什么的描述之中。如柏克在本书第一篇文章中所说，"实践的自由"，无论在集体还是个人层面，几乎在所有方面都不同于法国革命者的自由。柏克所说的个人是"绅士"，是"自然贵族的一员"。绅士受到的教育是尊重古人，敬畏上帝，因为古人预见到了现代人的谬误。他的教养还包括尊敬长辈，因为，如柏克在

---

[1] Simon Schama, *Citizens: A Chronicle of the French Revolution* (New York: Knopf, 1989), p. 15.

《法国大革命反思录》中所言,"我们的公共感情始于我们的家庭"。❶绅士通过他所归属的社会、经济、宗教和政治制度享有自由。他的自由是以他对这些制度的义务作为媒介。这些义务同英国人的各项自由并不冲突,而是为他提供了得到上帝认可的有美德的自由人充分发展的手段。(161 页)❷ 柏克很清楚革命者对绅士理想的敌视,他写道:"你们那些暴君的伟大目标,就是消灭法国的绅士。"(54 页)

与之相反,与革命者的自由相对应的个人是"公民"。不妨援引沙玛所说的法国公民的文化教养:"在这个(法兰西公民的)新世界,心灵高于头脑,感情先于理性,自然优于文化。……拥有 un Coeur sensible(多愁善感的心灵),是道德的前提。"❸ 卢梭是革命期间这一代法国公民的首席教育家,他教导说,个人只有在清除了他的社会、经济、宗教和政治义务之后,才能享有自由。

从群体的形成来看,实践的自由也不同于革命者的自由。这种不同体现于柏克对"宪政"和法国《人权宣言》的区分。批评柏克的人,例如托马斯·潘恩,嘲笑英国根本没有宪法,因为不存在冠以这个名称的任何文件。柏克对宪政的捍卫,尤其是其在《新辉格党人致老辉格党的申诉书》一文中,揭示了潘恩的批评失于头脑简单。柏克说,有关抽象的"人"的"普遍"权利的纸面声明和宣言,对增进自由毫无用处。他在 1775 年谈到美洲危机时可谓一语中的。他说:

---

❶Edmund Burke, *Reflections on the Revolution in France*, ed. Conor Cruise O'Brien (Harmondsworth: Penguin, 1968), p. 315. 下面引用此书时略为 *Reflections*。
❷编者序与索引中备注的页码指原书页码,见本译本的边码。——译者注
❸Schama, p. 149.

美国人不仅信奉自由，而且是按照英国人的观念、遵循英国人的原则信奉自由。就像任何纯粹的抽象概念一样，抽象的自由是找不到的。自由寓于可感知的对象之中；每个民族都形成了自己的偏好，以突出的方式成为他们的幸福标准。❶

所谓自由的"可感知的对象"，柏克是指一个真实的民族的议会、法院、教会和商业制度中的实践习惯。柏克和罗金汉派的辉格党人所追求的自由，如他在《致一位上院议员的信》中所说："是与秩序、美德良俗和宗教信仰分不开的自由。"（287 页）柏克一向否认可以从抽象的角度讨论自由，否认自由与宪法性法律能够真正分家。

英国宪政之下绅士享有的实践的自由与法国革命者的公民自由，这两者之间的不同，决定了对现实有着根本不同的态度。在柏克看来，像自由之类的任何原则，只能通过现实的实践加以落实。换言之，精神上的真理只有赋予它血肉，才能变为现实。与之相反，革命者认为血肉的局限束缚着精神，所以就像杰弗里·哈特所说，他试图摆脱现象——风俗、习惯、偏见和传统——以图恢复现象背后本质的真实。❷ 革命者的自由精神是没有肉体的，它向各国弥漫，在各地激起普遍的运动，所需要的是不受时间限制的普适性人权宣言。而有血有肉的团体，无论是立法机构、教会、家庭还是个人组成的群体，仅仅是偶然现象。确实，它们在历史中常常是对革命者达到目标起着限制作用的因素。革命者向往

---

❶ Edmund Burke, *Speech on Conciliation*, in *The Works of the Right Honourable Edmund Burke*, 9 vols. （London: Henry G. Bohn, 1854 – 1862）, p. 464. 下文引用此书时略为 *Works*, Bohn.
❷ Jeffrey Hart, *Acts of Recovery* （Hanover, N. H.: University Press of New England, 1989）, pp. 228 – 232.

的是一种无媒介的自由，除了自我对其自由的限制之外，无需任何社会制度。

柏克从来不相信，在历史中取得的自由成就，能够使人们超越自己的天性。他所设想的自由，能够使人实现其天性在人世间可能达到的不尽完美程度，但无法克服他们与生俱来的局限。一个吊诡的真理是，现实生活的限制，特别是那些通过人为的社会制度而发挥作用的限制，恰恰是人们能够取得这种自由的手段。"技艺是人的天性"，柏克在《申诉书》中如是说。针对感情用事的法国公民把技艺视为天性的对立面，柏克写道：

> 文明社会的状态……才是一种自然状态，它比野蛮无序的生活方式更为真实。因为人从本性上说是有理性的，他在自然状态下绝对是不完美的，但是当他置身于能够使理性得到最佳培养的地方，他才能取得最大的优势。技艺是人的天性。我们在成年期处于一种自然状态，至少与我们在不成熟、无能的幼儿期处于自然状态是一样的。（168页）

在他最早发表的著作《为自然社会辩护》（1756）中，柏克就驳斥过革命者的"自然社会"观——只考虑无所依傍的"天性"，不考虑政府的实际运作而建立的社会。

我们只有以社会制度作为媒介才能享有各项自由，这种信念对个人和群体自由的形成都意义重大。在收录于本书的第一篇文章，即写给杜邦的信中，柏克列出了判断一个民族是否获得实践中的真正自由的条件，政府之强大足以保护它，但又没有能力摆脱它……（11页，柏克的重点）。他相信，这些条件，并不像沙玛相信存在于法国的情况那样，排除了一个强有力的政府。恰恰相反，实践的自由需要强有力的政府。柏克说，个人需要财产安全、自由的劳动力市场、免于没收式的征税和表达的自由。合作的共同体，即国家，需要宪政，它坚持依循先例的法治、独立的司法部门实施一视同仁的法律；它需要把军队的控制权交给自由选举的立法机构，为古老的因袭权利提供安全保障。

在致杜邦信的结尾，柏克阐述了个人自由的另一个先决条件：美德。柏克所说的追求美德，是指广义的教养。他在《致威廉·艾略特的信》中说，有教养的绅士不会把自己的自由当作抛弃道德的借口（274页）。道德和自由相互依存，正如他在另一封信中做出的解释：

> 人享有文明社会的自由的资格，与他们用道德来约束自己嗜好的倾向成正比。……除非对意志和嗜好的控制能够得到落实，社会是无法生存的，这种控制力在人的心中越弱，在外部就只能越强。按照事物的永恒定律，思想放纵之人不可能有自由。他们的激情铸就了他们的枷锁。（《致一位国民议会成员的信》，69页）

柏克很清楚，大革命前的文人文化，把他所推崇的道德理性斥为乏味、反自然，散发着造作的学究气。他知道，有些人认为激情，不管是卢梭《新爱洛伊丝》中的浪漫激情，还是革命者的政治激情，其本身的强度与真诚就为它提供了正当性。卢梭的小说和其他作品，尤其是《爱弥儿》和《忏悔录》中宣扬的同情心,也与柏克认为有教养的绅士必须具备的同情心相去甚远,他与革命者的教养有着深刻的分歧。不过,如果认为革命公民推崇心灵优于头脑,而柏克所说的绅士认为头脑优于心灵,却是不对的。对于有人批评他对法国王后的著名回忆是"纯粹的卖弄风情",王后在道德上有失检点,不值得柏克给予关切,柏克在《致菲利普·弗朗西斯的信》中做出了回应。他反驳说,弗朗西斯的"天然同情心"是不成体统的:

> 我不明白!难道崇高的地位、显赫的家世、高雅的举止和造诣,不正是让我们对人的不幸立刻表示关心的品质吗?没有这种情感的人,是完全无道理可讲的。"赫卡柏对他,或他对赫卡柏意味着什么,使他为她而流泪?"莫非只因为她是赫卡柏,特洛伊城的王后、普里阿摩斯之妻,就要在生命终结时遭受万千磨难吗?!我也同情赫卡柏,我从欧里庇德斯的悲剧杰作中读到她的故事时……(23页)

柏克的意思是,莎士比亚和欧里庇德斯的教育,能教给人们如何同情一位王后。但这并不是说一切同情心,无论对象是谁,都是好的。反而是柏克的对手更有可能坚持这种观点。在本书中,柏克始终关注绅士得当的感情方式,在《致一位上院议员的信》的结尾,他设想假如一位友人见证过大革命,他在1796年会做何感想。

在《致一位国民议会成员的信》中,他解释了误人子弟的教养培养出错误同情心的恶果。柏克让人们警惕国民议会"教育下一代的计划,他们打算灌输的原则,他们希望在人们最易于受影响的时期培养的同情心。……卢梭是他们的神圣教义。他毕业都是他们的波利克里托斯式❶教义,是他们标准的完美形象"(46—47页)。爱弥儿和朱丽(见《新爱洛伊丝》)的"自然"教育,清除了她们对家人和以前的社会关系的同情心。朱丽对自己的家庭老师圣普乐的非分之想,调动着卢梭读者的同情心,有鉴于此,柏克说:"不存在可以联合起来反对他们暴政的手段,他们利用这位'新爱洛伊丝'的虚假情感,颠覆了家庭内部的信任和忠诚原则,而正是这些原则构成了社会生活的纪律。"(54页)

柏克在《法国大革命反思录》中说过,"我们的公共感情始于家庭。家庭关系冷淡的人不可能是热情的公民。"❷卢梭和他的情妇把孩子送进育婴堂,拒绝建立家庭,而在所有社会关系中,家庭是最不可缺少、最有益的关系。在柏克看来,这使他们成了社会守护者的对立面。柏克谴责说,卢梭式的教育侈谈"将仁爱奉献给全人类,却缺少对每一个人的同情……",革命公民准备在获得解放的广大群众中间表现同情心,但是对每一个法国人,尤其是家庭和邻里,却完全是另一个样子。真实的家庭关系(按《致一位国民议会成员的信》中提及的古代家庭关系)能自然而然地唤起人的同情心,而现代的革命公民否认这种关系,说到底,不过是在承诺把他的同情献给一个抽象概念:"群众"。革命公民通过再教育,使他的同情心摆脱了传统、家庭和风俗习惯,把自己从大多数普通公民享有自由的环境中"解放了出来"。

---

❶波利克里托斯(Polyclitus),公元前五世纪古希腊的著名雕塑家,其作品为后世历代雕塑家所效仿。——译者注
❷*Reflections*, p. 315.

绅士教养和公民教育之间的最后一个对比,涉及他们对历史的态度,对于柏克这位捍卫宪政、反对激情革命者的议员来说,这一点意义重大。启蒙运动声称它的道德和政治智慧优于古人的主张,柏克像18世纪英国的许多伟大作家一样对此深表怀疑。"《反思录》的作者,"柏克在谈到自己的观点时说,"听过不少有关现代光明的话,无奈他一直运气不佳,还没有见过多少这样的光明……他读过的老作者,他曾与之交谈过的长者,把他留在了黑暗中,他现在仍然在黑暗中。"(147—148页)

柏克的策略——我们可以称为"有益的虚构",只要我们记住最深刻的真理往往是用虚构来表达——是揭示现代的进步蕴藏在古人的智慧之中。例如,柏克坚信,光荣革命(1688—1689)的宪政结果是重新肯定了古老的法律,《权利法案》(1689)仅仅是在宣示早已存在的各项自由和权利。托马斯·潘恩在这方面可以作为革命公民的楷模,他认为柏克"翻捡陈腐的记录和发霉的羊皮纸",极其荒谬而卑劣。

柏克在《申诉书》中表示认罪:"这些光荣革命时期的老政客几乎不知人权为何物,他们在黑暗中摸索迷了路,在腐烂的羊皮纸和发霉的记录中前行。"(147页)柏克不仅认为古人对自由的理解优于潘恩,而且他发现古人也预演过现代人的谬论。他从古代(和中世纪)的文人中间,就发现了革命者有关自由的花言巧语,现代人却误以为是自己的创新。他接下来比较了潘恩和约翰·比尔——1381年农民叛乱的领袖——的语言。他还提到了塔西陀谈到过日耳曼人"对高卢地区的入侵:入侵者利用虚假的自由,而他们征战的真正动机是淫欲和贪婪,是离开故乡的愿望"。柏克认为,古人能教会我们区分实践的自由和革命者的自由。

这一古今之争，是教养这种个人事务导致社会后果的明确案例。在《致威廉·艾略特的信》中，柏克阐述了这种后果，他呼吁出现一位新的马加比（Maccabeus），"维护古代法的荣誉"。在《致一位国民议会成员的信》中，他以朱文诺和西塞罗作为权威，驳斥了卢梭的"自然"情感（50—51页）。在《对法国事态的思考》中，柏克惊恐地提到让孔多塞担任法国皇太子家庭教师的建议。一年后，孔多塞在《教育报告》（1792年4月）中断定，熟谙希腊语和拉丁语过于困难，因此不能作为法国公民的正当目标；古典文献"充满谬论"，公民教育应当是世俗教育，道德原则的教育应当直接诉诸自然情感和理性，不必用宗教作为媒介。

与之相反，柏克认为，人若想摆脱对任何世俗主人的惧怕，就要学会敬畏上帝。因此，自由与虔诚的结合是人处世的根本："他们（暴君们）很清楚，"他在《致一位国民议会成员的信》中写道，"敬畏上帝的人是无所畏惧的；所以他们要通过他们的伏尔泰、他们的爱尔维修，以及这个无耻帮派的其他人，从人们的头脑中根除唯一能够产生真正勇气的敬畏。他们的目的是让他们的公民同胞变得无所忌惮，只害怕他们的调查委员会、他们的指路明灯。"（55页）孔多塞的教育目标是塑造自由、平等、只效力于"祖国"的公民。具有反讽意味的是，更为古老的绅士理想反而更有个性，他们听从希腊人和罗马人、犹太人和基督徒的引导，更有天下胸怀。这看起来有点自相矛盾。但柏克认为，英国的自由要求绅士具备至关重要的"非英国"教养：他们肯定对英国作家有天然的同情心，但他们必须养成对时空相距遥远的另一些人的同情心。

除了教养之外，实践的自由所要求的个人和社会之间最明确的关系，大概就是财产了。在英国宪法和英国绅士之间起着媒介作用的制度中，财产和财产权集中体现着柏克一些最典型的想象和最深刻的思考。

柏克认为，财产安全，尤其是世代相传的土地财产的安全，是一个自由民族的根基。财产安全并不保障自由，但它是自由的前提。例如，柏克请他的对手想一想，"在（法国绝对君主的）统治下，虽然个人自由面临危险，得不到保障，至少财产很少受到侵犯"。财产是自由社会必不可少的特征，虽然不是充分的特征。

在柏克的思想中，有产阶层的代表，是光荣革命时期的辉格党显贵和有地产的绅士。为何是有产者而不是无产者作为领袖，使英国人的各项自由更为安全？如哈维·曼斯菲尔德所说，有财产者不是蛮夫，与没有财产却有政治野心的意识形态宣传家相比，他们的政治抱负更有节制，更值得信赖。❶ 柏克在《与美洲和解的演讲》❷ 中说过，"我们知道，自由的国家一定会有政党。"柏克认为，假如政党领袖来自有地产的乡绅，宪政可以使政党同政府安全地结合在一起，因为他们会认真地看待宪法权利，就像他们对待自己的财产权一样。

除了财产安全，柏克认为，宪政之下实践的自由，需要自由的人民接受"自然贵族"——这个说法似乎是有意与"世袭贵族"相对照——的领导。在后来的著作中，柏克也捍卫组成上院的世袭贵族的宪法权利，尽管他不像对待有地乡绅那样信任他们。在收入本书的最后两封信件中，柏克嘲讽地说，一个平民在捍卫贵族，而贵族的激进感情将毁掉自

---

❶ Harvey Mansfield, *Statesmanship and Party Government: A Study of Burke and Bolingbroke* (Chicago: University of Chicago Press, 1965), p. 185.
❷ *Works*, Bohn, I: 506.

己的权利。他在1795年写下《致威廉·艾略特的信》，对纹章院院长、在英国的地位排名第八的诺福克公爵的攻击做出了回应。不过此文只是《致一位上院议员的信》的试笔；柏克在这封信中回击了贝德福德公爵和劳德戴尔伯爵攻击柏克的年金。"两位高贵的人，"柏克轻蔑地回答说，"不失时机地授予我这份荣誉，这是他们唯一的能耐，也最符合他们的性情和施恩的作派。"（279页）柏克蔑视这些贵族，尤其是他们居然如此糊涂，自封为激进派，尽管如此，他还是把自由人民所需要的领袖描述为自然贵族。在这里，个人和社会所要求的实际自由之间的关系再次变得十分紧密，它解释了"天然"适合担任政治领袖的个人的必要条件：

> 出生于尊贵之家；从幼年起就没有见过低劣卑贱之事；受过自尊的教育；习惯于公众审视的目光；及时关注民情……有闲暇阅读、思考和交谈；无论置身何处，总能得到聪明博学之士的仰慕和关注……追求荣誉、履行职责时蔑视危险……这就是塑造我称为"自然贵族"的那些人的条件，没有他们，就没有国家。（《申诉书》，168页）

一个坚持保护并享有自由的民族要想生存，就必须从制度上能够为它的统治阶层培养自然贵族。这种自然贵族与国家是分不开的。他说："它如魂之附体，人没有它便无法生存。"柏克相信，一个民族只有在它的引导下，才可以称为"人民"。因此，人民不是受到约翰·波尔煽动的革命暴民，也不是把柏克的对手约瑟夫·普雷斯特利的房子付之一炬的反革命暴民，更不是"只听头领吩咐的多数人"。"人民这个概念是一个社团概念，它完全是人为的"——可以补充说，任何社会都是人为的（163页）。柏克的自然贵族，依靠一种文明的人为结构，成为他定义人民的关键概念："当广大民众按这种自然的纪律共同行动时，我是承认有人民的。"（169页）"这种自然的纪律"就是自然贵族对广大民众的引导。柏克承认，仅仅是世袭的富裕贵族，显然不像良好的教养那样，一定能导致有美德的自由。它像良好的教养一样是有益的，但是并不可靠。"贵族"，用柏克的话说，是有美德的绅士的称号。

柏克发现，在英国宪政下享有的政治权利，类似于在漫长的时间中产生的无可争议的土地拥有者的权利——"因袭的"权利。革命者希望直接享有自由，服从政府只是出于忍让。柏克则认为，来自于上帝、表现为自然法的自由，以一个民族因袭的法律和风俗习惯作为媒介。财产权是因袭权利外在的、最鲜明的表现。

如同历史上几乎所有的政府一样，财产权也起源于渺远不可考的古代，甚至起源于不义。统治权经不起革命者对其权威的合法性的不断拷问，如果革命者认为，它的合法性只能来自既定时刻人民的简单多数，那就更是如此。但是，只要政府达到了文明社会的目标，即人的道德和理性的发展，它就（像财产所有者一样）获得了因袭的权威。同样，那片土地上的公民的所有，也是通过时间、习俗、司法先例、王室宪章和议会法律而获得的。

如果有人捍卫革命者的自由，认为这种对因袭权利的解释不可信，柏克会请他们考虑一下他从自己的论证中得出的结论。柏克问革命者：如果他们对我说，因袭权和长期占有不构成财产权，那么，"那些以因袭权、以人称法兰克人的匪帮的后裔作为依据，主张土地权利的人又是谁呢？（166页）假如他宣布因袭的法律失效，这也会使那位公民本人在法国拥有的土地和公民权失效。为财产和因袭权提供保障的发霉羊皮纸和腐烂记录中的法规，激发着柏克的想象力，一如自然权利激发着托马斯·潘恩的想象力。自然权利据说是革命者的自由的基础，与之相反，柏克捍卫的是因袭的权利，它们以实际的法规为基础，并且得到了习俗的批准，是对正当的宪法权利的最佳保障。柏克"决意让智慧止步于写在立法记录和实践习惯中的东西；对它们产生怀疑时，他尽力用一条法规解释另一条法规，使它们符合既有的、得到公认的道德，符合英国公认的古老政策"（134页）。这种服从先例的目的不是拘泥于法律，而是自由。柏克在谈到罗金汉派辉格党人时写道，"他们不希望，自由这一最大的福祉，因为受到歪曲而变成对人类最大的诅咒。完整地保留宪制……的所有成分，是他们的第一目标。"（287页）柏克知道，暴君一开始宣扬"肆无忌惮的自由"以对抗既有的压迫性法律，最后则是他的随心所欲的统治。（119页）法规汇编的语言从不放肆，它获得了什么就保存什么。发霉的羊皮纸争不过革命者的自由承诺，但它适时建立了法院，保障着必定被审判台抛弃的东西，直到革命最终结束。

统治着公民，管理着由国王、贵族、教会平民组成的不列颠混合政体的实践体制，柏克称之为"宪制"。不论英国生活在任何时代的简单多数对它有何想法，它的因袭权利都具有权威性。这种宪制会随着时间而变化，就像一切有活力的制度都会变化一样，但是它的变化是来自它内在的生命力，而不是来自坚信只有多数拥有合法性的某个多数所采取的任何行动。

按柏克的实践自由观，原则与现实之间的紧张，只能从宪政中寻求解决方案。或者不如说，只能在它最紧张的地方找到一个悖论，这可见于柏克把温莎城堡和耶路撒冷融合为宪政的象征：

> 就我们这片国土、我们这个种族而言，我们的教会和国家是一种良好的合约制度，如同耶路撒冷的庇护所和古老律法的圣殿，只要它得到崇敬的拱卫、权力的守护，作为堡垒和圣殿，不容侵犯地屹立于不列颠的锡安山上——只要不列颠的君主制只受到国家各项制度的限制，它就会像屹立不倒的温莎城堡……照看并守护着这片臣民的土地……我们的国王陛下及其忠诚的臣民，即本王国的贵族和平民，只要这三方拧成一股绳，便无人可以打破。这个民族发出庄严的誓言，结成一个同舟共济的宪制共同体……只要这些还能延续，贝德福德公爵就是安全的；我们也都是安全的。（310 页）

柏克对宪制的象征性描述，恰如柯勒律治对"象征"的定义：宪政、圣殿和城堡，是体现在"现世生活中的朦朦胧胧的永恒力量。它总是融入现实，使之变得可以理解"[1]。国家的每一个要素（国王、贵族和平民）都参与到宪政的统一体之中，但又不失它们各自的身份。或如柯勒律治谈到柏克的象征性语言时所说，这种语言"同时表达着意义、形

---

[1] Samuel Taylor Coleridge, *The Statesman's Manual*, ed. E. R. White, in *The Collected Works of Samuel Taylor Coleridge*, 16 vols., ed. Kathleen Coburn, et al. (Princeton: Princeton University Press, 1969 –), VI: 30.

象和激情"❶。在柏克的例子中，可以看到意义与形象、理想和具体是融为一体的。总是有超越的因素——这个例子中的锡安山不仅仅属于英国。但是，如果读者的同情心是来自柏克式而不是卢梭式的教养，柏克就留给了他们一种信念，他已经参与到一个灵与肉的统一体之中，在历史中获得了最大限度的自由。

在柏克看来，世上没有唾手可得的东西。自由的经验不会像革命公民所希望的那样唾手可得。实践的自由是以宪政作为媒介，而宪政的象征就是《致一位上院议员的信》中的温莎城堡和耶路撒冷圣殿。自然以技艺为媒介，自然法以社会制度为媒介，一个民族的行为以自然贵族的领导作为媒介。柏克的实践自由观是复杂的，这种复杂性是人类生活的复杂性；它的完成是有限的，而这种有限性，也是人类生活的局限性。

丹尼尔·里奇（Daniel E. Richie）
于贝塞尔学院（Bethel College）

---

❶Samuel Taylor Coleridge, *The Notebooks of Samuel Taylor Coleridge*, 3 vols., ed. Kathleen Coburn (New York: Pantheon, 1957), III: 243—244. 这段引文写于1805年，与柏克写下这些话相距只有九年。是柯勒律治解读的重点。

编者说明

收录在此书的文本中,致查理－让－弗朗索瓦·杜邦和菲利普·弗朗西斯的信取自《埃德蒙·柏克阁下通信集,从 1744 年至 1797 年他去世》(*Correspondence of the Right Honourable Edmund Burke between the Year 1744, and the Period of his Decease, in 1797*, eds. Charles William Wentworth – Fitzwilliam, 5th Earl Fitzwilliam, and Sir Richard Bourke, 4 vols. London: Francis and John Rivington, 1844),根据科普兰版本的柏克《通信集》(*Correspondence*)做了校勘。另一些文本参照威廉·托德的《埃德蒙·柏克著述总目》(William B. Todd, *Bibliography of Edmund Burke*. London: Rupert Hart – Davis, 1964),采用了最权威的版本。

《致一位国民议会成员的信》采用的是 1791 年 5 月 21 日第一次印刷的英文版本。

《新辉格党致老辉格党的申诉书》的文本初版于 1791 年 8 月 3 日,本书采用第四次印刷的版本。

《对法国事态的思考》写于 1791 年 12 月,采用的是 1797 年 9 月 7

日《对法国事态的三篇回忆》（*Three Memorials on French Affairs*）第一版第一次印刷的版本。

《致威廉·艾略特的信》注明的日期是 1795 年 5 月 26 日，采用的是《关于我国政党涉及法国政局之行为的两封信》（*Two Letters on the Conduct of Our Domestick Parties, With Regard to French Politicks*），初版于 1797 年 10 月 31 日。

《致一位上院议员的信》初版于 1796 年 2 月 24 日，这里采用的是第十三次印刷的版本。

对微小的拼写错误做了订正，不再另做说明，但保留了 18 世纪文本的拼写方式。对一两处令人生疑的文字，根据波恩版和牛津版做了订正，对不同之处做了校勘。柏克采用的 18 世纪希腊文已改为现代字母。拉丁语如直接引文或接近于直接引文，译文放入引号。拉丁语谚语和间接的拉丁语引文的译文不加引号。编者添加的注释放入方括号，以示区别于保留在文中的柏克本人的全部注释。

耶鲁大学图书馆贝内克特珍本室和波士顿图书馆的员工提供了所需文本，在此谨向他们致谢。麦卡利斯学院的耶利米·里迪（Jeremiah Reedy）教授为《新辉格党致老辉格党的申诉书》中在沃尔辛汉姆发现的拉丁文本提供了译文，并对许多拉丁语翻译提出了有益的意见。

研究柏克的学者会看到卡纳万和彼得·斯坦利斯对我的序言的影响，我对他们两人表示感激。

谨将此书献给我的妻子朱迪·C. 里奇：

Esse sacerdotes delubraque vestra tueri

Poscimus; et quoniam concordes egimus annos,

Auferat hora duos eadem, nec conjugis unquam

Busta meae videam, neu sim tumulandus ab illa. ❶

(我们作为祭司,守护着你的圣殿,

我们和谐地生活已有多年,

请让我们同时离世,愿我永远看不到

妻子的坟墓,也不必由她亲手埋葬。)

---

❶这段诗文出自奥维德的《变形记》(Ovid, *Metamorphoses*)第八章。——译者注

著作名称缩写表

Works, Bohn

The Works of the Right Honourable Edmund Burke. 9 vols. London: Henry G. Bohn, 1854 – 1862.

Corr., Copeland

Copeland, Thomas W., et al., eds. *The Correspondence of Edmund Burke.* 10 vols. Chicago and Cambridge: Chicago and Cambridge University Presses, 1958 – 1978.

Corr., 1844

Burke, Edmund. *Correspondence of the Right Honourable Edmund Burke between the Year* 1744, *and the Period of his Decease, in* 1797, eds. Charles William Wentworth-Fitzwilliam, 5th Earl Fitzwilliam, and Sir Richard Bourke. 4 vols. London: Francis and John Rivington, 1844.

Parliamentary Register

Parliamentary Register: of History of the Proceedings and Debates of the

House of Commons (and House of Lords) ... , 112 vols. , London, 1775—1813.

Parliamentary History

The Parliamentary History of England from the Norman Conquest in 1066 to the year 1803, ed. W. Cobbett. 36 vols. London: 1806 – 1820.

Reflections

O'Brien, Conor Cruise, ed. *Reflections on the Revolution in France.* Harmondsworth: Penguin, 1968.

Writings and Speeches

Langford, Paul, et al., eds. *The Writings and Speeches of Edmund Burke.* 12 vols. Oxford: Clarendon Press, 1981 – .

目　录

致查理-让-弗朗索瓦·杜邦的信

　　（1789年11月）·································· 001

致菲利普·弗朗西斯的信

　　（1790年2月20日）····························· 014

致一位国民议会成员的信

　　（1791年5月）·································· 020

新辉格党致老辉格党的申诉书

　　（1791年8月）·································· 064

对法国事态的思考

　　（1791年12月）································· 187

致威廉·艾略特的信

　　（1795年5月）·································· 239

致一位上院议员的信

　　（1796年2月）·································· 258

索　引 ·· 308

致查理-让-弗朗索瓦·杜邦的信

1789 年 11 月

埃德蒙·柏克致查理-让-弗朗索瓦·杜邦（Charles-Jean-Francois Depont，1767—1796）的信，是他第一次对法国大革命的广泛分析。写此信时巴士底狱陷落才刚过四个月，许多英国人还不知如何看待法国的事态，此信却做出了令人吃惊的明确判断。柏克没有立刻寄出这封信，他担心这会给杜邦带来危险。但是这位法国年轻人继续催促柏克写一下他对革命的看法（*Corr. Copeland* 6：59—61）。柏克很可能在 1790 年初寄出了这封信。他的更重要的、篇幅更大的著作《法国大革命反思录》，也采用了致杜邦信的形式。从下面这封信的文风，以及其中有关立宪政府、审慎、抽象自由与实践自由的主题，可以说它在一定程度上是《法国大革命反思录》的初稿。

这封信的日期是由阿尔弗雷德·科班和罗伯特·A. 史密斯提供的，他们是科普兰版《通信集》第六卷的编辑。

亲爱的先生：

您使我们能够重温不久前在比坎斯菲尔德❶和伦敦与您为伴带来的欢愉，这让我们感到莫大的荣幸。那段经历依然栩栩如生，使我们难以忘怀。在伦敦停留期间，您得到过我们的些许关照，您依然记得所有的细节，这让我们受宠若惊。我们不禁希望，您将能够实现您打算为我们做的事，希望来年春天我们会比今年春天更加幸运。

您有理由设想，我并没有及时让您知悉，收到您热情的来信令我很感动。切莫以为我对您的善意无动于衷。我承认自己确实有片刻的迟疑，担心屈从于自己最真诚的回信欲望是否慎重。

您的坦诚直率的来信，我若是以冷淡枯燥的方式做出回复，是不妥当的。确实，在与任何朋友的交往中采取谨小慎微的态度，这有违我的习惯和天性。此外，您很乐于认为，您心中灿烂的自由火焰，最初是由我的昏暗微弱的烛光所点燃，所以我认为您有权要求我不加掩饰地对这个问题畅所欲言。但是从另一方面说，我并非没有顾虑，在一些问题上，我们是最不愿意产生矛盾的；我若是就这些问题畅所欲言地与您交流看法，不仅与您对一些问题之前的看法相左，也会触怒您收到我的信时正在得势的权力。我很清楚，人有猜忌时，疑心就重；调查的手段不会细致严谨，判断力不会完全公正，做出决定也不会深思熟虑。激情是不讲因果逻辑、不求结论的，无论出现什么过错，很容易从写信者转嫁给无辜的收信人。这种事令人不快和难堪，却时有发生。人们有可能成为与自己截然对立的教义的牺牲品。不久

---

❶［柏克的家距比坎斯菲尔德小村一英里，杜邦曾在 1785 年到柏克家做客。］——编者注

前，一位来自巴黎的友人告诉我，狂热正在减退，他认为通信已经变得比较安全了。这让我多了一份勇气；我的看法无论在国外还是国内，对任何事业或任何党派的成功都影响甚微，在这一点上没有人比我有更多的考虑，有念及此，我终于决定接受您给予的荣誉。

您不难相信，我一直怀着极大的好奇，观察正在法国上演的令人错愕的大戏。它确实在我心中唤起了许多思考和情感。这是很自然的，也是难免的。但是在我看来，对于一个国家发生的事件，过于匆忙地形成确定的看法是不妥当的，因为我对它的政局的确切面目了解得还非常不完整。已经发生的事情确实匪夷所思。对于任何原则的执行、任何措施的效果，比我聪敏不知凡几的人也会羞于坚信自己的推理。这使我变得全无自信。我十分自信，在我的一生中，我应当从自我怀疑中学到了重要的教训，若是伴以消息灵通，这种教训会有不小的价值，但是仅仅是自我怀疑也可弥补我们本应学会却没有学到的教训。如果我根据自己的判断说出什么过于确定的话，与我的知识和处境不相符合，我诚心诚意地请求您用我的缺乏自信对它加以纠正。如果我在表达自己的看法时使用了反对的语言，最好把它看作只是在表示怀疑。

先生，您希望我认为法国人应当得到自由。确实如此。我确实认为，人都想要自由，也应当享有自由。自由并不是对我们功绩的奖赏、对我们勤劳的报酬，而是我们继承的遗产，是我们人类天生的权利。我们不能否定自己的自由权利，除非我们丧失了享有人类特权的资格，我指的是滥用或忘记我们的理性能力，变得冥顽不灵，铸成大错，热衷于暴力，毁灭我们的社会天性，使我们比禽兽强不了多少。

对于如此堕落的人，必须用某种强有力的约束取代自由。因为，这种约束虽然不是好事，但可以在一定程度上让他们摆脱一种最恶劣的奴役状态——受他们自己盲目而又野蛮的激情的专制统治。

您善意地说，您通过与我的交谈开始热爱自由，那么请允许我继续我们的交谈，告诉您我所热爱的自由，我所认为的人人都有资格享有的自由是什么。这很有必要，因为在人世间一切含糊不清的概念中，自由是最难以定义的。它不是孤立的、与他人无关的私人自由，仿佛人人都可以用自己的意志支配他的全部行为。我所说的自由，是社会性的自由。它是自由受到平等的限制所保护的状态。它是这样一种制度，任何人、任何人类团体、任何成员的自由，都不能侵害其他任何人或任何一类人的自由。其实，这种自由不过是正义的别称；它由明智的法律加以确定，受到良好制度的保护。我相信，这样形成的符合正义的自由，肯定为每一个能够理解其含义的人所珍爱。但是，只要自由与正义相分离，那么依我之见，两者便都不再安全。我不相信人们会服从于别人的随心所欲，我也确信他们绝对不应当服从；但是，如果社会中有许多人随心所欲，对他们同胞正当的平等权利造成难以忍受的严厉压迫，那就只能在罪恶之间做出选择了。任何社会，只要把意志置于理性和正义之上，头脑清醒的人立刻就会想到一个大问题：把意志的危险统治置于社会的什么地方危害最小。

假如我认为，凡是培养出正义感、有资格享受自由的人，在成为国家的一员时，都有资格拥有一部旨在永久保护自由的宪法，先生您尽可以放心，我认为您的同胞显然值得享有这种赐福，它特别适合于高贵、宽宏而仁慈的天性。十五年前我有幸到访过您的国家，虽然时间过于短暂，我觉得法国人就是这样的人，我相信自那时以来，他们的天性并没有发生什么变化。

我希望法国能建立起稳固而合理的自由制度，我并不想克制这种愿望。我对各国的相对实力这个问题可能有自己的成见，但是我不妒忌任何国家的自由、安全和良好的秩序。因此，如果我得知法国公民，不论他是什么人，其生命和财产得到完美的法律保障，可以不受限制地自由运用自己的勤劳和能力；如果我听到，他由于自己的出身，根据确定的法律而得到的地产，或是为其提供的公正补偿，他加以有益的享用而能受到保护；他从合法的生活地位和条件中得到的优势，他能安稳地充分利用其成果，或是能够得到基本公平的等值物；如果我确信，普通公民可以合理表达自己对公共事务的看法，即使他对抗占上风的流行意见，也不会危及自己的生命或安全——如果我知道这就是法国的情况，我会像任何没有忘记人类大家庭、没有因地方的和偶然的人际关系而失去天生同情心的人一样，为他们感到高兴。

假如法国为了上述目的，根据那些原则建立起宪政，我相信我的同胞都会与你们心心相印。比如说，如果能听到以下情况，我会由衷地感到高兴：法国的各级议会，作为个人自由的天然保障，是完全自由的；没有人能怀疑他们受到了任何军事力量的强制；如果能够肯定地说，没有它们的动员令，就看不到军队的出现；只要一声令下，它会即刻现身；一听到解散的命令，它就立即消失；这种经过自由选举产生的议会，是靠长官的影响力而不是候选人的计谋行事；它们不必用社会上一部分人的痛苦付出去喂养另一部分人，而他们就像被喂养的人一样贫困；它们不必（为了奉承主宰着他们生命的人）容忍可疑的势力对商业和农业的影响；不必为了效果可疑的救济行动，在暂时的匮乏中播下（如果允许我这样说的话）持续短缺的种子；它们不必每天挑动人们反常而幼稚的想象，去要求他们没有条件要求的供应；他们不必过仅能糊口的日子，全靠偶然的施舍、选择、喜好、虚荣或兴致，按照那样的计划，公众收到的物品的价值往往与提供者个人的损失不成比例；它们不必要求根据贡献者的良心去评价贡献，由此确立最有害的豁免条件，让美德交税，让恶人享有特权，使荣誉感和公共精神不得不承受计谋、自私和贪婪的重压；它们不必因为自己的软弱，因为无权评价对所有人公平、均衡的税赋，而成为别人施暴的工具，只对一部分人的财产横征暴敛；在国家的紧急状态下（即便不是由他们自己的政府和所有政府的愚蠢所引起，也是政府使之趋于恶化），他们不必用没收来弥补税收的不足，从而立下危险的先例，教唆社会的不同成员相互掠夺；他们虔诚地自我克制，不会越过司法权发布有关臣民财产的告示；他们怀着恐惧看待他们用立法权做出的任意的裁决，从而打击因袭的权利、长期平安无虞的财产，对抗从未中断过的正常的司法判决过程；他们意识到这种裁决会让任何人的财产都不安全，个人财产，连同这个概念本身，都将被消灭；我希望能看到你们伟大的主权机构，你们现在的最高权力，在这种谨慎的自由条件下，行动的进退受到类似的原则的指引和约束，这使我能荣幸地看到议会——它的名称让我肃然起敬，并且由衷地感到亲切——享有权威和尊严，行事温和而持中，这是所有国家和政府的集体理性和代议机构都应当接纳的品德。

如果看到以下情况，我同样会感到愉悦：法国建立的司法权力与我所设想的立法机构相一致，值得我支持它为保障臣民的自由和财产做出努力。你们的法院在对别人的处境做出裁决之前，自身已获得了确定的地位；如果人们认为它们本身就是一种无可奈何的弊端，它们的裁决规则的合法性、它们的审理形式和程序，甚至它们赖以存在的权力体系的有效性令人怀疑时，人们不会让它们开庭审理公共犯罪；不会让它们在担忧、恐惧和耻辱的处境中，对它们公民同胞的生命、自由、财产或名声做出判决；不会允许它们根据以往的任何规则、法规或先例都没有规定的莫须有的罪名，对任何人进行审判；或是把避开了民众愤怒的受害人带到法庭，而法庭却被同样的愤怒所左右，被告人的脱罪只会使法官陷入罪犯的境地；法庭应当独立于一切势力，只服从法律，以清晰的法律作为指南，成为真正热爱公正司法（只有在它的庇护下，真正的自由才能生存）的机构。我很乐意看到法国建立起这种美好的秩序，就像我所想到的那种秩序，或是与之相差不大的秩序，那种早已在英国的坚实基础上建成的秩序一样。我并非思想狭隘之人，无法设想同样的目标可以用许多方式取得，它们可能大大不同于我国采用的方式。假如这种真实的、实践中的自由得以确立，政府给予强有力的保护，但又没有强大到能摆脱它；或是在民主制或民主社团的集合体——这似乎是法国为未来选择的社会框架——中间通过一个公平的过程而建立，它不是我在有限君主制——它使我无法羡慕和赞扬你们的共和制——下长期享有的适度自由。但我会为此而高兴，虽然今后英国只能算作幸运的国家之一，不再享有让她引以为傲的突出地位，不再独享她的行之有效的宪制的美名，即它已发现了一个伟大的秘密，能够把政府与达到所有外交和国内目的的真实力量协调起来，同时使个人的自由和安全得到完美的保障。政府，无论它采用什么名称或形式，若是能把这些优势真正切实可行地结合在一起，它就应当得到所有有识之士的喝彩。

但是，假如（因为眼下我缺少情报，只能做出假设）你们伟大的议会、你们的司法机构、你们的行政部门，在处理具体的行动取舍中没有本着我所说的精神遵循那些原则，那么我只能迟延祝贺你们收获的自由。你们可能发动了一场革命，但那不是改良。你们颠覆了君主制，但没有恢复自由。

您知道，先生，我只能就法国已经发生和正在发生的事情，简略地谈一谈臣民的自由、财产和安全这些题目。我对目前的政策给贵国的国家机构造成的影响说得不多。我的职责也不是充当世界公民；对于这种影响，我没有必要花费很多时间，因为它一目了然。

现在您要生活在一种新秩序之中，一种没有人能够凭借经验加以评说的统治方式之下。您的才华、您的公共精神、您的财富，使您有足够的理由积极参与其中。您可以随时做出决定；但很可能还要过一段时间再说。法国人可能还要经历更多的曲折，在国家最后定型之前，就像我们的一位诗人所说，他们还要"经受各种未知的考验"❶。在穿过混乱和黑暗的过程中，你们会发现必须（任何时代大体上都是如此）确立规则，让你们的生活和行为步入稳定的正轨。你们有足够多的人权学说，再关注一下人的天性和倾向也不为过。你们需要

---

❶ [见 Joseph Addison, *Cato*, V. i. II："我们必须经受各种未知的考验，经历新的场景和变化！"]——编者注

关注的，是具体的人，是普通人的生活和行为。我不揣冒昧，斗胆给您提出了一些建议，听上去可能像是忠告。不过您会以习以为常的宽宏大量接受我的少许提示，虽然我承认，其中有些话不合这个启蒙时代的口味；其实它们不过是经验结出的已经熟透的果实。您切莫把任何政治问题的价值与关心它的人完全分开。您将会听到，假如一项措施是好的，您必须如何看待它的提出者的性格和观点。设计它的人绝不会把他们的计划和他们的利益分开；假如您为他们的计划提供帮助，您会发现作为借口的良政最后会被丢到一边或受到歪曲，实现的只是涉及利益的目标，而且可能是因为有您的帮助。坏人的权力并不是无关紧要的事情。

此时此刻您也许领会不到这种规律的全部含义。不过，当实例摆到您面前时，您就会想到它，那时您会看到它的用处。它往往能使您的美德不至于为别人的野心和阴谋所利用。请让我补充一句我认为与前面提到的规律有关的话，您不应当既着迷于任何政治目标，又认为达成它的手段不值得严肃考虑。处理艰巨的事务，轮不到我来当老师，迂腐地指点您如何做到谨小慎微。我只是建议，如果事关做出道德、荣誉，甚至寻常的自由情感上的牺牲，那就应当先大体上确信目标值得这样做。没有比较和参照，好坏便无从谈起。有一些人对微不足道的计划和行动大加渲染，不惜用犯罪手段达到他们的目的。凡是以平稳轻松的方式得到的东西，在他们眼里都没有价值。但是，当急于采用暴力手段时，应当十分确定不存在我们可以采用的其他手段，性情上偏爱这种方式，并不构成提出它们的真正理由。国家是由苏拉和凯撒加以改良的，但科尼利安和朱利安的法律并不能为那种处罚正

名。罗马贵族的高傲应当受到约束，但是我不会以此为由去赞赏西纳、马利乌斯和萨托尼努斯的行为。❶

我承认，罪恶有可能十分严重而紧迫，对另一些罪恶只能限于抱着消除它们的愿望。例如，战争可能是必要的，我们也知道什么是开战权，但是在行使这种权力时，我们应当明确地处于唯一能使它获得正当性的状态，在守护和平与安全时，不能采用血腥的诡计，把任何人既作为公民又作为敌人看待；没有必要的程序、明确清晰的开战底线，就不能用战争这种最可怕的敌意对待我们的同胞。激烈的党争、火爆地反对我们的愿望和意见，这并不是战争，也无法为任何战争行为提供正当性。

一种政体可能优于另一种政体，这种差别可能值得为之奋斗。我也这么认为。对于人类的深刻智慧所发明的任何一种政体（而不是在我看来有些人非常不明智地谈论的人权），我无意待之以轻视和不敬，但我也不打算对它们等量齐观。

罪恶昭彰、弊端丛生的政府，倘若无法改良（有时确实如此），就应当加以更换——如有必要，就使用暴力。但是，当问题涉及政府组织的完美程度的损益时，暴力不在可允许手段的范围之内。由事物的本质结构所定，人类的发明都有严重缺陷；弱点常常附着于我们政

---

❶ [柏克这里指的是卢修斯·科利尼尤斯·苏拉（公元前138—公元前78）和尤利乌斯·凯撒（公元前100—公元前44）的"改革"。"处罚"是指苏拉的可以"合法"处死的人员名单。凯撒和苏拉的残暴和超越宪法的方式抵销了他们的善举，这是柏克从阅读普鲁塔克得出的教训。西纳、马利乌斯和萨托尼努斯是苏拉的同代人，以反对贵族权力闻名，不过普鲁塔克对他们显然持不信任的态度。]——编者注

治机制的完美之中，它的某种缺陷——某种不符合它的原则，对它起着控制、弱化和使之变温和的作用的因素——成为对理论完美所带来的罪恶的必要纠正。我确信事情常常就是如此；关于这个真理，可以举出大量的事例。

诚然，并非每一种缺点都是我所说的纠正手段。但是，即便它不是，不尽完美的善仍然是善。缺点是可以容忍的，可以在未来加以消除。在这种情况下，审慎（对于任何事情都是美德，在政治上则是第一美德）将引导我们接受某种有限的计划，它可能不符合十全十美的抽象观念；而强求更多的完美，这会把国家的肌体撕成碎片，让无数可敬的人感到痛心。在这种情况下，把手段和目的相结合，有欠缺的完美就是更为可取的。对于任何目的，手段都是第一位的，它是善还是恶会即刻显现。而目的有着双重的问题：首先，它是否已经达到；其次，假设它已经达到，我们是否得到了我们所追求的真正目的。

即或同意完美有无限的可能性，理论的完美仍然有可能不同于实践中的完美，纯粹而绝对的目标，仍然有可能并不优于较低的、混合的有限目标；所以我们会降低自己的要求，行事节制，主持公道，善待个人，这正是明智的立法者所要做出的真正改进，只要他没有任何另外的动机，在制订计划时只看计划本身的目的和意图。既然如此，以鲁莽或犯罪的方式造成一种局面，它一旦形成，便有明显的理由，甚至可能是紧迫的必要性，迫使我们改弦易辙，使我们因行为前后不一、计划缺少远见而蒙羞——难道这样做才是正确的？

先生，请相信我，在国家的任何变革中，节制都是美德，它不仅和蔼可亲，而且力量强大。它是调理、安抚、凝聚人心的美德。建立新制度正是它的用武之地。能够实行伟大变革的人大权在握，自我节制是他们唯一的约束；假如这种美德在他们心中不够强大，他们在行动中就会更加偏爱自己的权力，而不是他们的智慧或仁慈。无论他们做什么，都会走极端，行事粗糙、严厉而鲁莽。人们的服从只是出于无奈和勉强，报复心会在暗中聚集。以那种性情作为标志的计划持续下去是危险的，恰如其成就之可憎。这种节制（随着时间的推移，它会与优柔寡断的冒牌货判然有别）是只有社会贤达才具备的美德。当大众的声音（名望和威信的虚假代用品）反对你的判断时，需要有深沉的勇气和充分的反思才能沉得住气。没有头脑的公众的冲动欲望持续不了多久，但其行为会明目张胆地走向危险的极端。所以，当你周围的所有人都放肆而自信，当那些胆大妄为、不顾他人危险的人要惩罚你的谨慎和冷静时，你当无所畏惧，做好接受磨练的准备；在普遍的轻浮中，自持而镇定的精神，迟早会把一切都吸引到周围，形成一个中心。但是，假如风暴来得十分猛烈，使政治审慎失去合理性，个人和公众都认为它与疯狂相差无几，这时年轻人最好的做法，也许莫过于退居书斋，把战场留给那些有义务或有意愿，或是出于处境之必然而不得不为之的人，静待国事已定，使诚实的人可以放心而自信地采取行动。如果为民众或君主建言的人处在恐怖之中，这是绝对做不到的，因为权力要求他们昧着良心说话，绝无可能本着良心的名义和天性施加影响。

这种节制精神不是热情的敌人。它为其留出了足够的空间，因为限制仅仅是对原则的限制、对理性的限制。

我已经扯得太远了。不过在我看来，每天的报道都在显示，无限制地坚持原则和空泛的善意带来的恶果有增无减。我在自己的国家承担着公众的信托，虽然我的意见在这里已无足轻重，但是请原谅我的冒昧，我还是想就与我无关的事情写点什么，以期它有可能打动一个与之有关的人。至少现在我的时间归我支配，消磨您的耐心，是我能给您造成的唯一伤害。

余不多谈。

埃德蒙·柏克

致菲利普·弗朗西斯的信

1790 年 2 月 20 日

柏克对他的同事支持法国大革命的观点变得日益警觉。他的朋友和政治盟友菲利普·弗朗西斯显然相信了十年来有关法国王后淫乱的恶毒宣传——她尝试更加"合乎天性"、不顾王室礼仪的举止所招致的恶果；似乎发现了王后犯有通奸罪，就应当消灭一个伟大的文明。另一些解释者把法国的事件比作英国 1688—1689 年的光荣革命，以此服务于当时的革命目的。最初为纪念光荣革命而成立的革命学社，在 1789 年 11 月 4 日就听到了一位论教派（Unitarian）牧师、曾是美国独立战争支持者的理查德·普赖斯博士所做的这种对比。下面的信中提到了普赖斯，此外还有威廉·佩蒂，他有谢尔本伯爵二世和兰斯顿侯爵的头衔，是柏克和罗金汉派辉格党人的宿敌。

柏克至少从 1770 年就认识菲利普·弗朗西斯。自 1785 年以来，弗朗西斯一直在帮助柏克弹劾印度总督华伦·黑斯廷斯。柏克曾把《反思录》的少部分手稿送给弗朗西斯，弗朗西斯在回信中表达了异议。他相信，劝阻柏克继续写《反思录》的最好方式，是向他说明不值得与赞扬法国大革命的英国人论战；他警告柏克这会挑起一场小册子大战。有关玛丽·安托瓦内特的那段著名的滥情表述，弗朗西斯的意见也很蛮横："一派胡言。"柏克在答复中解释说，正在蒙难的王后应当唤起一个教养良好的绅士的同情。这种同情与普赖斯、谢尔本及其"团伙"对革命者的同情形成了鲜明对照。

亲爱的先生：

我在卡尔顿公馆待到很晚，一到家就在桌子上看到了您的来信。我再也无法入睡。因此，我在谈论你出于对我的关切而感兴趣的事情时，如果您发现我表述混乱，或者言不及意，还请您见谅。对您信中的一些话，我必须向您致谢；还有一些话我必须做出答复；有些话显然是友好的告诫，还有一些带有指责的口气。

您是敢于向我提出劝告的唯一朋友。因此我一定是说了一些很可怕的话，让我的其他相识都不敢向我明确表达他们的想法。无论这种吓人的做法意味着什么，我只能反躬自省。如果我发现自己有这种做法，像我这样上了年纪的人，只能尽力加以纠正。不过，我自以为是地想，至少您不会认为，我的另一些朋友撤回他们对我的这种帮助是有道理的。您向我表达自己的意见，肯定不是总会采用这种极为亲切而克制的方式。但是，自从第一次有幸与您相识以来，我不记得自己的情绪激动或者冷淡持续过一天。我相信您也不曾记得有过这样的事发生。假如我因为朋友的善意和单纯，便对他们弃之不顾，我就亏待了他们。具体来说，您知道，我为公众准备的一些议题，您给予的指导曾使我受益。即便不是在每一件事上我都与您意见一致，但整体而言，您足可以证明我从善如流，这使您可以相信我接受了您的纠正，不仅没有感到冒犯，而且怀着不小的感激。

关于我写给巴黎的信，您对前面那一部分的评论，与写作风格和内容有关。您说行文松散，对此我深表赞同，我也未打算把它写成另一种样子。因为事实上，它原本就是写给友人的一封信，所以我不想把它写得条理分明。文风有待纠正，也需要如此。我的写作风格有些随意，这是性情使然，我很高兴得到您的建议，尽量让这种文体的害处少一些。一种文体的一般特点和风格，由作者特有的性情和思想表达习惯所形成，也必然体现在所有的改写中。补充上一些材料可能会好一些，但未必在任何时候都是改进。

然而，您的主要反对意见还有更深一层的用意，涉及政治观点和道德情感；虽然我不感意外，因为这是时常与您交谈的话题，但是我发现，几乎在每一件事上我们都有分歧。您说："我觉得你显然是在害自己；我嗅出了这种有害的味道，它让我感到恶心。"这种可想而知的恶臭，隔着这么远的距离也让您反胃，那一定是令人作呕的。您似乎认为，把它付梓行世，会让我丢尽颜面（并非完全无辜）。这使我有些心悸，要让自己下笔有所收敛。因为我必须承认，以我本人的感觉，以及看过它的人的感觉，我的想法和意见理应让我蒙羞。即或不是这样，我也知道，我是在与许多人的偏见和倾向作对。对此我从一开始就心知肚明；我打算发表这封信，正是为了反对那些偏见和倾向。我真的十分惊讶，您手里拿着我的作品，居然能凭空想象，我不赞成对法国王后的做法，我表达自己的特殊感情，除了她的美貌（我估计她现在已经姿色大减）之外没有别的理由。我不想抑制自己以及每一个诚实的人心中的天然同情，坐等巴黎咖啡馆和伦敦礼拜堂里所有可笑的奇闻轶事，被恶语中伤者的诽谤所清除，然后他们可以杀死那些人而又逍遥法外。我对您所说的梅萨丽娜的故事❶一无所知。看到有人遭受一切不公和侮辱，生命面临危险，在我努力让人关心他们的苦难之前，在我努力唤起人们对躲在黑暗中的杀人犯及其讲道台上更邪恶的教唆犯的警觉之前，难道我没有义务从法律上证明他们具备的美德吗？我不明白！难道崇高的地位、显赫的家世、高雅的举止和造诣，不正是让我们对人的不幸立刻表示关心的品质吗？没有这种情感的人，是完全无道理可讲的。"赫卡柏对他，或他对赫卡柏意味着什么，使他为她而流泪？"❷ 莫非只因为她是赫卡柏，特洛伊城的王后，普里阿摩斯之妻，就要在生命终结时遭受万千磨难吗?！我也同情赫卡柏，我从欧里庇德斯的悲剧杰作中读到她的故事时，绝不会去研究特洛伊城或它的宫廷里的绯闻逸事，然后再去表达作者希望唤起的情感；我也不曾记得他就她的美德说过一句话。对于赞扬或粉饰暗杀、弑君、卑鄙地污辱一位地位显赫的女性的人，他们要为他们所说的罪行提供证据，才能为自己正名。但是，即便他们证明了这个女人犯有通奸罪，按世间的风俗，按法国的风俗，我也绝不会拿它

---

❶［弗朗西斯写道："切莫指望我或者任何明事理的人会像对待克鲁夫人或柏克夫人——我指的是所有那些美丽娴淑的女性——那样，对一个梅萨丽娜的受难感到惋惜。"（Corr. Copeland 6：87）梅萨丽娜（Messalina）是罗马皇帝尼禄的侄女，以淫荡闻名，法国的色情出版物经常把玛丽·安托瓦内特比作她。］——编者注
❷［见莎士比亚《哈姆雷特》第二幕第二场，第559—560页。］——编者注

和暗杀相提并论。不，我没有犯下这种颠倒黑白的错误，无论在我的心中还是脑子里。

您认为，我用这种事来唤起自己的怜悯之心十分可笑，而且这尤其不适合我。向既有地位又有美貌的女子示以崇敬，对她们没有丝毫非分之想，这种骑士精神，是风尚的伟大来源，它们世世代代装点着欧洲，让人引以为傲——为何我这样想很荒唐，还请您赐教。在我的有生之年，看到这种风尚因为金融投机，因为一种肮脏而堕落的哲学的错误知识，以如此令人震惊的方式消逝，难道我不应该为此感到悲哀？我再一次告诉您，1774年我见到法国王后时的风尚，以及她的雍容华贵、美艳夺目，国民对她恭敬有加，这种记忆同我描述的1789年令人憎恶的场景相比，确实让我的眼泪夺眶而出，打湿了稿纸。我一看到这样的描述，还是常常潸然泪下。我还会为此而流泪的。您不相信这个事实，也不相信这是我的真情实感，而是矫揉造作，或者如您所言，是一派胡言。我的朋友，我要告诉您这是真的，这是真的，即使您我两人再无干系，我仍会如此，只要这世上还存在具备自然感情的人。我不想再谈论自己的一派胡言了。顺便说一句，您还问我，我充当日耳曼贵夫人的赞美者有多长时间了。一向如此。只要一想到对这里的某位日耳曼贵夫人动了杀机，一想到谋杀她的企图，一想到得意扬扬的人群从温莎城堡走向老犹太街，我向您保证，我就会充满与生俱来的担忧和义愤。

至于另一些问题，值得给予严肃的考虑。假如我们看法一致，我肯定不会从您的帮助中受益很多。在那种情况下，所有的改进都会对我的写作计划有所增益。我们将本着共识一起工作。但是，凡是反对它的目标的人，那么基于它的真正精神加以纠正，或是帮助作者表达他认为根本不应表达的想法，都是不可能的。

我同意您的看法，应当不屑于同"革命学社"和"国民议会"那些恶棍们争论。我很清楚，他们，还有他们的盟友，那些印度瘪三，会万箭齐发，遮天蔽日。但是，我不认为他们有名望的授予权。我要试一试。亲爱的先生，您只想到了争论，"我冒失地进入战场，铩羽而归"，等等。假如成败由他们说了算，他们一定能打败我。但是我并不想跟普赖斯博士、谢尔本伯爵或他们的任何同伙争论。我只想充分揭示他们的邪恶原则和他们的黑心肠带来的危险。我只想根据与他们相反的理由，阐明我们的宪政体制中涉及教会和国家的真正原则。假如任何人是比他们更好的例子，更有利于我说明问题，那再好不过。我要尽力把他们置于世人的憎恨、嘲笑和蔑视之下，就像我一贯揭露这些诽谤家、伪君子、暴乱煽动者，这些为谋杀得逞而弹冠相庆的人一样。我做完此事后，他们可以独自占领场地，我不在乎他们如何对我取胜，因为我不想让他们把我踩在脚下，把我的头吊在他们的凯旋柱上。

我要暂时搁笔了，我已经说得够多。再见！请相信我总是很在意您的友情，虽然对我来说很不幸，在这些问题上，在您和我的想法之间，天底下不可能有比这更大的分歧。

埃德蒙·柏克

于杰拉德街

1790 年 2 月 20 日

致一位国民议会成员的信
1791 年 5 月

《致一位国民议会成员的信》的收信人是弗朗索瓦-路易-蒂博·德·曼诺维尔。开头一段提到了曼诺维尔对柏克《法国大革命反思录》一书的回应（Corr. Copeland 6：pp. 162—169），柏克表示感谢，但并未理会他的大部分批评。

1791 年 1 月写这封信时，柏克对现代的革命思想及其自我辩解的方式，已经有了深入的理解：暴行是由它的敌人激起的"过激行为"；不能用对待其他人一样的伦理标准对待革命的鼓吹者，因为他们毕竟是出于极为良好的动机；不能用当前的现实苦难，去质疑革命者对光明未来的向往。柏克明确认为，这场革命事业是国际性的，必须用武力加以对抗。不久之后，他对于为此目的而形成的欧洲联盟的迟疑和内讧深感失望。

这篇文字能够闻名于世，是因为它讨论了让-雅克·卢梭；它引人注目，还因为它反对卢梭的著作，尤其是《爱弥儿》中有关教育和情感的新模式。柏克最迟于1759年就开始阅读卢梭，当时他在《年鉴》❶中评论过《致达朗贝先生的信》，提到了书中的两章。1762年他又评论过《爱弥儿》。至于卢梭本人，1766年1月至1767年5月他的英国行，尤其是他与东道主大卫·休谟的争执，得到了广泛报道，让英国人对他的虚荣和忘恩负义印象深刻。

从这封信和《新辉格党致老辉格党的申诉书》中，可以看到柏克是站在古人一边，他赞成古典的教育和情感模式，反对启蒙运动。

先生：

我荣幸地收到了您在去年11月17日的来信。除了一些例外，您在信中对我就法国事态所写的信表示赞许。我接受任何包含着指教的赞赏，这要比泛泛的、无条件的赞扬更让我高兴。那种赞扬只能让我们虚荣心膨胀；而指教能鼓励我们，有助于我们在前进的路上有所改进。

对于我已经出版的信，您指出的一些错误属实。我发现只有一个是实质性的，在我冒昧地寄给您的版本中已做了订正。关于我对你们新宪法中层级制的评论，一部分内容可能有瑕疵，您公正地说，它们并不影响我的反对意见的实质。阶梯式的代表制是否会让你们的工人把地方暴政上升为全国范围的无政府状态，在我看来并不重要，因为

---

❶《年鉴》（*Annual Register*）是柏克从政前主编的一本期刊，每年出版一册，介绍过去一年欧洲的政治、思想和文化动态。——译者注

整个标准是错误的。

我将自己有关那部宪法的想法公之于世，我的同胞也许有能力评价那些供他们模仿的计划中的智慧。以我的想法，那些计划的真正性质，最好是到受命筹备它们的委员会中寻找。我认为，理解他们的建筑方案，最好是根据建筑师的设计，而不是泥瓦匠的施工。用拙劣的实践纠正荒谬的理论，这样的改变不值得占用我的读者的片刻时间。这种研究会没完没了，因为每天刚过去的失败经验，以及每天的新经验，都在驱使那些人搞出新设计，它们就像过去的一样站不住脚；这些设计每天都在证明他们的许诺的虚幻，他们专业上的错误，所以不值得评说。如果我追踪所有这些变化，我的信将不过是他们的漫游录、他们在干枯的荒漠中从错误走向错误的日志，他们没有上天之光的引导，没有智慧为他们的立场提供高见。

我一向坚定不移地相信，企图压制、贬低、没收、消灭绅士和整个国家的土地财产，不能以采取的任何方式得到正名。我毫不怀疑，把一个大帝国变成一个教区委员会，或是众多教区委员会的拼凑，以治理教区的精神进行统治，无论采取什么方式或做出什么限制，是毫无意义的荒谬计划。这种计划要把国家的最高权力下放给教区委员、治安小吏或诸如此类的官员，接受讼师和犹太经纪人的小聪明的指导，执行者则是最下层不知廉耻的妇女，旅店、酒馆和妓院的掌柜，鲁莽的学徒、文书、商店伙计、理发匠和舞伶（在你们这样的国家，这些人将来会一如既往地压倒那些愚钝而无能、从事着有益但辛苦的职业的人），我决不相信这种计划能有所成就，只会造成破坏性的可耻后果。这整个计划，即便像它谎称的那样，通过六七个甚至更少的搞阴谋诡计的政客的卑劣手段取得了统治权，事实上它也是没有统治权的，因为它是如此低劣，智力如此低下，其邪恶是如此可憎，所以我只能认为，使它从任何程度上能够行得通的纠正措施，只会招来更多新的反对。

在这种可悲的状态下，有人担心你们的苦难制造者会大力推行他们进一步的计划，因为他们暗示说，他们得到的论证可以用来揭示他们的制度的荒谬，表明其各个部分互不协调，与他们的原则不相一致；由此你们的主子可以让他们的方案更加有害，从而变得更加协调。请原谅，您的大度使我不揣冒昧地要告诉您，这种担忧阻止着我们把全部能力运用于人类这一伟大的事业。

鲁莽地诉诸武力，是不能由真实的虚弱状态提供正当理由的。这样做只能自取其辱；如果失败，会吓退更加合理的努力。但受到威胁的是理性，虽然它也会被诡计和智巧所歪曲；因为理性经受不起失败和羞辱，它也阻止不了未来政策的任何有益计划。出自人类智巧的一切措施，其后果都无可避免地带有不确定性，欺骗的毒药，最可靠的解毒剂就是把它揭穿。其实，骗局大白于天下之后，人们愿意忍气吞声，甚至更愿意忍受被揭穿的骗子。人们往往看重名誉，不愿从骗局中走出来；他们宁肯犯一百次错，也不愿认一次错。但是不管怎么说，如果我们的原则、我们的性情，甚至我们的才能，都让我们无法用幻觉对付幻觉，对于那些本应通情达理的人，我们必须运用我们最好的理性，适时抓住我们的机会。我们影响不了人们头脑中的奇思怪想。我认为，对于谋划这些事情的人，不管说什么，也不能让他们变得更好或更坏。他们就是理性的证据。不管什么地方，总有一些人，一开始被粗野的良好意图所迷惑，最初的狂热消失之后，就会冷静地研究让他们受骗的计划。我们只对这些人（遗憾的是这样的人不太可能很多）抱有希望。我几乎可以绝对有把握地说，做任何事情，没有不一开始就加以谋划的，它甚至发生在条件成熟之前。Nulla nova mihi res inopinave surgit。❶ 没有谋划的事是做不出来的。他们还是那些人，计划还是那些计划，就像当初一样，虽然形式有异。同一种动物，最初是以毛毛虫的样子爬行，现在你会看到它飞到空中，在阳光下展开了翅膀。

因此，基于我们是在向理性人说话的假设，揭露错误的政治原则最有效的办法，不就是证明它们导致的结果与使之得以成立的设想截然相反吗？假如不允许做出这种证明，那么连严格的几何学也无法否认被称为"deductio ad absurdum"（归谬法）的推理过程，便根本无法在立法辩论中加以采用。这会让我们失去我们用来对付愚行的最强大武器。

先生，您知道，你们那些爱国者为阻止贵国的毁灭而付出的高贵努力，得到的正是这样的报应。在我国和法国，都有人说，若不是受到你们的顽固反对的刺激，大权在握的篡权者本不会把他们的暴政推行到如此具有破坏性的地步。对于这种尴尬的困局，反对邪恶得逞的所有人都难辞其咎。假如你袖手旁观，你会被视为帮凶，因为你默许了那些措施。假如你反抗，则会指责你助长了易怒的权力走向新的极

---

❶ [柏克引用的是埃涅阿斯对古玛叶安·西碧尔的回答，后者预言他会在拉丁姆遭罪：我面前所发生的，并无新颖的或是出乎预料的事情。（*Aeneid* 6：pp. 103 – 104）] ——编者注

端。失败的一方绝无正确的可能，至少它绝无可能符合庸俗的判断力唯一可靠的聪明标准——成功。

沉溺于朦胧的希望、模糊不清的信念，残留的一点美德，一定程度的羞耻感，可能仍保留在法国压迫者的心中，这可能正是导致国王和人民一起毁灭的原因之一。诚实的人没有安全可言，他们相信恶人什么恶行都可能干得出来，所以只能以快捷、果断、信心坚定取胜。我记得很清楚，在这段神奇的历史的每一刻，在这场悲剧的每一幕，当你们那些篡权者提出有害的原则，甚至直接用它来解决问题时，按照流行的说法，他们从来没有打算严格履行那些宣言。这使得人们在反对时谨小慎微，裹足不前。骗子们提出这种靠不住的希望，时而骗这一类人，时而又骗另一类人，当他们残暴地执行他们利用骗局筹划的事情时，人们找不到用来反抗他们的手段。

有些情况下，人会因为没有上当而羞愧。信任为人类的交往所必需，若是缺少信任，人们受自己的怀疑之害，往往更甚于别人的背信弃义。但是，如果我们知道他是恶人，知道他在行骗，那么我们比上当的人还糟糕。如果我们了解他们，他们的漂亮伪装就变成了不信任的新动机。确实，在某种情况下，当彻头彻尾的骗子做出对我们充满敌意的宣言时，只有疯子不给予他们充分的信任。

我发现还有人怀着另一种希望，我承认，与那些最初会让许多人受骗、失去警惕的希望相比，它更让人看不透。这些人自负地认为，愚蠢给人造成的沉重苦难，终将让民众睁开双眼，即使他们的领袖依然视而不见。我担心事情恰恰相反。您知道，对这种欺骗性体制的领袖来说，骗子是绝不能反悔的。骗子除了欺骗之外，没有别的本钱。他们的弹药库里没有其他货色，他们心里没有美德或智慧，靠欺骗和诡计牟利的后果让他们失望时，他们也不会弃恶从善。老谎言一旦失效，只会让他们炮制出新的谎言。不幸的是，受骗者的轻信就像无赖的诡计一样用之不竭，他们不会让人们有所得，但他们总是让人保持希望。你们的国医并没有说谎，过去的好处都是因为有他们的手术，社会在他们的照料下有过一时的繁荣。这个国家生病了，而且病得不轻，这正是他们的医术造成的。可是江湖医生告诉人们，已经过去的事无法补救，他们已经服下药，他们只能耐心等待它起效；最初的疗效当然令人不快，但这种病正是药效不彰的证明；在所有的宪政革命中，这种病都是难免的。身体必须经受痛苦才能好转；开药方的人并不是江湖庸医，他们有可靠的技艺原则作为行医的基础❶，它不可能失效。先生，您已经读过国民议会的最新宣言或江湖骗子式的法案。您知道他们的放肆的许诺，并没有因落实中的失败而减少。比较一下国民议会最新的声明、你们目前的事态和那个机构早期的努力吧，他们不满足于声明，庄严地发下誓言，振振有辞，假如他们得到支持，他们能为国家带来荣耀和幸福；然后再判断一下写这种东西的人，或那些能忍受读一读它们的人，他们自己能否表现出任何合理的言行。

说到广大民众，这个可怜的羊群一旦离开围栏，并不是失去了限制，而是失去了所有自然权利和合法服从原则的保护，他们成了骗子

---

❶据说，在国民议会向法国人民的最新讲话中，他们制订自己的计划时，并不是根据平庸的习惯做法，而是根据一种不可能失效的理论或是某种具有这种功效的东西。——柏克原注

天然的猎物。一旦他们品尝到骗子的奉承，便不会再保持理性，对他们来说，理性只会招来责备的羞辱。巨大的苦难从未让人类学到任何明智的教训。极端的灾难，就像极端的繁荣一样，都会让人盲目。绝境会造成绝望的议会和绝望的措施。这让法国人民几乎都在秩序、节俭和勤劳之外另寻捷径。他们全面武装起来，对武力有很大的期待。Nihil non arrogant armis。❶ 此外，社会秩序的退化还有放纵人类性情的作用。冒险家、赌徒、流浪汉、乞丐和强盗的生活并不令人生厌。需要加以限制，才不会使人们陷入那种恶习。恐惧和希望、逃跑和追求、冒险和回避此消彼长，饥荒与盛宴、野蛮与盗贼交替出现，经过一段时间后，会带来一个稳定而缓慢、日积月累的过程，唯一的前景就是，在漫长的劳作结束时人们变得极度驯顺、呆滞和麻木。曾经陶醉于权力、得到过任何好处的人，哪怕只有一年，也绝不会自愿放弃它。他们大权在握时可能遭过难，但他们只能从权力中看到出路。可曾有过哪个君主因为受难而放弃自己的权力？对于相信自己就是君主的人民，这种权力又会产生什么作用？

更活跃、更兴奋的下层人掌握了统治权，赃物的分配权落入他们手中，他们就会利用政府的资源，在各地形成追随者的团体。这些统治者及其追随者将有足够的力量，压制那些因为无法从赃物中分一杯羹而不满的人。在巧取豪夺的赌博中，那帮人中最无远见或最惰怠、最迟疑不决的人，很可能变成不幸的冒险家。假如他们在失望中敢于闹事，很快就会被当作叛乱分子受到同伙的镇压。吃点残汤剩羹之

---

❶ [拉丁文： "他们认为一切都要服从他们的武力。" Horace, *The Art of Poetry*, 1. p. 122.]——编者注

后，他们会逐渐销声匿迹，被人赶下舞台，置诸脑后，像老鼠一样在昏暗的洞穴和角落中默默地死去。

那些失败的反叛者和作鸟兽散的盗贼，你不能指望从他们被迫的后悔中得到什么。这些强盗中更大胆、更狡猾的人，政府本应加以压制，却成了他们的同谋。政府的武装、钱财，它的一切，都在他们掌握之中。司法权本应是最让他们畏惧的权力，却成了他们的玩物和工具。使你们的国内局势陷入绝望境地的，在我看来莫过于你们司法权的这种状态。我们看到你们的统治者推出一帮人担任最关键的职务，还没有过去多少天。你们的统治者推出的那些人，是来自苦力和贱人，在热火朝天的没收和抢劫中手脚都不干净——ardentis massae fuligine lippos，❶ 还有一些巧舌如簧、攻防自如的讼棍，很适合以后为强盗、杀人犯、叛国者和恶棍辩护；这些人的头脑采用完全适合他们行为的学说进行推理，他们总是嘲笑财产和因袭的权利，蔑视所有基本的司法原则。我们看到，在这个国家，其实是在作为旁观者的所有国家，一切诚实的人都惊恐而迷惑地看到，这些人相信上述做法和原则，并要把它们加以落实，正是这些人坐在你们王国首都神圣的法官席位上。我们认为，将来你们会被更多的公文和规章所毁灭。这不是和平，这只是为他们的战争行为引入某种纪律。他们的司法是彻头彻尾的暴政，他们的光明灯塔的可怕程度，还不及他们的法庭的一半。

有人认为，出于体面的考虑，他们会为你们提供一些人担任处置

---

❶［拉丁文："被煤烟弄瞎了眼睛。" Juvenal, *Satires* 10：p. 130.］——编者注

你们的生命和财产的法官，这些人不习惯于在议会中践踏法律和正义，立场中立或至少表面上中立。

当克伦威尔试图使自己的权力合法化，让他征服的国家恢复秩序时，他并没有从协助他篡权的人中间寻找掌握司法权的人。恰恰相反，他十分细心而挑剔，甚至从极力反对他的计划的党派中，寻找品行端正、未被当时的暴力所玷污，没有染指于没收财产和亵渎神明的人：他选择了黑尔❶那样的人担任他的大法官，尽管此人断然拒绝接受就职誓言，根本不承认他的政府的合法性。克伦威尔告诉这位伟大的法律人，既然他不接受任命，他只要求他以符合其纯洁的情感和清白的人格的方式掌管司法，因为缺了公正人类便无法生存：他希望黑尔作为法官给予支持的，不是这个特定的政府，而是公共秩序本身。克伦威尔知道如何把方便他篡权的制度同国家的司法区分开。克伦威尔没有被野心完全压倒，他只是暂时搁置了宗教情感和对公正与美誉的爱（只要它能够与他的计划共存）。为此我们感谢他这种保留我们的法律的行动，而当时一些愚蠢的人权鼓吹者，却将法律视为封建制和野蛮时代的遗迹，必欲彻底根除而后快。此外，他对那个人的任命，为那个时代、为全体子孙后代，树立了真诚而炽热的虔恭、正确的司法和深刻的法学最光辉的榜样。❷ 不过，这并不是贵国那些想入

---

❶[马修·黑尔（Sir Matthew Hale, 1609—1676）尽管是君主制的捍卫者，但他在内战和克伦威尔统治的十几年里一直担任普通上诉法院的大法官，以法律上的中立立场而闻名。他在后来的王权复辟中也发挥了积极作用，1671 年被任命为王座法院大法官。] ——编者注

❷参见伯内特的《黑尔家族》。——柏克原注（译按，柏克这里提到的书是指 Gilbert Burnet, *The Life and Death of Sir Matthew Hale, Kl. , sometime Lord Chief Justice of His Majesties Court of King's Bench*, London, 1682.）

非非的篡权者打算效仿克伦威尔的事情。

有人会想，在真诚而必要的革命之后（假如他们这样看待他们的革命的话），您的主子们会模仿光荣革命首领的高贵政策。伯内特告诉我们，使英国国民与威廉国王的政府达成和解的事情，莫过于他关心让有学识、雄辩而虔诚，令公众肃然起敬，尤其是公认为在国事上有节制精神的人，去填补空缺的主教职位。在你们净化社会的革命中，你们选择了什么人去管理教会？米拉波先生❶是位出色的演说家，也是出色的作家，一个很优秀的人，可是让这里的所有人大跌眼镜的是，他竟然成了你们的教会事务的最高首脑。❷ 其他人的情况也可想而知。你们的国民议会向法国人发表了一份宣言，以侮辱性的嘲讽语气告诉人民，他们已经让教会回到了它的原始状态。他们的宣言在一件事上无疑说了实话，他们把教会带入了贫困和受迫害的状态。这种事情之后，您还能指望什么呢？在这种新的志向和教会首脑之下被任命为主教的人（假如他们还配称为主教的话），除了充当无神论者的工具之外没有任何功德；他们把孩子的面包扔给狗；为了喂饱放高利贷的人、街头小贩和犹太奸商，让他们的基督徒会众、他们自己的牧师挨饿。被任命为主教去管理教堂的不正是这种人么？那里（假如爱国捐赠还没有让它失去圣器的话）的教会委员应当保护好祭坛上的圣盘，而不是把圣餐杯交给犹太人肮脏的手保管，因为犹太人

---

❶米拉波（Count of Mirabeau，1747—1791）：法国大革命早期领袖之一，属于温和的君主立宪派。——译者注
❷柏克此处可能有误，米拉波生前并没有担任过教会事务的最高首脑。——译者注

的手里有用教会掠夺品作为抵押的指券❶，用于交换从教堂偷来的银器。

我听说这些犹太批发商的儿子当上了主教；这些人没有丝毫基督教迷信的嫌疑，适合于成为奥坦高级教士❷的同伙，在咖玛列❸的脚下得到喂养。我们知道是谁把钱商赶出了神殿。我们也看到了是谁又把他们请了回来。在伦敦，我们有非常可敬的犹太人，我们愿意让他们留在这里。但是我们也有这个种族中非常不同的另一类人，入室抢劫的、收赃物的、造假币的，多得用绞刑都来不及。我们能把他们分给法国，让他们充当主教新的座天使：这是些精通发誓的人；你们的任何天才改革家能想出来的誓言，他们读起来丝毫不会犹豫。

对于如此可笑的事情，很难严肃看待。只消看一眼它们的后果，哪怕只是漫不经心地对待它们，几乎就已违反了人性。你们的人民得陷入多么野蛮、愚蠢、下贱、麻木不仁的状态，才能在他们的教会、他们的国家、他们的司法部门忍受这些做法，哪怕是一分钟！但是，轻信的法国人就像疯了一样，为了一个奇迹，他们不畏饥馑、不怕挨冻，忍受着他们的看守的锁链和皮鞭，同时又靠想象来支撑自己，以为自己就是军队的将领、先知、国王和皇帝。说到他们想法的改变，

---

❶指券（Assignats）：1790年法国国民议会为缓解严重的财政危机，以没收的教会财产作为担保发行的债券，一度作为货币流通。但无节制的发行很快引发了严重的通货膨胀。1796年由督政府废除。——译者注
❷指塔列朗（Charles Maurice de Talleyrand‑Périgord，1754—1838）。他是出身于教会世家的法国著名政客，以工于心计和玩世不恭著称。1789年被国王任命为奥坦的主教。大革命之前作为教会代表出席三级会议，革命期间曾积极支持打击教会的措施。——译者注
❸咖玛列（Gamaliel）是公元1世纪犹太律法的伟大学者之一，他的名字象征着具有不同寻常说服力的人。柏克这里是从讥讽的意义上使用这个词。——译者注

他们把耻辱当荣誉，把堕落当擢升，把暴君的奴役当自由，把傲慢主子的蔑视和侮辱，当作尊重和敬意的表示，而在我看来这根本说不通。要想治好这些疯子，就得像治疗真正的疯子一样，首先要压服他们。社会上头脑健全的人，我相信为数不少，但也不是大多数。他们被吓得不知所措。他们群龙无首，只能缴械认输。在能够使用协商或说服的方式之前，必须先改善社会上头脑健全的人的处境。必须权力和智慧并举；权力要掌握在坚定果断的爱国者手里，他们能分辨误入歧途者和叛徒，能以自己的气魄、具有未来眼光的仁慈管理国家（如果他们有此运气的话）；如果允许他们按常理思考问题，他们将为真正的改革奠定基础，清除那种谎称在道德新大陆有新发现的哲学的一切痕迹，他们将把国家建立在一种道德和政治的基础上，它是我们古老的、渺远不知源头的财富，我希望它也将是我们万世拥有的财富。

对于这些人来说，力量必须来自外部。他们可以出于同情提供给你们，因为还不曾有哪个国家如此悲痛地呼唤着所有邻国的同情；也可能是邻国出于自身安全的动机而提供。如果欧洲的中心地带建立了一个以无政府原则为基础的国家（假如这还能称为国家的话），事实上是一个狂热的武装团伙，目的是传播暗杀、抢劫、叛乱、欺骗、压迫和亵渎神明的原则，我不认为有哪个欧洲国家是安全的，穆罕默德有一段时间藏在阿拉伯沙漠的深处，如果他的勇气和性格被人揭露出来，有远见的人就会把他当作警惕的对象。假如他在亚洲的阳光下、在当时如日中天的文明世界，树立起毁灭基督教的狂热标准，那会是什么情况？在这个世纪初，欧洲的君主们没有遭受法国君主制吞并他国的苦难。在我看来，他们现在也不应当遭受所有君主国和共和国被这种肮脏的无政府状态所吞没的苦难。现在他们的安全差强人意，因为法国的相对势力还很小。但时间和机缘会带来危险。另一些国家的内部可能出现麻烦。这个大国虎视眈眈，会抓住一切获利的机会，在它有望成功的任何地方，确立它自己的原则和为害模式。这些篡权者以举世无双的方式污辱自己的国王，残酷镇压自己的同胞，他们对别国的君主和国民还有何仁慈可言？

普鲁士国王同我们联手，把荷兰从混乱中救了出来。[1] 也是这个大国，与获救的荷兰和大不列颠一起，让尼德兰[2]成了皇帝[3]的领地；在这位君主的统治下，那些领地摆脱了一切任意的革新，古老的世袭制得到了保障。韦兹勒的枢密院恢复了因臣民的叛乱而被赶下台的列格主教。[4] 普鲁士国王不受条约或血亲联盟的约束，也没有任何特殊的理由认为皇帝的政府比土耳其的政府对人性更有害或更具压迫性；但是这位君主仅仅是出于政策的动机，动用他的全部军队，威胁要把土耳其人从帝国的鹰爪下解救出来。假如这样做是为了一个野蛮民族、一个从原则上对基督的名字永远怀有敌意的国家，这个民族不会

---

[1] 1787年秋，普鲁士国王威廉二世派兵进入荷兰帮助他的妹夫威廉五世平息了叛乱。这次行动也得到了英国的支持。——译者注
[2] 尼德兰（Netherlands）是今"荷兰王国"的正式称谓，柏克在上文所说的"荷兰"（Holland），大体只相当于现在的"北荷兰省"和"南荷兰省"，是尼德兰十二个省中的两个。——译者注
[3] 指神圣罗马帝国皇帝，当时在位的皇帝是奥地利大公约瑟夫二世（Joseph II）。——译者注
[4] 韦兹勒（Wetzlar），德国城市，曾是神圣罗马帝国最高法院所在地。列格（Leige），城市名，今属比利时。——译者注

向我们任何人呼吁和平；除了停战之外，它不会与任何基督教国家订立条约；既然可以为土耳其人这样做，那么为何不能去救一个君主（按欧洲的礼仪被视为"第一基督徒"❶）？——他在三级会议中断了175年之后，把王国的各个等级又召集到一起，要革除弊政，建立自由政府，巩固他的王位；这位君主最初并没有面对武力，甚至没有得到请求，就为他的人民提供了一部大宪章，其中包含的权利是任何国王都不曾提供给臣民的。这位君主在采取这些仁慈的行动时，却被一帮叛徒和杀人犯野蛮地赶出王宫，❷ 直到现在还受到囚禁，而他的王室名号和神圣的人格，却被用来彻底消灭按法律规定保护他的人。爱自己的臣民的君主们，或是爱戴自己的君主的臣民们，难道对此只能忍气吞声？

这位不幸的君主对他的人民犯下的唯一过错，是他试图在君主制之下为他们提供一部自由的宪法。他为此而遭到罢黜，立下了人世间闻所未闻的先例。君主们若是与一个被废黜的暴君勾结，会让他们丢脸。人们会认为他们的同情心很恶毒。但是，若是一个合法的君主被叛乱分子和暴民赶下台，他们还抢劫、没收、采用一切方式残暴地镇压自己的同胞，那么不与这个君主结成共同的事业，在我看来这是忘记了所有的合法政府的荣誉和权力。

我认为，法国国王应当是政策同情的对象，不亚于土耳其苏丹或

---

❶1469年教皇保罗二世将"第一基督徒"（Most Christian）的头衔授予法国国王，此后一直为历代法国国王所沿用。——译者注
❷柏克这里是指1789年10月6日一群巴黎人攻入凡尔赛宫，把国王一家人关进了杜伊勒丽宫。——译者注

他的领地。彻底消灭法国（即便能做到），尽管它是一个敌国，我想不出这对欧洲有什么好处。有远见的爱国者认为，彻底摧毁迦太基对罗马并无好处，❶ 那位明智的希腊人明白希腊的普遍利益，他也是来自斯巴达的勇敢的敌人、心胸豁达的征服者，他不希望通过毁灭雅典，挖掉希腊的另一只眼睛。❷

然而，先生，我在这里谈论外国君主的干涉，只是我个人的意见，我既不代表任何阶层，也不代表任何党派组织；但是我认为，在这场对全人类影响重大的危机中，我必须强烈地表达自己的想法。

我并不担心，谈论法国国王和王后这个话题，会（像您担心的那样）加快针对他们的叛乱计划的执行。先生，您认为篡权者很乐意找出任何借口抛弃国王的名号；我肯定不想伤害你们的国王。但是，他与其活着充当暴政和篡权的被动工具，还不如死了的好。

我要尽力说明，在他们的共和体制中，存在这样一个官位是荒谬绝伦的。但是，在向他们证明这一点时，我至少搞不出什么发明。他们只是打着王室的名号，去吸引依然敬畏国王之名的法国人。他们在计算这种情感能持续多久，当他们发现它接近于消失时，他们不会为取消这个名号而道歉。他们只是把它用作脐带，借王室之腹去哺育他们来路不正的后代。现在，只要那个怪胎能够自食其力，它将只带着

---

❶ 公元前146年，罗马元老院派远征军摧毁迦太基的辩论中，以纳西卡（Nasica）为首的一派认为这种政策其实不符合罗马的最佳利益。——译者注
❷ 指斯巴达国王保萨尼亚斯（Pausanias），公元前404年斯巴达军队在围困雅典期间，为避免盟友科林斯等国过于强大，不主张毁灭雅典人，而是以投降为条件与之谈判，结束了波罗奔尼萨战争。——译者注

这个表明它已经离开子宫的标志。暴君们很少需要借口。欺骗是不义之人召之即来的臣仆；只要他们的计谋使用谎言和诡辩的假币很方便，他们就没有必要靠我给他们提供硬币。但是，借口和诡辩确实等到了时机，而且发挥了作用。篡权不再寻找理由，它相信的是权力。

无论我或者您能说些什么，都不会让他们执行自己早有图谋的计划加快一小时。尽管他们有庄严的声明，有安抚的言辞，有发下并强迫别人接受的誓言，但当他们的计划不再需要国王的名号时，他们就会杀掉国王。但他们不会很快动手。他们很可能先杀死王后，只要这种谋杀不会再影响到敏感而焦虑的丈夫。眼下，他们通过每天威胁她的生命而得到的好处，是她还能活着的唯一保障。他们让他们的君主活着，目的是为了示众，就像在集市上展出的野兽一样；仿佛他们有个关在笼子里的巴雅泽。❶ 他们要让他们最仁慈的国王充当演员，使君主制受尽嘲笑，成为蔑视的对象。

在我看来，他们的傲慢之可憎，甚至有过于他们的罪行。10月5日和6日的恐怖之令人憎恶，还比不上7月14日的庆祝活动。❷ 在有些形势下（上帝不允许我把10月5日和6日❸视为这种情况），在鱼龙混杂，既昏暗又混乱和极端行为的压力下，不易对好人和坏人做出区分。必然性会为他们提供理由，即便是出于计划的不周。若是罪犯

---

❶ [巴雅泽（Bajazet）是土耳其苏丹穆拉德五世的弟弟，在1639年土耳其和波斯的战争结束后不久被苏丹处死。] ——编者注
❷ 1790年7月14日巴黎举行了庆祝攻陷巴士底狱一周年的活动。——译者注
❸ 1789年10月5日巴黎平民冲进凡尔赛宫，于次日命令国王路易十六及其家人回到巴黎市里的杜伊勒丽宫。——译者注

本人不想保留他们的记忆，通过回味自己的不法行径，用过去的经验谋划未来的犯罪，它们就可能被别人忘却。在安全轻松的状态下，在宽松的心情中，在舒畅的欢庆时，才能检验人的真实品格。即便他们中间有好人，那也是以后才能看到。即便是虎狼，吞食猎物时也是温和友善的。这时高贵的心灵会充分展示其善良的天性。他们会以德报怨，善待受磨难的人，大度地对待被征服者，他们容忍无礼，宽恕伤害，出手大方。他们充满尊严，也敬重所有人的尊严，他们能从不幸中感到神圣。但是，低贱、肮脏、褊狭的灵魂，在不配得到的运气照耀下，会因他们私藏的毒药而膨胀；这时他们会炫耀自己的邪恶，他们本性中的卑鄙会展露无遗。这时，凡是有良知、重荣誉的人，都不会看错他们。当他们政治上既放松又安全的时候，虽然他们的人民刚刚走出现实的饥荒、贫困和乞讨，你们的哲学大师会招摇过市，用艺术和痛苦款待来自世界各地无数闲散、没有头脑的人。他们建起竖着颈手枷的大剧场，❶ 把他们合法的国王和王后送上这个颈手枷，把羞辱性的图画摆上他们的头顶。在这里，他们将所有善良的人都会给予同情和尊重的对象示众，任凭没有头脑、放浪形骸的民众加以嘲笑，这甚至比滥用温情还要堕落，而后者正是大众喜怒无常、感情多变的标志。他们的羞辱无所不用其极，他们选择了那个周年纪念日，一年前的这一天，他们让他们的君王陷入生死存亡的险境，尊严尽失；接着是他们雇来的刽子手，公开拿起武器反对他们的国王，买通他的卫兵，袭击他的城堡，杀害了他的一些无能的贴身护卫；他们如同野兽

---

❶在英国，通常把颈手枷做得很高，类似于让法国国王示众的那种。——柏克原注

一般，把他首都的长官撕成碎片，理由是他恪尽职守。

直到人间的正义苏醒之前，这种事仍会继续发生，没有事前的警告，没有任何理由，无所不用其极。那些庆贺7月14日的人无恶不作。他们不是为了自己的计划而犯罪，可是他们制订了可以让他们犯罪的计划。他们不是非做不可，但是他们的天性逼着他们做。他们是现代哲学家，当您谈到他们的时候，您提到的一切事情都是卑鄙、野蛮而冷酷的。

除了他们的特殊计划的性质所造成的特征之外，在你们喧嚣的暴政的一般政策中，也有一些鲜明的特点，在我看来，它确凿无疑地表明，不要指望他们的性情会发生大变。我指的是他们教育下一代的计划，他们打算灌输的原则，他们希望在人们最易于受影响的时期培养的同情心。他们不是把他们的年轻人培养得温顺而谦和——这才是年轻人的魅力所在；不是让他们见贤思齐，厌恶高傲、暴躁、自负的表现（在人生的那个时期，染上这些毛病是应当受到惩罚的），而是人为地煽动这些恶劣的性情，甚至把它们变成行动的动力。最应当重视的，是权威人物推荐的书籍的性质。这些书很快便能塑造时代的特点。效果当然是不确定的，一种好制度的规模当然也是有限的。但是，假如教育成为它的一部分，它无疑将携带着巨大的能量，发挥的作用不可限量。支持自由的官员如果认为，自己有义务容忍任何类型的出版物，那么他比其他人承担着更严格的义务，要充分考虑应当把哪些作家奉为权威，给予大力推荐，也就是说，授予公开的荣誉和奖赏。如果推荐的作家的道德观不明不白，他就应当格外当心。如果作家放纵自己的怪癖，他应当心存戒惧，不要把他们的书放到年轻人的手中，以免他们学到的不是学问的原理，而是任性。最重要的是，他应当慎于推荐那些具有精神错乱特点的作家；因为这种人没有健全的理性，没有真正的美德。疯狂永远有害，永远是一种病态。

国民议会奉行的准则与此截然相反。它建议年轻人学习大胆的道德试验家。人人都知道，他们的领袖之间有很大分歧，但是他们与卢梭最为相似。❶ 事实上，他们都与他相似。他们把他的血输入自己头脑、自己的作派之中。他们研究他、思考他，只要能从白天作恶、晚上放荡的生活中分身，他们总是会翻阅他。卢梭是他们的神圣教义。他毕生都是他们的波利克里托斯式教义，是他们标准的完美形象。巴黎的铸造厂，正在把他们的穷人的水壶、教堂的铜钟融化，为这个人、这位作家、作为作家和法国人的楷模赶造塑像。假如有位作家是伟大的几何学天才，即使他的所思所行在道德上极为恶劣，也可以为他塑像，他们推崇他，只是把他作为几何学家。然而，卢梭是个道德学家，不然他就什么都不是。因此，选出这位作家供人学习，其用心何在，人们不可能搞错。

他们的大问题是，要寻找某种代用品，取代过去一直用于规范人类意志和行为的所有原则。他们从那个人的思想中发现了有这种力量和品质的气质，要比过去的道德观好得多，适合他们的状态，更有利

---

❶ [像当时的大多数读者一样，柏克主要是通过《新爱洛伊丝》《爱弥儿》和《忏悔录》了解卢梭。参见 Joan McDonald, *Rousseau and the French Revolution* (London: University of London Press, 1965) 和 Carol Blum, *Rousseau and the Republic of Virtue: The Language of Politics in the French Revolution* (Ithaca, New York: Cornell University Press, 1986).] ——编者注

支持他们的权力，消灭他们的敌人。于是他们选定一个自私自利、卖弄风情的恶棍，用来取代朴素的义务。真正的谦卑，作为基督教信仰的基础，是所有真正美德的深厚而牢固的基础。但是，它践行起来很痛苦，表现起来很压抑，因此被他们彻底丢弃。他们的目的是把所有自然情感和社会情感变成过度的虚荣。稍有虚荣，而且是表现在小事上，倒也无关宏旨。倘若毫无节制，却是最大的罪恶，是所有罪恶中最丑陋的表现。它使人变成彻头彻尾的伪君子，毫无真诚可言，完全不值得信任。最好的品质受到毒化和扭曲，反而会产生最恶劣的作用。你们的贵族养着许多作家，像他们所崇拜的对象（例如伏尔泰等人）一样道德败坏，他们选择了卢梭，因为他们打算树为美德的那种奇怪的恶习，在他身上表现得最为突出。

我们在英国，也能感觉到这位虚荣哲学的大师和创立者。我几乎每天都有机会知道他发挥的作用，他使我毫不怀疑，影响他的心灵，或引导他的理解力的原则，只有虚荣。他这种恶劣品质几乎到了疯狂的地步。同样是出于这种颠狂错乱的虚荣，这位被国民议会奉为苏格拉底的狂人，忍不住出版了一本疯狂的《忏悔录》，讲述他的颠狂的缺陷，试图赢得一种新名声，费力地炫耀阴暗而庸俗的恶行，我们知道，有时它还混杂着耀眼的才华。他看不清虚荣的性质，也不知道它什么都吃，从来不挑食，甚至喜欢谈论自己的缺陷和恶行，只要能令人惊奇、引人注目即可，而那是最不宜率真地公之于众的事情。这种能让虚荣变成虚伪的恶习和堕落，使卢梭所记录的生活，不需要用美德、用哪怕是一次良好的举止偶尔装点一下。他选择了把这种生活呈现于人类的眼前。他以粗野的轻蔑态度，把这种生活呈现在他的造物主面前，他只将其作为挑衅的对象。你们的国民议会知道榜样要比格言强大得多，所以选择了这个人（从他本人的记录看不到一样美德）作为模范人物。他们为他竖起第一座雕像。以他作为起点，开始了他们的荣誉和成名之旅。

你们的主子把这种新发明的美德奉为教义，这让他们的道德英雄为表达自己的普世之爱，不断消耗着他的花言巧语，他的心无法守住一丝寻常的父母之爱。怀有对全人类的爱，却对与他有交往的每一个人缺少同情，构成了那种新哲学的特点。他们这位虚荣的大英雄，坚持反社会的独立精神，拒绝对普通劳动的公平出价，否定富人给予天才、给授受双方都带来荣誉的捐赠；然后把他的清贫作为犯罪的借口。他向与他几乎毫无关系的人释放柔情，然后他抛弃已让自己腻烦的恋情，把子女送进育婴堂，就像扔掉垃圾粪便一样，没有一丝痛苦。熊尚且能呵护和养育自己的幼崽，但熊不是哲学家。虚荣从颠覆我们的自然感情找到自己的价值。有成千上万的人赞赏这位伤感的作家，而在他自己的家乡，却没有人知晓这位"深情"的父亲。

在这位哲学导师的"虚荣伦理学"的指导下，他们试图在法国重建人间的道德法典。政治家，你们现在的统治者，靠弄虚作假蒙骗世人生存，正是这种做法，使那个人离开他的住处，登上一个舞台，装扮成矫揉造作的角色，涂满作戏的油彩，供人们在烛光中观赏，隔着适当的距离细心地品味。虚荣极易在我们中间、在所有国家流行。对于让法国人更趋完善来说，按这套学说进行教育似乎不是绝对必要的。但是显而易见，目前的反叛是它顺理成章的产物，而反叛也在每天喂养着它。

如果国民议会推荐的这套制度是虚假的演戏,那是因为他们的政府系统有同样的特点。两者可谓一拍即合。要想理解它们,我们必须把立法者的政策和道德风尚联系在一起。你们务实的哲学家事事都有一套理论,思想有着明智的起点。父母与子女的关系,是排在第一位的合乎自然的道德因素。❶ 与之针锋相对,他们把一个铁石心肠的下流父亲树为表率,他有博爱之心,爱全人类,却恨自己的亲人。你们主子否定这种天然的义务关系,视之为自由的对立面,它没有社会契约的基础;不受人们权利的约束;因为不言而喻,这种关系不是自由选择的结果,在子女一方肯定不是,在父母一方也未必总是。

他们通过推崇卢梭而宣扬的第二种关系,其神圣性仅次于父亲。古代的思想家认为,教师是头脑冷静、值得尊敬的人,与父权并列。黑暗时代的道德学家 preceptorem sancti voluere parentis esse loco。❷ 与此不同,他们教导世人说,在这个光明的时代,教师应当成为勇士。他们系统地腐蚀很容易腐败的一群人(有一段时间在你们中间不断壮大的害群之马),一群鲁莽、暴躁的文人,为他们指派的角色,不是承担起适当、严肃、朴实无华的义务,而是卖弄小聪明,他们快

---

❶ Filiola tua te delectari laetor et probari tibi στοργήν φυσικὴν esse τὴν πρὸς τὰ τέκνα: etenim, si haec non est, nulla potest homini esse ad hominem naturae adjunctio: qua sublata vitae societas tolletur. Valete Patron [Rousseau] et tui condiscipuli![L'Assemblée Nationale.] Cic, Ep. ad Atticum. ("我很高兴看到你为小女儿而开心,对子女的爱能让你心满意足。因为假如不是这样,人与人之间就没有任何自然的纽带了。取消了它,也就毁灭了社会生活。") Cicero, *Letters to Atticus* 7.2 (Loeb Classical Library). ——柏克原注。最后一句是柏克自己加上的:"向大师(卢梭)和您的弟子们(国民议会)致敬!"——译者注

❷ [拉丁文:"他们让教师占据了父母的位置。" Juvenal, *Satires* 7:pp. 209-210.] ——编者注

乐、年轻气盛、趾高气扬，衣服上挂满饰物。他们号召法国的新一代心仪于冒险和运气，竭力将他们的情感吸引到教师一边，背叛最值得敬畏的家庭信任，教唆他们的女学生行为不端。他们教导人们说，那些勾引几乎还在父母怀抱中的处女的人，他们家里可以放心地接纳；合法接任丈夫位置的人，他甚至能充当其荣誉的卫士，而那个位置是被年轻文人抢先占领过的，他不会为此询问法律或良心是否允许。

可见，他们打破了父母和子女、丈夫和妻子等所有的家庭关系。通过这种教师败坏道德风气，他们也败坏了品位。虽然人们通常认为，品位在道德品质中处于较为次要的位置，但是在调节生活中并非不重要。品位不是能把邪恶变成美德的力量，但是它用愉悦的规劝鼓励美德，消除恶行。卢梭是个笔力强健、精力充沛的作家，他把任何意义上的品位都置诸脑后。你们的主子以他为师，认为一切优雅的表现都有贵族制的特点。过去的时代使我们本能的嗜好变得优雅和高贵，将其提升到它似乎达不到的层次，但是这个时代气数已尽。通过卢梭，你们的主子决意毁灭这些贵族的偏见。被称为爱的激情有着十分普遍而强大的影响；支配着各种娱乐活动，事实上占据着塑造性格的大部分生活内容，形成能够培养同情心、激发想象力的方式和原则，对于每个社会的道德至关重要。你们的统治者很清楚这一点，为了改变你们的风俗以适应他们的政治，他们发现最好用的莫过于卢梭的思想。他们通过他教导人们模仿哲学家的作派，也就是说，他们教导法国人不讲风度的爱、没有青春之美和绅士精神的爱，而这种爱即便算不上美德，也能把生活装点得更美好。他们把这种激情，天然地与优雅和风尚相结合的激情拒之门外，为年轻人灌输一种下流、酸腐、阴暗、粗野、淫荡而又卖弄的混合物,一种形而上学的思辨和最粗俗的风流好色混杂在一起的东西。这就是从他们的著名哲学家、他的谄媚的哲学名著《新爱洛伊丝》中发现的激情。

阻挡这些轻浮教师的篱笆倒掉后,你们家庭不再受得体而有益的偏见的保护,离可怕的腐败便只有一步之遥了。国民议会的统治者大有希望看到,舞蹈教师、提琴手、美发师和男侍从以及诸如此类的活跃公民,会让法国家庭的女子成为他们可以轻松到手的猎物。这些人会进入你们的家庭,那里的气氛让他们不再见外,通过正常或反常的关系,与你们融为一体。他们利用法律,使这些人成了与您平等的人。他们接受卢梭式的情感,让这些人成了您的对手。这些伟大的立法者以这种方式,完成了他们的平等计划,在可靠的基础上确立了他们的人权。

我可以有把握地说,卢梭的著作直接导致了这种可耻的恶果。我时常纳闷,他在欧洲大陆为何比在我国更受推崇,有更多的追随者。这种不寻常的差别,语言的魅力可能起了一定作用。我们确实承认,在一定程度上也能感受到,这位作家有一种闪光、活泼、热情的风格,同时我们也发现,他行文松散,东拉西扯,说不上是最出色的文风;他的所有作品都矫揉造作,下笔铺张。他无所取舍,不分主次。一般而言,他过于紧张,不善变通。我们无法信赖他的任何著作,虽然其中偶尔也有对人性相当不错的洞察。从整体上说,他的教义与真实的生活和风尚不相干,所以我们不能指望从中得出任何法律和行为准则,或者参照他的意见去强化和阐明任何事情。他的著作会让我们陷入古老的困境。

Cum ventum ad *verum* est *sensus moresque* repugnant,
Atque ipsa utilitas justi prope mater et aequi. ❶

也许大胆的思辨更易于被人接受,因为你们觉得这是新东西,而我们对它早就厌倦了。就像过去两代人一样,我们继续广泛阅读那些可靠的古代作家,我相信,这种现象较之现在的欧洲大陆要普遍得多。他们占据着我们的头脑,赋予我们另一种品味和作风;给我们带来的困扰,不会多于让我们对似是而非的道德观莞尔一笑。我并不认为这位作家彻底抛弃了正确的观念。在他的乖张表现中,必须承认他有时是讲道德的,而且是一种十分崇高的道德。但是,他的著作的总体精神和倾向是有害的,而且因为这种混合而更加有害。彻底堕落的情感与雄辩滔滔并无不相容之处;其思想(虽然堕落,但说不上面目狰狞)厌恶单纯的罪恶,避之唯恐不及。这些作家甚至能用美德去奉承恶行。

然而,我更为担忧的不是作家,而是国民议会借助于他颠倒道德观的学说。我承认,这让我几乎感到绝望,无法通过理性、荣誉或良知影响他们的追随者的思想。你们那些暴君的伟大目标,就是消灭法国的绅士。为此目的,他们用尽力气毁灭能使可敬的人变得强大或安全的关系。为了消灭这个阶层,他们败坏整个社会。不存在可以联合起来反对他们暴政的手段,他们利用这位"新爱洛伊丝"的虚假情

---

❶[拉丁文:事物的真理、人的本能和习惯是受到排斥的,甚至效用也是如此,而后者才是真正的正义和公平之母。"见 Horace, Satires 1. 3:pp. 98-99.]——编者注

感,颠覆了家庭内部的信任和忠诚原则,而正是这些原则构成了社会生活的纪律。他们鼓吹的原则,会让每个仆人认为,背叛主人即便不是义务,也是他的权利。按这些原则,每一个家庭的可敬的父亲,都丧失了避难所。Debet sua cuique domus esse perfugium tu tissimum,❶对这条法谚,你们的立法者先是予以谴责,然后加以废除。他们毁灭了家庭生活的宁静和安全,把家庭这个庇护所变成了阴暗的监狱,一家之父只能提心吊胆地过日子,他的安全手段反而变成了对他的威胁。他在家里的处境比独守空房还要糟糕;自己的仆人和食客让他不放心,更有过于街头嗜杀成性、随时要他指明道路的暴民。

他们就这样毁灭了独立于政令和法规的良心的祭坛,这也正是他们的目的。你们的暴君用恐怖进行统治,他们(暴君们)很清楚,敬畏上帝的人是无所畏惧的;所以他们要通过他们的伏尔泰、他们的爱尔维修,以及这个无耻帮派的其他人,从人们的头脑中根除唯一能够产生真正勇气的敬畏。他们的目的是让他们的公民同胞变得无所忌惮,只害怕他们的调查委员会❷、他们的指路明灯。

一旦发现暗杀有利于他们建立暴政,这种做法就成了他们支持暴政的重要手段。只要是反对他们的任何做法,或涉嫌反对他们的人,就会赔上自己或妻儿的性命。这种无耻、残忍、懦夫的暗杀行为,他们厚颜无耻地称为"仁慈"。他们吹嘘说,他们篡权用的是恐怖而不是武力;几次及时的暗杀,便阻止了许多流血的战斗。不必怀疑,只

---

❶[拉丁文:每个人的家应当是他最安全的庇护所。]——编者注
❷调查委员会(committee of research)是法国国民议会建立的专门调查阴谋和颠覆活动的机构。——译者注

要他们一看到机会，就会采取这种"仁慈"的行动。然而，他们试图用"仁慈"的暗杀政策避免战争罪恶，却导致了可怕的后果。假如他们不用有效的惩罚罪行去彻底否定这种做法或以此作为威胁手段，那么一位外国君主进入法国，便是来到了一个暗杀者的国家。文明的战争模式是行不通的，按现在的体制行动的法国人，也没有资格指望这种战争。他们的政策人所周知，就是暗杀每一个他们怀疑对他们的暴政不满的公民，使所有公开的敌人丧失斗志，所以他们不寻求缓和敌意。所有的战争，而不是战役，都是军事处决。这会导致你们的报复行动，而每一次报复又会引起新的复仇。战争的一切恶行都将如脱缰野马。在巴黎成立的谋杀和野蛮学校，已经摧毁了使欧洲文明化的所有风尚和原则，也将毁掉过去使基督教世界鹤立鸡群的战争的文明模式。黄金时代正在降临！这就是你们国民议会里的维吉尔为他的皮利奥们唱出的颂歌。❶

在你们的政治、你们的文明、你们的道德风尚的这种形势下，你们怎么会受到任何自由辩论的伤害？有损失的人才会有警惕。对于合法的国王与受到践踏的宪法之间的关系，就它所导致的荒唐后果进行自由辩论，我曾经说过我有正当理由不为它所导致的恶果而担忧，这也适用于我为揭露强词夺理的篡权所造成的军队状态所做的辩护。现在掌权的暴君们，并不需要证明他们每天都能感到的事情，即遵照他们的原则，不可能存在良好的军队。他们不需要有督察人员向他们提出摆脱军队、摆脱国王的政策，只要他们有条件采取这种措施即可。

---

❶米拉波关于普遍和平的演讲。——柏克原注

我不知道，让你们的军队去恢复你们的自由还有什么希望。人们十分清楚，国王没有自己的意志，根本发不出一道命令，因为他不打算自取灭亡，或者造成这样的后果；你们的军队服从这样一位国王的假命令，似乎是造成无政府状态的重要一环，野蛮的篡权正是由此让人民同时陷入了奴役和混乱。

您问我对蒙克将军[1]的行动有何看法。此事对你们的事有何影响，我不好说。我怀疑你们在法国有任何人能够以蒙克效力于英国君主制的方式，效力于法国的君主制。蒙克指挥的军队是克伦威尔建立的，纪律之严明大概举世无双。此外，那支军队的士兵也十分出色，他们都是虔诚的人，极守规矩，作风严谨；他们在战场上勇敢，在军营里则节制、肃穆，秩序井然，对暗杀他们的军官或任何人的想法，他们唯恐避之不及；他们（至少是驻扎在这个岛上的军人）坚定地跟随着将领，他对他们给予善待，而且指挥有方。如果有这样一支军队，是足可依赖的。但是我甚为怀疑，就算你们现在能找到一位蒙克，他在法国是否能找到这样一支军队。

我十分同意您的看法，我们的宪法极有可能要归功于君主制在英国的复辟。蒙克把英格兰从中解救出来的状态，从任何意义上说都不像你们现在的状况那样可悲，而且在目前的统治下，这种状况很可能继续下去。克伦威尔让英格兰脱离了无政府状态。他的政府虽然好战而暴虐，但一向井然有序。在牲畜和犁的耕耘下，农田总是有收成。

---

[1] 乔治·蒙克（George Monck，1608—1670）：英格兰将军，内战期间曾因效力于查理一世而被捕入狱。得到议会赦免后为克伦威尔平定苏格兰，后又在查理二世复辟过程发挥过关键作用。——译者注

他去世后，无政府状态只是人们的担心，但并无感受。每个人的住宅和财产仍是安全的。不过必须承认，蒙克使国民摆脱了对未来的无政府状态和可能以这样或那样的形式出现的暴政的担忧。他为我们提供的君主，与你们仁慈的君主——他把自由给了臣民，却让自己身陷囹圄——截然相反。蒙克为我们提供的人，没有感到自己有义务登上王位，没有考虑过自己王冠的尊严，对他的人民也没有任何爱，他放荡、虚伪，除了性情开朗，有绅士风度，不具备任何优秀品质。但是我们的君主制的复辟，即便有这样一位君主，对我们来说也就足够了，因为在英格兰如果没有君主制，我们绝对无法享有和平或自由。正是基于这种信念，我们在1688年的革命中采取的第一个步骤，就是让一位真正的国王登上王座。在以适当的形式完成此事之前，国家的首领没有试图行使过渡期的权力。他们立刻请求奥兰治亲王接管政府。王座实际上没有空过一个小时。

你们的基本法就像我们的一样，是以君主制作为先决条件的。先生，您热情而坚定地支持它，说明您不仅看重自己的荣誉和忠诚，对贵国的真正福祉和自由，您也深明大义。如果我使您有理由认为我有以下想法，那我就没有表达清楚我的意思：我偏向于这样一些人的行动，他们从这场战争中退出，采用您的做法，他们以超常的勇气和坚定的精神反抗暴政，在阵地上坚守到最后一刻。您从我寄给您的版本中可以看到，我已修改了其中会引起反感的内容。确实，在你们这种可怕的极端情况下，从政治的角度来看，不好说什么样的行动路线最为恰当。在这种局势下，有些人完全不能忍受那些坐在立法宝座上的人，他们只适合成为刑事审判的对象，我无法严肃地谴责这些人。假如疲劳、厌恶、难以抑制的恶心迫使他们离开这场闹剧，ubi miseriarum pars non minima erat, videre et aspici,❶我也不能责怪他们。一帮叛徒，以卑鄙下贱、背信弃义的方式，出乎预料地获得了不应有的权力，把诚实的公民同胞视为叛匪，因为他们拒绝用良知约束自己，抗拒良心的指引，拒绝发誓积极参与他们的自我毁灭——如果有人听到这种事还无动于衷，他一定是铁石心肠。有血有肉的正常人，怎能忍受这些人的行为：他们说不定哪一天会偷偷躲进你的前厅，轻蔑地侮辱那些地位显赫、承担着神圣职责、举止可敬、如今正在破碎的命运中挣扎救生的人；这些恶棍把他们的财产洗劫一空之后，轻蔑地怒斥他们说，允许他们免于绝对的饥馑，让他们在晚年自食其力，靠自己的双手维持生计，他们就该知足了！最后，也是最恶劣的，谁能容忍听到这种反自然、傲慢而又野蛮的暴政被人称为自由？现在我正平静地坐在自己的火炉旁，与您相距遥远，但听到他们的政令和演说也不能不感到义愤，难道我会去指责那些逃离所有这些恐怖的人？不会的，绝对不会！任何人都没有资格要求我们成为他们的罪行和傲慢的奴隶，要求我们为他们效力，无论他们是什么人。如果有人对美德受到凌辱痛心疾首，对卑劣小人的趾高气扬充满蔑视，他们常常别无选择，只能仗义执言。他们的性情（可以置痛苦于不顾）受不了这样的考验。十分崇高的情操一定能让人更坚强地面对那种考验。但是，如果我不得不进行比较，我不会迟疑片刻更偏爱这样一些人，他们在绝望中抱定希望，让感情服从自己的职责；他们在事关人道、自由和

---

❶［拉丁文：到能看到的人间苦难最少的地方去。］——编者注

荣耀的事业中，放弃一切人生的满足，每天甘愿拿生命去冒险。请公正地对待我，相信我绝对不会宁要苛刻的美德（仍然是美德），而看低这样一些人不可征服的坚忍和耐心，他们守候在他们发狂的国家身边，因为爱惜珍贵的名誉，承受着他们发狂的母亲的厌恶和打击。先生，我把您视为真正的殉道者，我认为您就如同那些战士，他们的行动像我们的总司令、拯救我们的船长一样，远超过那些离您而去的人；虽然我必须首先彻底坦白，在谴责他们之前我知道自己能做得更好。您对自己的君主、您的国家有着不可动摇的忠诚，您本人和莫利神父、卡扎里先生❶以及你们国民议会中许多人的勇气、坚毅和遭受的长久磨难，先生，我向您保证，当我看到这些光辉的品质时，我已经忘记了你们展现出的气概非凡、令人信服、大概没有任何时代或国家能够超越的雄辩才能。但是，您的才华从我所赞赏的优点中消失了。

关于穆尼埃先生和拉利先生，❷ 我总是希望公正地看待他们的作用、他们的辩才和他们纯洁的动机。确实，我从一开始就看得十分清楚，他们因为相信某些学说将给自己国家造成伤害，尽管他们很有才华，而且是出于善意。但是他们染上了一种流行病。他们年纪轻轻，缺乏经验，无经验的年轻人什么时候才能学会谨慎，不过于自信呢？

---

❶卡扎里（Jaeques‑Anloine‑Marie dc Cazales, 1758—1805）是国民议会中的贵族代表，维护流亡者和拒绝宣誓效忠的神职人员的权利。1791 年秋他移民德国。1793 年他到过英国，结识了柏克。——译者注

❷[拉利-托朗达尔伯爵（The Comte de Lally‑Tollendal）和约瑟夫·穆尼埃（Joseph Mounier）是国民议会的右派领袖。他们在 1789 年年底便离开巴黎。拉利后来去了英国，穆尼埃去了瑞士。参见 Simon Schama, *Citizens* (New York: Knopf, 1989): p. 269, p. 443.]
——编者注

无论年轻人还是老年人，如果突然获得了比至高无上的国王和皇帝通常享有的更大权力，他什么时候才能学会节制呢？一般来说，君主们尊重一些既有的秩序，他们觉得很难清除它，他们只能遵守，即使他们的权力确实不受限制。这两位绅士却以为，他们要重新塑造国家，甚至重新塑造文明社会的整个秩序。难怪他们抱有危险的幻觉，当国王的大臣，神圣的君主制的托管人，公开宣扬各种有关政府计划和方案的设想和学说（我难以设想这是预谋的叛逆行为），仿佛是在重建被焚毁的医院，他们也深受感染。这些人极易受狂热的想象和野蛮的冒险精神的引导，这除了让他们的头脑信马由缰、想入非非之外，还能发生什么呢？

穆尼埃先生和拉利先生已铸成大错，但这是十分普遍的现象。假如那些绅士在临近这种思想深渊的边缘时停下脚步，我会宽恕他们最初的错误，因为像他们一样犯错误的人太多了。悔改是他们自己的事。

认为穆尼埃和拉利是逃兵的人，只能把自己视为杀人犯和叛徒，因为他们离谋杀和叛国罪又有多远呢？就我而言，我敬佩他们没有把错误变成犯罪。当然，假如我认为他们没有被经验治愈，他们没有感觉到那些有志于改良国家的人，应当设想有某种现实的政体需要改良；假如他们最终不满足于法国自由的前提是通过着手重建他们的君主制和国家的望族与等级，恢复国家古老的阶层和财产；假如他们不明白不能为了以后让这些等级恢复元气而打乱它们；假如他们不相信地方性的和俱乐部的统治是把国家放错了地方，是一种低级愚蠢的发明（让至高无上的权力成了唯一的体制），那么我同意应当记住他们早先的鲁莽，直到他们生命的最后一刻。

您友善地责怪我，因为我揪住你们的灾难性局面不放，并没有提出补救方案。唉！先生，罔顾环境提出各种计划，正是你们全部不幸的原因，您绝对不会看到我通过推销自己的任何思想，使别人的思想造成的罪恶更趋严重。在这个方面，你们患上的病是无以复加的混乱。您似乎认为，我保留自己的浅见，可能是出于对另一个国家，常常还是敌国的战乱的冷漠。您错了，先生，我诚实地向您保证，我有所保留，并不是出于这个原因。我把那封信扩展成一本书，难道是对贵国反感或漠不关心的标志？我若采取行动，会完全本着慎重的态度，正如我在我们国内事务有类似的状态时一样。在任何情况下，即使我斗胆提出任何建议，我会尽力做到最好。顾问的神圣义务（最不可违背的义务）将引领我对付真正的敌人，我的行动就像当事人是我的挚友一样。但是，对于你们的事态，如果我缺少比目前更好的观察，我是不敢多想的。我的慎重不是出于我的冷漠，而是对你们福祉的关怀。这仅仅意味着我害怕自己变成轻率的顾问。

发生在我眼前的一系列奇怪的行动，让我不禁在政治上浮想联翩。但是，并没有强制性的义务让我忽视一种意见；当权者既没有向我提出要求，我又无权无势，缺少自信，假如我自告奋勇，把自己的任何计划强加给另一个民族，而我又没有把握在他们的形势下它是否行得通，我将有愧于我对自己应当成为什么人或对别人有何助益的想法。

请允许我说，即使我有自信，我也应当对自己不成形的一般想法保持谨慎，绝不应当贸然提出，这至少是因为我远离你们事态的中心。在我能提出任何政治方案之前，我必须用自己的眼进行观察，必须亲手触摸到那些不仅是稳定不变的，还有那些转瞬即逝的情况。我必须了解那些负责接受、执行和维护的势力及其倾向。我必须搞清楚所有的有利和不利因素。在需要有所纠正的时候，我必须看到存在着纠正计划的手段，我既要看事，也要看人。没有这些条件的配合，想象出来的最好的计划可能不仅无用，而且有害。计划必须是为人而制订的。我们不能妄想造人，让自然服从我们的计划。隔着一段距离，对人的判断必有偏差。当你接近他们时，他们的表现也未必总能反映他们的名望。再说，眼光一变，也会使你对他们的看法变得完全不同。隔着一段距离，如果我们对人做不出确定的判断，对机会的判断力肯定就更差，后者如同浮云，总是不断变化着形状和颜色，不知不觉中消失于无形。东方的政治家没有占星师就"最佳时机"提供的意见，绝不会做任何事情。假如他们不能做得更好，这样做就是正确的；因为占星师对命运的看法就是命令。有先见之明的政治家也会寻找时机，但他们不是从星宿的汇合和离散中，而是从人和事的因缘际会中寻找它。这是他们的指南。

对于不顾及手段和环境的聪明计划，揭示它的弊端不必走很远，看看你们最近的历史即可。按法国三年前的情况，改革政府的所有弊病，调和粗野的理论，适合于紧急事态的手段，还有比三级议会更好的制度吗？我认为想不出比它更好的机构了。不过我曾经责怪，并且仍打算责怪你们的巴黎议会❶，没有向国王建议这种适当的措施是所

---

❶巴黎议会是13世纪从国王枢密院分化出来的司法机构，在代表贵族利益对抗国王权力的扩张中发挥过重要作用。路易十四时代以后其司法权受到了极大限制。——译者注

有措施中的重中之重；在那种情况下，绝对有必要极为慎重，百般小心。在一个政府的结构中既缺少修正手段，也缺少对严重困苦的救济手段，承认这一点会使它的威望大减，而它的力量多半要依靠这种威望。因此，首先要让政府摆脱危境，如果它意欲让自己承受这样的手术，把全面的改良交给那些感到自己患了大病的人手里，他们是无法提供合理的救治手段的。

按理说，这种小心、这种警惕，是国王的大臣们而不是巴黎议会的义务。他们确实如此，但每个人在评估自己提出的建议时必须回答，他应在何时把自己建议的措施交给一些人去落实，而他并不知道这些人是否会按他的想法执行计划。不能把法国的君主制、王国的所有等级、所有显贵和所有财产的权利交给三四位大臣。以巴黎人当时闻名于世的脾气，那些人能想出在凡尔赛这种地方召集三级议会，他们的审慎何在？

巴黎议会让国王产生了盲目的自信，甚至更糟。因为从名实相符的角度说，他们没有注意到（其实他们是在支持），这种行动偏离了他们所提出的计划的真正古老的原则。巴黎议会（作为王国古老的法律、风俗和宪政的守护者）如果不向国王发出强烈的告诫，是不应当偏离那种原则的。它应当向全体国民发出警告，就像它在微不足道的事情上做的那样。巴黎议会看到，在复兴古老宪政的伪装下，最强大、其结果至关重要的改革行动在他们眼前付诸实施；一种通过专制制度而产生的改革，即，他们让国王的大臣们面对一种新模式——"第三等级"（Tiers Etat）、在很大程度上还有教会阶层的全面代表制，从而破坏了等级的古老比例。这种改革，国王无疑是没有权力做的。巴黎议会辜负了自己的职责,因为这种辜负,它和他们的国家一起死亡了。

只考虑普遍公理,不顾环境、时机、地点、事态和参与者,几乎是出于这同一原因的多少错误,才导致了这一大堆不幸!如果我们不谨慎地注意到所有这些因素,今天的良药就会变成明天的毒药。如果任何抽象措施优于另一种措施,它就适用于各国——ea visa salus morientibus una。❶看起来确实如此。但是,看看不顾时机,不考虑能够辨别疾病、区分体格、面容和情绪的症候所造成的后果吧。

> Mox fuerat hoc ipsum exitio; furiisque refecti,
> Ardebant; ipsique suos, jam morte sub aegra,
> Discissos nudis laniabant dentibus artus. ❷

于是,加强体制、治愈分裂、收拾人心的良药,变成了软弱、狂躁、不和、彻底分裂的来源。

我认为,我或许由此也回答了您的另一个问题——不列颠的宪政是否适合你们的环境?我赞美不列颠的宪政,希望对它深入研究,但我并不是说,它的外在形式和实际安排应当成为你们或任何民族谦卑地加以复制的楷模。我推荐的是使它得以成长的原则、使它从我们两国都具有的共同因素中不断得到改进的政策。我相信这不是我想象出

---

❶[拉丁文:"似乎是垂死之人的一个生机。"] ——编者注
❷[拉丁文:这很快将导致死亡;他们怒火万丈,虽是垂死之人,仍用牙齿撕咬自己的肢体。Vergil, *Georgics* 3: pp. 511-512, p. 514 (Loeb Classical Library).] ——编者注

来的理论。我不建议你们贸然进行任何试验。我相信，对于一个想获得自由的大国，遵循古老的原则在所有情况下都是明智的。我认为，在你们的旧体制中，最初也拥有像我们一样完备的原则。假如你们的各个等级对你们的环境看法一致（我认为他们会是这样），他们就是您最好的支持。你们有一种根据与我们类似的原则形成的宪政，依我之见，你们可以像我们一样去改进这些原则，让它们与时俱进，适应你们国家的财产状况，把维护这些财产和你们的君主制基础，作为你们从事的所有改良的主要目标。

我不建议你们建立贵族院。❶ 你们古老的贵族代表制（在你们的环境中），在我看来是一种更好的制度。我和您一样清楚，一些有地位的人背叛了他们的选民、他们的荣誉、他们的信托、他们的国王和国家，把自己贬低到与自己的男仆一样的水平，通过这种自我贬低，他们以后可以重新位居和他们天然平等的人之上。他们中间的一些人有一项计划，作为这种背信弃义和堕落的回报，他们可以被选中形成一个新的等级，组建一个贵族院。您认为我会以英国宪政的名义，向您推荐一个由这些货色组成的贵族院？我是无论如何不会把喜欢这种方案的人算作贵族的。

假如你们现在要建立这样一个贵族院，依我之见，从它的来源和特点，或它要达到的目的来说，它与我们的贵族院没有任何相似之处，同时它也会毁灭你们的自然贵族。但是，假如你们没有条件建立

---

❶指英国的上院。英国议会由上下两院组成，其正式名称分别为"贵族院"和"平民院"（House of Lords and House of Commons）。——译者注

贵族院，在我看来你们就更没有能力建立（为了形成稳定有序的政府）我们的平民院。这个平民院是不同部分微妙而精巧的组合，超出了人们通常对它的了解。它与宪政的其他成分相结合，既是政府的强大支撑，也是对它的有力制约；它令人赞赏地服务于君主制，既限制着它，又为它提供安全和力量，达成这一成就，需要漫长的对话交流，而这属于有余暇、能深思熟虑的人，而不只是实际上混入人民中间，和他们一起享受这种宪政的人。

你们的"第三等级"，从它的作用和本质来说，并不是平民院。你们绝对需要做一些事情，以弥补"第三等级"这个团体显而易见的缺点。根据对你们的古老宪政的清醒而冷静的观察，再结合当前的局势，我确信王权如果还像以前一样（很可能如此，假如你们保留君主制的话），仅靠它自身，是无力维持两个等级之间公正的平衡，同时又使政府的对外对内的目标得到落实的。我的首要原则是，改良国家时要利用现有的材料，教士作为一个独立的等级，它的代表比其他等级更接近于所有等级。教士很适合联系他们，在任何君主制国家都应占有一席之地。我更看重你们原初的宪政，是因为我认为它本质上很好，我这样说，并不是要用本人的发明讨你们开心。智力的不知节制是这个时代的痼疾，也是所有其他疾病的根源。我会尽量不受它的玷污。你们的建筑师没有地基就要盖房子。如果地基确实牢固，我会随时向任何上层建筑伸出援手——但我首先会说：δoς ποῦ στῶ❶

---

❶ 希腊文："给我一个支点。"出自阿基米德解释杠杆原理的名言"给我一个支点，我就能撬动地球"。——译者注

先生，您认为，也许是正确地认为，根据理论上的观点，为了应付像法国这样一个处于紧急事势的国家，赋予它的国王的权力，应当大大超过英国国王在我们的宪法性条文下拥有的权力。为国家所必需的所有权力，只要不损害符合道德的、合理的个人自由、人身自由和安全——这对一个国家的活力、繁荣、幸福和国家的尊严大有裨益；只要认为它不是完全不受控制，大臣们完全不承担责任，法国国王都应当拥有。但是，法律条文赋予大不列颠国王的权力，能否应付法国君主制的对内对外目标，是一个我不敢贸然做出判断的问题。在这一点上，无论是对既有的权力还是对它的各种限制，我们总是小心地探索着我们的路。我们宪政的各个组成部分，是在漫长的时间里，逐渐地、几乎不知不觉地把它们共同的和各自的目的相互协调起来的。但是，这些竞争性成分的相互适应，在我们这里也好，在你们那里也罢，还是在任何国家，绝不可能是瞬间调整的成果，任何健全的头脑都难以设想以这种方式完成它。

先生，我认为欧洲大陆有许多人完全误解了大不列颠国王的地位。他是真正的国王，不是行政长官。假如他不想操心琐事，不想自贬身价变成无聊口角中的一方，我断不会相信，大不列颠的国王，就他是一个国王或一个理性的人而言，他在把公共利益与他的个人满足结合在一起时，他所拥有的权力少于这场可悲的革命之前法国国王拥有的权力。英国国王的直接权力是相当可观的。他的间接的、更为确定的权力也很大。他不缺尊严，不缺气派，不缺权威，也丝毫不缺外国的尊重。在欧洲的每一个国家，英国国王何曾缺少过让自己受到尊重、爱戴，甚至是惧怕的手段？

我一向认为，你们的三个等级，在 1614 年❶形成的基础上，能够与王室权力恰当而和谐地结合在一起。这种由三个等级形成的宪政是自然的，也是法国唯一正当的代表。它是从传统的条件、关系和人们的相互权利中成长起来的。它是从国家的环境和财产状况中成长起来的。你们目前的主子的卑鄙计划，不是让宪法适应人民，而是要彻底摧毁现状，解除某些关系，改变国民的地位，颠覆财产，以便让他们的国家适合他们的宪法理论。

直到你们能完成一项伟大的工作，即把各种对立的力量结合在一起——"这是一项漫长而辛苦、能得到无尽赞扬的工程"——之前，你们在消减王室权力方面应当极其谨慎，因为只有它能把你们有明显差异的各个等级团结在一起。但是时至今日，所有这些考虑都是不合理的。我们讨论限制王室权力，是为了什么目的？你们的国王正在监狱里。为何要思考自由的措施和标准？我甚为怀疑，法国是否已经成熟到能享有任何意义上的自由。人享有文明社会中的自由的资格，与他们用道德来约束自身嗜好的倾向成正比，与他们把对正义的爱置于他们的虚荣和傲慢之上成正比；与他们更乐意倾听智慧友善的劝告，而不是流氓的奉承成正比。除非对意志和嗜好的控制能够得到落实，社会是无法生存的，这种控制力在人的心中越弱，在外部就只能越强。按照事物的永恒定律，思想放纵之人不可能有自由。他们的激情铸就了他们的枷锁。

---

❶1614 年法国的大贵族召开过一次三级会议，试图限制路易十三的王权未果。此后三级会议中断了 175 年，直到路易十六为缓解财政危机于 1789 年再次召开。——译者注

这就是您的广大同胞对他们自己的判决。不久前，他们还拥有仁慈的君主制，它的价值仅次于自由。他们因为它的软弱而瞧不起它。他们搞出一部漂亮的自由宪法。它并不适合他们的嗜好或性情。他们为所欲为，他们嘶叫、谋杀、抢劫、叛乱。他们成功了，把自己的国家置于傲慢的暴政之下，它由残酷的主子所组建，这是人世间闻所未闻的一类人。他们赖以获胜的权力和政策，与伟大的政治家或伟大的军队将领无关，而是纵火犯、刺客、劫匪、谎言传播者、当局命令的伪造者的惯常做法，这些人在正常情况下都应受到司法审判。因此，他们的统治权的性质与他们获得它的手段完全一致。他们的所作所为更像入室抢劫的盗贼，而不是迫使一个民族屈服的征服者。

表面上与这些人相反，不过也仅限于表面，是另一帮自称"温和派"的人。这些人，如果我对他们的表现理解正确，是这样一帮人：他们由衷地赞成新宪法，但希望对那些使他们获得这部新宪法的滔天大罪给予严惩。他们这种人让人觉得，他们似乎认为人既可以行骗又不是骗子，既能抢劫又不是歹徒，不使用暴力便可颠覆一切。他们会体面而节制地篡夺国家的统治权。其实，他们和那些实施不顾一切的计划的弱智完全是一丘之貉。他们并不诚实，他们只是对自己的邪恶既无能也缺少组织力。他们缺的不是用心，而是能量与活力，这对于谋划滔天大罪是必不可少的。他们发现，他们在这样的谋划中充其量只是二流角色，别人才是篡权的领袖，他们没有担当这种角色的资格。他们妒忌自己的同伙，而后者正是他们的罪行瓜熟蒂落的结果，他们沆瀣一气，不顾人类的哀号；他们在从事共同的犯罪；他们用冷静的头脑表明，他们倾向于用貌似最合理的方式执行他们共同追求的有害计划,他们希望借助于这种名声爬上自己的位置。但是,另一些既有头脑又有胆量,能够满足邪恶事业的必然要求的人,自然会对他们嗤之以鼻。他们天然地低于后一类人,只能由后者作为走卒加以利用。他们只能充当你们的克伦威尔手下的费尔法克斯。❶ 假如他们是真诚的,为何不去加强那些诚实的人,支持他们古老、明智、合法的自由政府——1788年春天给予他们的政府,反对诡计发明出来的东西和无知而愚蠢的学说呢?既然他们没有这样做,他们只能继续受到双方的蔑视;他们赞成那些人的观点,却责难他们的行动,所以他们只能有时是这些人的工具,有时是累赘。这些人只能充当暴君的助手。他们绝对无法获得或传播自由。

您还问我,我们有没有调查委员会。我们没有,先生,上帝不允许!它是专制和篡权不可缺少的工具,所以我不奇怪,在你们主子的统治下,它早早就建立起来了。我们不需要它。

请原谅我的啰嗦。我已写得够多,这是因为我荣幸地收到了您的来信。我本来是无暇做出回复的,好在假期给了我享受闲暇的机会。我受到义务的召唤,我既没有能力,也不愿意回避它。我必须很快重新投身于同我们东方领地的腐败和压迫的斗争,只能把法国的腐败和压迫完全搁置一旁了。❷

---

❶[托马斯·费尔法克斯(Thomas Fairfax,1612—1671),贵族出身的著名将领,内战时期担任过议会军总司令。但他反对处死查理一世,1650年因拒绝向苏格兰开战而辞职,由克伦威尔接过指挥权。]——编者注
❷[指由柏克在议会发起的对印度总督沃伦·黑斯廷斯(Warron Hastings)的弹劾案。]——编者注

在英国，我们无法像法国人那样卖力地工作。经常放松一下，对我们是必要的。你们紧张地投身于自己的工作，这是天性使然。我在1773年去法国之前，一直不了解你们的国民性格中的这个方面。现在你们这种操劳的习性有增无减。你们的国民议会甚至礼拜日也不休息。我们每周都休息两天，此外还有节假日，还有夏秋两季的五六个月。你们国民议会的成员这种持续不断的工作，我认为是他们祸害社会的原因之一。总在劳作的人，不可能具备真正的判断力。你们从来不给自己冷静下来的时间。你们在下达执行的命令之前，从来不从适当的角度研究一下你们已经完成的工作。你们从来不能用过去筹划未来。你们从来不深入社会，冷静地观察一下你们的措施达到目的的效果。你们的所作所为使人民的境况有多大改进，或造成了多少苦难，你们没有清晰的感受。你们只是站在远处，根据那些总在奉承统治者的人，根据他们对冤情的描述，去了解人民，这会激起你们对压迫者的愤怒。这就是人不断劳作的结果，当他们把注意力耗尽，烛光熄灭时，依然两眼一抹黑。Malo meorum negligentiam, quam istorum obscuram diligentiam。❶

余不多谈。

埃德蒙·柏克

于比坎斯菲尔德

1791年1月19日

---

❶ [拉丁文：“我不顾自己的人民，更在乎你们可疑的关切。”] ——编者注

新辉格党致老辉格党的申诉书

1791 年 8 月

1791 年春夏的事态对柏克来说是一个转折点。他与自己的辉格党同道渐行渐远，在 5 月 6 日和 11 日辩论魁北克法案期间，终于和党魁查理·詹姆斯·福克斯决裂。柏克在下院不但受到排挤，而且陷入孤立，这一点变得日益明显。在谈到 5 月 11 日的辩论时，他写信告诉他的庇护人菲茨威廉伯爵："党内没有人对我说一句安抚的话。"柏克在 5 月 21 日发表的《致一位国民议会成员的信》，被福克斯斥为"愚蠢至极"。11 月 20 日到 21 日晚，路易十六和王后逃离巴黎，但在 25 日被抓获并中止他们的王权。柏克写道，英国人对国王的同情是"真实、真诚而普遍的"。[《通信集》(*Corr.* Copland)，6：p. 291]

不仅作为政治思想家，也作为辉格党成员，柏克这时需要对自己的行为做出解释。他曾在《对当前不满的原因的思考》(1770) 中，把政党定义为"团结在一起，遵循某些一致同意的特定原则，通过共同的努力促进国民利益的团体"。他改变了英国人对政党的态度——从把政党视为阴谋团体,变为尊重政党,甚至认为它是自由政府不可缺少的团体——这样一个人,怎么会采取实际上分裂自己所属政党的行动?在柏克的定义中,关键词是"原则",这篇"申诉书"意在表明,查理·詹姆斯·福克斯领导下的"新"辉格党,已经背离了光荣革命时期(1688—1689)"老"辉格党——它是能够配得上辉格党名称的第一个团体——的原则。

这篇《申诉书》中的许多内容,是摘自柏克对亨利·萨切弗雷尔(Henry Sacheverell, 1674?—1724)审判案的评论,所以对背景稍做介绍不无裨益。早在18世纪初,萨切弗雷尔曾在小册子和布道中恶毒攻击辉格党、不信国教者和低教会派的国教徒。1709年下院宣布,他在印刷成册的两篇布道词中,"对陛下(安妮女王)及其政府和新教徒王位继承权的看法,是恶毒、可耻、煽动性的诽谤"。辉格党内阁下令在西敏寺对他进行审判,这必定会成为辉格党和托利党的政治原则之争。上院在1710年3月宣布萨切弗雷尔有罪,但是对他的判决十分温和,反而让他觉得自己赢了。辉格党内阁因这次审判失去信誉,此后被托利党取代。

柏克写的这篇《申诉书》采用了第三人称,全文可分为七部分:柏克因为《反思录》一书,以及他试图就魁北克法案发言,使他同自己的党分道扬镳;他被指为出尔反尔,因为他过去曾为民主辩护,抨击特权;他对1688年革命和萨切弗雷尔审判案的解释;批评柏克的小册子中的"新"辉格党信念;从政治上正确理解"人民",它有别于"听从头领吩咐的"多数;对革命思想中的极端主义的分析;

最后是柏克本人试图从政治事实和人性归纳出的政治理论，以此来理解英国宪政的发展。这篇文章集中体现了柏克的如下观点：人类是通过"技艺"，这包括在历史中形成的宪政等人为制度，实现他们的真正天性。

在柏克先生一生中的此时此刻，按他的性情，他能为自己的政治合伙人做的唯一事情，就是 petere honestam dimissionem。❶ 他们不打算把这项恩惠给予他。他们有许多善意的表示，但实际上是在告诉他，他在舞台上待的时间很久了。他们感到一种职责，虽然严厉，却属必要，要向全体议会宣布，对于当今时代，对于后代子孙，对于所有关心我们今天的作为的人，他已经因一本书而使自己的整个职业生涯蒙羞。因此他们开除了自己的老战友。他被劝退，而他们将继续遵循更明智的原则，更好地服务于公众。

犬儒学派的第欧根尼是不是真正的哲学家，并不易下定论。他没有写过任何东西。但他的言论经由别人流传下来，却很有生命力；才智不像记忆力那样完美的人，在很多场合可以方便而恰当地运用他的言论。第欧根尼（每个人都会记得）是一个偏僻小镇的市民，这个小镇坐落在黑海之滨，面对狂风恶浪的侵袭。他的生活远离饱经风霜的城墙，日子过得安逸懒散，就像悠闲的文人一样。当他得知自己的老乡判决把他逐出锡若普❷时，他冷冷地回答，"我罚他们住在

---

❶［拉丁文：请求光荣退役。］——编者注
❷Sinope，古希腊城市，今属土耳其。——译者注

锡若普"。

柏克先生所属政党的先生们通过了让他退休的判决,❶ 不过是肯定了他早就对自己做出的判决。他的退出是出于自愿选择,而他的同侪的法庭却以此作为对他的惩罚。但他显然不认为他们做出了令人难以忍受的严厉判决。他很快就要离开锡若普了,继续待在那儿的人,不管是不是还要待好多年,我希望他们以更令自己满意的方式,而不是像他那样每况愈下,无声无息地度过暮年,消磨着岁月和财产。

然而,这种裁决的性质,并不是由它的公正性决定的。友情发起怒来,往往像冰冷的敌意一样糟糕。由于这个原因,对于明确的美好事业来说,抽象正义的冷静中立性就是更为可取的事情。受到朋友的审判,即便是有利的裁决,清白的名声也会减少;如果是不利的判决,则不啻是让人极其痛苦的谴责。由承认友情的嘴,带着遗憾和勉强的口气宣布裁决,会让人更加难过。从人的一生这个角度看,生活在严格而稳定的司法之下,要比置身于宽容而琢磨不定的感情环境中更加安全。世界上还有一些不偏不倚的人,这对柏克先生来说肯定是一件好事。我是在向这些人说话,我代表他发出的申诉,是生者对死者、今天的辉格党向老辉格党发出的申诉。

---

❶对于从报纸上得到的消息,总是要有所警惕。我不知道下面这段有什么权威来源,但它透着一种权威的口气。这份报纸公开承认代表现代辉格党的利益,并且直接处在他们的领导之下。这段话他们也没有否认。据说这是由作者称为"英国辉格党这个伟大而坚定的团体"做出的决定。这段话的宣扬者认为写下它的人是谁,或者是不是这样的人,我不知道。"英国伟大而坚定的辉格党人"的这段原文(已经印在报纸上)如下:
　　"英国辉格党这个伟大而坚定的团体,忠实于他们的原则,已经就福克斯和柏克之争做出裁决,他们宣布福克斯坚持了把他们团结在一起的信条,他们根据这种信条一致采取行动。结果是,柏克先生从议会退休。" *Morning Chronicle*, May 12, 1791。——柏克原注

以党的名义对柏克先生的书❶做出判决的先生们，从文学批评的角度来看，是不容挑战的法官。根据他的判断和公众做出的判断，他们的天赋近于奇才，他确实不是自夸，他作为作家，有权利要求那些人给予赞同，如果他们愿意用自己的能力标准去评价一本著作的价值的话。

柏克先生作为作者，可能因为他们的严厉指责而感到羞愧，但是作为人，作为英国人，这不但让他觉得欣慰，而且感到骄傲。他要向另一个国家的人民讲述的，并不是他本人的想法，而是一个民族的主流意见和情感，这个民族以智慧著称，以世世代代对自由的精湛理解、持之有度的热爱闻名于世。这是他的著作的大部分内容所公开表明的目的。如果他的著作没有受到曲解，如果他的批评者不仅同意，而且有相同的主张，那么这种认可并不是因为他的生花妙笔败坏了公众的判断力，他所描述的民族感情显然不会被这个民族所否定，他的描述的真实性，已由他的国家的裁决做出了鉴定。如果认为他的著作值得向人推荐，只是因为写作技巧高超，那么他成功的原因可能令人生疑。但是事情正如他所期待的一样。说他的诚实的描述得到了人民的认可，要比认为他的能力可以比肩（不可能把他捧得更高了）那些他不幸招至其严厉指责的人，更让他感到荣幸。

这位作者希望做出申诉，并不是因为他们裁决中的这一部分内容。还有一些事情对他触动更大。回避这些事情只能证明他背叛了自己的事业，而不是他对自己的能力缺乏自信。如果认为他的著作以立

---

❶指《法国大革命反思录》。——译者注

论高妙、雄辩滔滔而取胜，但是他似乎有意确立与本王国明智而自由的宪政相反的公理，或是激起与之对立的情感，他只能为之叹息，这会让人们永远记住他的过失。遗忘将是他免于后人谴责的唯一出路。但是，在认识到人类的共同弱点已得到普遍认可之后，他并不想寄望于世人的健忘。在此之前他与该党有争执，即便他能活到那一天，他也会与下一代人有争执。

在那本书出版几个月之前，作者就很清楚，那两位能力极为杰出的先生在党内享有权威，在一个与法国大革命有关的最实质性的问题上，即他们对法国军队的行为和军官反叛的看法，已经与他有了分歧。他们就这个问题发表公开声明时，他并没有想到这两位先生的看法已经远远不限于他们自己。不过他很明白，以他们的信誉和影响力，最终会让更多的人同意他们的看法，很可能会让整个党默认他们的声明，因为该党当然不喜欢表明与自己党的领袖有分歧，这样想也未必有什么不当。我不否认，这种做法在党内一般来说是有道理的，但是它在什么情况下要受到限制，为它提供支持的学说有什么例外情况，不是我现在要解释的事情。现在的问题与他们的动机无关，只涉及他们公开表达的观点。

不管作者多么不情愿，他不得不接受该党在下院对他的判决。宣布判决的人，是党的真正代言人。在持续两天的辩论中，反对方没有一位先生插话反驳甚至是表示怀疑，以示支持柏克先生或他的意见。即便某种观点与他书中的信条一致，或是赞成他的行动，也只是潜藏在那些人的脑子里，只能认为他们有喜欢私下自由思考的偏好。作者不能妄加揣测。这也与他们作为党的成员无关。以他们公开的表现、以民众所能听到的事情而论，只能认为该党是全体一致的。

他们一定是为了反对那些意见而过于激动了，因为他们没有必要那样行动，他们没有正当的理由担心，这位作者的错误会被误认为是他们的错误。他们可以不赞成，但他们没有必要全盘否定他的著作，因为在整本书里，没有任何地方直接或暗示性地涉及他们。作者反对一切野心的诱惑，反对辉格党有可能染上傲慢、个人恩怨或动辄嫉妒的习气。在这件事上，他一向有着热情、执着、易动感情的名声。他和他们中间的一个人有着长期的友谊，他将带着苦涩的愉快永远铭记在心。对于这位先生的真诚、和蔼可亲的优点，无与伦比的能力，他将与国人一起总是给予公正的赞扬。对于党内的另一些人，他心中怀着极高的爱戴和崇敬，丝毫不会为之而懊悔。因为他坚信，他们具备人性所能表现出来的许多了不起的美德，头脑清醒，性情温和，有公正的判断力和真正的智慧。他对他们的情感绝不会变化，不会让自己屈从于人类正当的义愤，因为人类也必然普遍地倾向于怀着崇敬，仰望同类中最优秀的楷模，使我们所有人都具有的人性得到尊重。他对党有高度的尊重。他放眼自己的国家所有政党的构成，感到极大的满足。当他不再服务于他的国家，离开议会时，他看到的是无可比拟的丰富能力。可靠而杰出的才能让内阁席位熠熠生辉。反对党的席位也是培养天才的学校，培养出了过去从未同时出现过的人才（至少是在我们中间）。假如拥有这种才干的人愿意服务于国家（他相信他们有这样的愿望），会为国家提供最重要的服务。假如他们因为错误或激情导致国家的毁灭，我们至少可以聊以自慰，我们不是像被毁灭的邻国那样——我们不是被平庸或二流的人物所毁灭的。

对党的忠诚、对个人的尊重和赞赏，使《反思录》的作者极为慎重，以免使人产生最轻微的怀疑，他是要表达对他们中间任何一个人的情绪。他在《反思录》开头是这样说的："我有幸写给您并且终于寄出的第一封信，不是为了某一类人，也不是从他们的角度写下的。在这封信中我仍然如此。我的错误，如果有的话，都是我本人的。只有我的名誉对它们负责。"❶ 他在另一个地方又说，"我不是代理人，我只为自己说话。当我谈到有关英国人民的事情时，我是根据观察，而不是根据权威在说话。"❷

因此，说这本书中不包含他们党的看法，并不是在反驳作者，也不是为了自证清白。假如党否认他的信条是我国多数人的主流意见，他们应当对它的真正问题提出质疑。我希望，我也相信，指责他的人会在审判中发现，作者是英国人民普遍意见的忠实代表，就像他们中间的任何人对自己党的看法一样。

法国大革命与这个大事件之前英国任何政党的目标都没有关系，除非这些政党主动模仿它的做法，或用他们自己的意见去巩固那场革命的任何原则。法国大革命不是他们的原始契约的一部分。这个问题，就它本身而言，像我们这个时代尝试或已完成的其他所有革命（发生过许多次革命）一样，是政治辩论中一个悬而未决的主题。但是，假如有相当一部分英国臣民对法国的事情产生了一种帮派式的兴趣，开始公开结合在一起颠覆这个王国的宪政，同心协力彻底推翻它

---

❶ [*Reflections*, p. 85.] ——编者注
❷ [*Reflections*, p. 180.] ——编者注

的民法和教会法以及整个风俗体系，支持法兰西民族的新宪法和现代风气，在这种情况下，我认为没有任何党的原则能约束作者表达他强烈反对这种帮派的态度。恰恰相反，如果党的领袖每天在议会里发表公开声明，无论他们有多么纯洁的意图，鼓动存心不良的人反对我们的宪政的行动，这时他大概一定要表明他的异议。

这个帮派的成员意图造成的伤害的性质和范围，没有给人留下任何悬念。他们做了公开而坚定的宣示，他们的意图毫不含糊。他们让人不会有任何争议，他们正式表达的谢意，是在鼓励和怂恿最恶毒、最叛逆的诽谤四处流传，诋毁本国人民过去所爱戴和崇敬的事物。他排斥这种做法，难道有悖于一个好臣民的义务？当这种做法有增无减，阴谋分子因为不受惩罚而变得愈发厚颜无耻时，他站在自己的立场上，指出他们对他所捍卫的美好宪政的罪恶倾向，难道这样做偏离了他的职责？假如这个可恶的帮派在我国拥有的权力，与他们在邻国的同盟背信弃义篡夺的权力相同，并放肆地加以滥用，那么让英国人民意识到他们将会遭受多少苦难，又有什么错误？尽可能阻止他们流血，或提防我们自己为之流血，这难道不符合人道？以尊敬和友善的态度提醒他的同胞兄弟，不要草率地支持他们出于慎重不可能赞成的做法，这难道违反了党的任何原则，或背弃了他对任何友谊所承担的公认的义务？

他已经表明，根据他认为驳不倒的论证、他确信不容否认的文献，英国政府和法国的篡权不可同日而语。他们狂妄地把两者加以比较，绝对不是拿一种好制度和另一种好制度进行比较，两者只有局部和细节上的差别；更不是要为我们提供一种更优越的合法自由的模式，我们可以用它取代我们古老的，或者如他们所说，我们陈旧过时的宪政。他要表明，法国的方案并不是较好的方案，而是确凿无疑的祸害。问题根本不像有人声称的那样，涉及君主制和共和制的对比。他认为，法国目前的状态根本配不上共和国的尊称，所以他不想在君主制和共和制之间进行比较，法国人所做的事情，是让无政府状态制度化、无序状态永久固定化的野蛮尝试。这是愚蠢、邪恶、可怕的事情，完全脱离了道德天性的正轨。他要证明，这是由背叛、欺骗、作假、伪善、无缘无故的杀戮造成的。他要说明，在这种事中起带头作用的人，其行为方式对他们的同事极不诚实，对他们的国王、他们的选民完全是明目张胆的背信弃义；国民议会曾向国王发誓效忠，在没有暴力或约束的情况下，却又向选民发誓完全服从他们的命令。利用暗杀的恐怖，他们赶走了很多议员，以此造成一种多数的假相。这个虚假的多数炮制了一部宪法，从它现在的样子看，是一种超过我们这个时代欧洲文明世界任何先例的暴政。因此，爱它的人，肯定不是爱自由，而是爱最下贱、最卑鄙的奴役，假如他们真正理解了它的性质的话。

他要证明，法国的现状，并不像有人急于声称的那样，只是暂时的罪恶，一定会带来长久的好处。现在的罪恶不过是创造未来的，而且（假如它有未来的话）是更大的罪恶的手段。它不是未经消化、尚不完备、粗糙的自由计划，可以逐步成熟起来，变为有序的社会自由。它从根本上就是错误的，时间再长，也绝无可能做出自我纠正，或转变为一个英国下院议员能公开表示赞成的任何政体。

如果得到允许的话，柏克先生将做出明确而详细的说明，那个议会自称代表全民，标榜博大而自由的宽容，其实是在进行野蛮而阴险的宗教迫害，其严酷程度远远超过本世纪听说过的任何迫害。它具有一个比以往的迫害更恶劣的特点，历史上的迫害者的行动，是出于或谎称是出于对某种虔诚和美德学说抱有热情：他们对自己的信仰有强烈的偏爱。假如他们驱使人们离开一种信仰，是要为其提供另一种信仰，人们可以把它作为避难所，有望从中获得慰藉。新的迫害并不是针对某一种良知，而是针对全部良知。他们公然表明蔑视良知的目标，对一切宗教嗤之以鼻，但他们并不是对各种信仰保持中立，而是把不宽容和冷漠这两种相互对立的罪恶集于一身。

柏克先生能够证明，国民议会远不是拒绝信仰测验（像他们说不通的声明那样），而是在实行特别严厉的信仰的测验，它来自一种有预谋的涉及金钱的诡计：对抗得到法律的批准、束缚着良心测验。这些测验并不是为某种新的荣誉或利益而设，而是使人们能够为他们被不公正剥夺的合法财产得到一点可怜的补偿；他们过去已经由富变穷了，现在他们因为拒绝发誓违背自己的良知，又从穷困陷入饥馑，受尽凌辱和非人的待遇。这些信仰测验，实施者很清楚并不会实行，只是想让可悲的受害者得不到补偿，因为国民议会那些暴虐的骗子本来就有预谋，使政府没有能力支付。由此可见，他们登峰造极的暴力是源自于他们最初的骗术。

他要表明，这些人类公敌用欺骗性的目标，用他们据以采取一致行动的借口，标榜各国之间的普遍和平与睦邻关系，不过是下流笨拙的骗术，不值得明事理、有远见的英国议员作为榜样向其他任何国家推荐。他们想的远不是人间的和平和善意，而是向所有其他政府开战，处心积虑地在各国煽动最严重的暴乱，以便导致他们的共同毁灭。他们发现，他们在拥有权力的几个事例中（就像在阿维尼翁、孔塔、卡维雍和卡庞特拉一样），❶ 他们可以用野蛮的方式，用挑起叛乱和战争来对付他们的邻国，以便让自己登上共和国盟主的位置，使那些共和国变得像他们自己的国家一样野蛮和有害。柏克先生要证明，这种邪恶的计划是以什么方式在那些地方实施的，他们没有直接占有或放弃这些地方，他们希望那些无助的人民终将不得不托庇于他们暴政的保护之下，以便摆脱他们野蛮而又奸诈的敌意。柏克先生要用这些事例说明，只要这个公敌有能力直接或间接地破坏和平，我们的社会或任何其他社会就不可能是安全的。大不列颠是他们的阴谋诡计的首要对象，他们通过通信和交往，通过与这里的帮派结成同盟，已经开始动手了。即便有最好的政府，实际享有的人类幸福也必定是不完美、不确定的，但是只要法国这个万恶之源的"大学校"所宣扬的原则得势，这些政府就不可能安全生存。

他打算揭示他们所谓的人权宣言的疯狂，他们一些信条的幼稚和无效，另一些信条的恶劣、愚蠢、荒谬和显而易见的虚妄，以及所有这些宣言对人和公民的福祉、对每一个公正的国家的安全和繁荣的有害趋势。他要表明，国民议会的行动不仅直接违反每一条健全的政治原则，而且无一例外地违反了他们自己虚假无用的信条，以及他们谎称为自己的方向制定的每一条原则。

---

❶ [1791 年 9 月，《申诉书》发表一个月后，法国政府在这些教皇的飞地举行公民投票，吞并了它们。] ——编者注

总之，他要表明，经过这一番充分而公正的揭露，如果有人继续支持法国人的疯狂，那么他并不是犯下过错的政治家，而是一个浑蛋。不过，柏克先生也认为，就像其他许多事情一样，在这件事上无知是仰慕的原因。

这是强烈的指控，需要强有力的证据。表明这些立场的那位议员，无论过去还是现在，会随时在自己的位置上，为它们提供与各项指控的性质相符的证据。

柏克先生在魁北克法案委员会上的发言被打断是否恰当，对此做出判断，有必要搞清楚，第一，根据一般原则，他是否有必要证明自己的指控？第二，他选择的时机是否非常不合理，使他在行使自己的议会权利时对朋友或他的国家造成了伤害？第三，他在书中表达的见解，是否与他过去的原则相矛盾，有悖于他的政治行为的基调？

那些为法国大革命大唱赞歌的人，那些认为自由辩论对每一件事、在任何情况下都大有益处的人，以我的陋见，不应当阻止他们的赞美受到事实的检验。假如他们的颂扬招来恶意的谩骂，那么除了口才的高下，双方半斤八两，也就是说，他们都没有干好事。赞颂和讽刺挖苦都应当受到检验，逃避检验的一方，充其量只能满足于自说自话。

我不认为柏克先生选择的事业是错误的。皮特先生❶好像劝过他，不妨歌颂英国的宪政，但不要攻击法国的宪法。皮特先生在他的

---

❶ 这里应是指小威廉·皮特（William Pitt the Younger, 1759—1806），时任英国首相，福克斯的政坛宿敌。他在法国大革命初期一直主张持观望态度。——译者注

处境下如何做才好，我不敢妄下断言。我不否认，他或许有很好的理由保持缄默。这种理由也许会让福克斯先生同样保持缄默，尽管他的热情使他难以听进去这些理由。但是，并不存在内阁中人的审慎，或就要成为内阁中人的审慎，限制着《反思录》的作者。他没有担任国王的官职，他也不是任何政党的喉舌。

英国宪制的优异表现，让最杰出的思想家、最雄辩的作家和演说家殚精竭虑地加以研究，堪称世界奇观。但是就当前这件事而言，有人推出了一种所谓更优越，也确实是更新颖（这对不安分、易变的头脑有不小的诱惑力）的制度，要唤起善良的英国人民的仰慕。在这种情况下，国内外热情活跃的帮派推荐给我们模仿的计划，更适合那些对法国宪法另有想法的人做一番细致的研究。我们的处境是，我们享受着生活，为希望而兴奋，对我们长期享有的好处已经习以为常，以至于变得对它有点冷漠了。看似美好、未经尝试、朦胧难辨的前景，会唤起每一个人心里多多少少都有的冒险精神。无论是普通人，还是各种帮派或整个民族，出于这种性情，会牺牲他们可靠拥有的利益，转向一种大胆的、非理性的期待。假如柏克先生认为，这种性情不定什么时候会在我国得势，那么任何事情也无法阻止他向参与游戏的民众揭露这种赌博式的骗局。

我能体谅人们对自由表现出的普遍热情，我也应当这样。只要仅限于一般性的问题，对它就应当以宽容待之，甚至给予鼓励。一个演说家，比任何人更应当得到允许，让他充分随意地赞美自由。在民众集会上发表支持奴役和专制的陈辞滥调，当然是对一切演说原则的无礼挑战。但是，对于任何特定的宪法是不是合理的自由方案这个问题，支持一般自由的华而不实的说辞，就有点文不对题了。这实际上是在制造问题，是开战之前就唱起凯旋之歌。

"但是，福克斯先生并没有为新宪法唱赞歌，他只是主张消灭绝对君主制。"法国刚刚建立起来的无以名状的制度，他称之为"任何时代和任何国家，以人类的真诚为基础建立起来的最巍峨、最崇高的自由大厦"，这让听众首先会产生一种看法，新结构是仰慕的对象，旧结构应当拆除。不过福克斯先生为自己做了解释，如果我要求热情讴歌的人使用像辩护律师一样严谨的语言，我就过于吹毛求疵了，这是我极为厌恶的事情。再说，他们按法国的礼节称为宪法的那个怪物，福克斯先生也无意为之喝彩。我很愿意相信这一点。它不配福克斯先生这位大才子的赞美，甚至任何有常识或了解一般情况的普通人也不会同意它。他不会赞扬一种野蛮制度转变为另一种更恶劣的制度。法国的君主制为风俗人情所醇化，尊重法律与习俗，关心、甚至是过于关心民意，他不会为它的毁灭而欢欣鼓舞，转而去支持一种放肆、残忍而又野蛮的大众专制，它把法律、道德风尚置之度外，不尊重人类的普遍感情，粗暴地改变过去引导和约束着世人的所有原则与意见，强迫他们与它的观点和行动保持一致。福克斯的头脑应当是为更美好的事情造就的。

绝对君主制的毁灭，应当让人感到高兴，为之欢欣鼓舞；在这种事件中，人们应当忽略对一位不幸的君主的监禁、羞辱和贬黜，忽略一个生命持续面临的危险；他们应当忽略所有等级和阶级的彻底毁灭，即使这将直接殃及我们的至少一百万同类，让整个社会至少陷入一时的苦难。我不否认，从某种意义上说这一切都是自然的，因为人民如果看到一个他们渴望的政治目标，他们极易于掩饰或低估实现目标可能带来的罪恶。这不是在检讨那些人的仁爱精神。我是天底下最不愿意怀疑他们有善良本性的人。这只是反映着他们消息不畅，考虑不周。当他们开始严肃地反思自己的作为时，他们就会自觉地认识到，必须检讨所有这些巨大的破坏所获得的目标是什么。不参照以前的情况或变化导致的结果；不考虑一个国家在过去的统治下是否成就颇为可观，它繁荣昌盛，人丁兴旺，有出色的教养和发达的商业；不考虑在那种统治下，尽管人身自由缺乏安全保障，但至少财产不会受到侵犯，置这些情况于不顾，人们将难以断定摧毁绝对君主制本身是一件好事。他们不能心怀人类的道德同情，却将它与国家状况的好坏、行动的性质和行动者的性格相分离。我们谁都不喜欢不受制约的绝对君主制，但是我们也不可能为马可·奥勒留或图拉真这类绝对君主的受苦而高兴，就像对待元老院按祖制对尼禄进行的惩罚一样。当那个暴君被迫和他的"妻子"斯波鲁斯❶一起逃亡，殒落于九泉之下时，他不会像可敬的加尔巴——他虽然也有种种缺点和错误——被反叛的雇佣军杀害那样，让人们为之动情。❷ 这样的事情摆在我们眼前，会让我们的感情和我们的理论发生冲突；在这种事情上，感情是真实的，而理论是虚假的。我的主张是，在称赞摧毁绝对君主制时，所有的情况都不应忽视，多虑并非只适合空洞、肤浅的头脑。

颠覆一个政府的行为要想得到赞扬，只能把它作为建立更好的统

---

❶斯波鲁斯（Sporus）是被尼禄阉割的美少年。尼禄在第二个妻子死后与他结婚。——译者注
❷［加尔巴在公元68年继尼禄之后成为皇帝，次年被杀。］——编者注

治的准备步骤加以考虑,要么在政府方案中,要么在管理政府的人选上,或者两者兼顾。按理说,这两件事是分不开的。例如,当我们赞美我们的1688年革命时,尽管国民在这次行动中是处于守势,一场防御战引起的一切祸害都具有正当性,但我们并没有满足于此。我们总是把推翻旧政府与随后的幸福安排结合起来。我们在评估这场革命时,会把抛弃的事物与交换而来的事物的价值都计算进去。

彻底打碎自己国家的整个框架的人,要承受沉重的负担。他们要证明,除非采取不利于数百万人民现在的幸福、使成千上万人彻底毁灭的方式,他们找不到任何办法建立一个能顺利达到其合理目标的政府。在人们的政治安排中,他们没有权利对现在这一代人的福祉置若罔闻。大概我们唯一确定的道德责任,就是对我们自己这个时代的关怀。至于未来,我们要像对待被监护人一样对待它。我们不能为了改善他的命运,把他的家业孤注一掷。

是否在任何情况下都不应当为了某种好处而宽恕某种罪恶,这个问题不值得我们花片刻的时间像诡辩家那样去讨论。在任何道德或政治问题上,没有什么普遍适用的观点能够合理地加以证实。纯粹形而上学的抽象观念,是和这种问题不相干的。道德的路线不同于数学中的完美线条。它们更宽广、更深邃,也更为长远。它们允许例外,它们要求得到修正。这些例外和修正不是通过逻辑,而是运用审慎的原则做出的。审慎在政治和伦理美德中不仅居于首位,而且是它们的指导者、管理者和准绳。形而上学缺了定义没法活,而审慎要警惕它如何定义。我们的法院最害怕凭空捏造的案子摆在他们面前,迫使他们根据法律做出判决,这尤甚于审慎的道德学家把极端危险的良心事件置于并不存在的紧急情况之中。因此，我不试图对政治革命下定义，也不可能下定义，但是我认为，在让我们的道德，让许多同胞的幸福为一场革命付出不可估量的代价之前，应当可以有把握地断定，它是要消除迫在眉睫的极度祸害，能够获得几乎是确定无疑的好处。即使我们行事节制，甚至达到悭吝的程度，革命也会自动产生罪恶。每一场革命都包含着某种罪恶。

那些革命的最伟大的爱好者，甚至是革命专家，他们总是很难证明，过去的法国政府之恶劣，即使穷尽人的智巧，也难以坏到那样的地步。把法国带入目前这种状态的人也应当证明——但不是用有关巴士底狱的无聊传闻——他们所推翻的政府，确实像现在的情况一样，无力做出任何改进和纠正。从未做过那种试验的人，怎么敢这样说呢？他们的职业就是试验。他们已经做过上百次极其危险的试验。

有些英国人倾慕于组成法兰西联邦的四万八千个共和国，但他们并不是赞赏它们的现状，而是赞美它们将要变成的样子。他们说起话来不像政治家，而是像预言家。但是，他们的赞美是根据预见，不是针对它的优点，而是针对随后可能发生的事的优点，这就未免有点奇怪了。赞美任何政治制度，却不顾及它的任何突出而严重的缺点，就只能假设它的基本原则中有某种优点。必须证明原则虽不完美，却是正确的，它不仅有改进的可能，而且包含着改进的机制。

他们会发现，在他们能够证明自己所喜爱的成果从绝对堕落提升到尽善尽美之前，他们已经与那些他们支持其事业的人陷入了内战。什么！要改变我们庄严的宪法？这可是法兰西的荣耀，令整个世界嫉妒的对象，人类之楷模，立法之杰作，启蒙时代荣誉的集中体现！我们不是让她一出生就成熟了吗？我们的铁匠助产师把她从朱比特的大脑里一敲出来，她不是就像一位披坚执锐、代表智慧与战争的完美女神？❶甚至在她尚未跳出脑壳，只是作为胚胎而存在时，我们不是已经向真诚、有信仰但不信神的人民发誓，要效忠于这位女神吗？难道我们没有庄严地宣布，这部宪法不可以由未来的任何立法机构更改？难道我们没有把子孙后代置于它的约束之下，尽管我们的教唆者曾经宣布任何一代人都不能约束下一代人？难道我们没有要求未来议会的每一名成员发誓效忠它，以此证明自己不辱职守？

确实，法国的政体必须是（假如他们的原则和基本安排未做任何改动的话）完全由人民代表组成的政府。它也只能如此，不然它什么都不是。法国的帮派认为其他任何政体都是篡权，都是对不可侵犯的人权的恶毒践踏。要么接受这种政体，要么放弃它，没有中间道路可走。让博学之士沿着他们自己的道路、用自己的武器，在他们自己的辩论中胜出吧；如果他们累了，让他们去谈和平条约吧。让英国那些无所不能的诡辩家和狡猾的法国诡辩家坐在一起，用谬论去纠正正确吧，真理怎么会因为谎言的适当调配而变得更加真实呢？

柏克先生已经充分证明，没有任何事情可以证明他就这场争论的目的所说的话是不恰当的，所以现在我来谈第二个问题，即他选择魁北克法案委员会作为辩论场合是否有道理？如有必要，我可以证明，

---

❶ 指雅典娜的诞生。火神赫菲斯托斯（在希腊神话中的形象是铁匠）打开宙斯的脑壳，她从朱比特的头脑里跳了出来。——译者注

他并不是第一个把这种辩论带入议会的人，也不是在这个会期重新挑起辩论的人。事实人所共知。关于魁北克法案，他们就这个主题开始辩论，是出于两个明显的原因。第一，虽然他当时认为把派系行为变成直接动议的主题是不可取的，但他没有其他的途径。没有人试图说明，在下院面前谈论其他事务是完全可接受的。在这里每一件事情都会得到善待。它是为英国治下的一片法语领地制定新宪法的法案。❶ 问题自然就来了，我们应当把那部宪法建立在英国还是法国的理念上。这提供了一个机会，就法国宪法适用于殖民地政府的价值或它自身的性质做出评价。该法案也是在一个委员会里，就像他经常乐意做的那样，他希望利用发言的特权，在一定程度上提供必要的支持，但是他大有理由为此而担忧。在委员会里，他总是有能力把问题从泛泛而谈引向事实；从各说各话转向辩论。这种特权确实能让他有所获益。这是他采取行动的明显而自然的理由。我相信这是正确的，而且是唯一正确的理由。

那些不时打断他、最终使他完全无法继续说话的人，把他们的行为归因于对他的动机有非常不同的解释。他们说，由于腐败、恶意或

---

❶ 英法七年战争（1754—1763）期间英国人占领法属北美后，保留了法国的法律制度。在来自美国的英裔移民要求下，英国议会于1791年经辩论通过了《宪法法案》，将法国殖民地划分为上加拿大（今安大略省）和下加拿大（今魁北克省），允许后者继续适用法国法律。柏克即指此事。——译者注

愚蠢，他参与了让他的朋友福克斯先生被人当成共和派的阴谋。❶ 这是相当严厉的指控。从柏克先生这方面说，这不仅是错误的，而且比形式上的违规更恶劣。任何侮辱、任何诬陷，都很容易成为过去，我们可归咎于一时的激情而待之以宽容。当所有的人都忘记自己的时候，这些事情很快也会被忘记。但处心积虑的伤害在一定程度上肯定会被记住，因为需要小心提防，以确保它不会再次发生。

我得到授权代表柏克说话，他认为，向他发泄怒气的原因，要比怒气本身坏十倍。在这个问题上，有着奇怪的观念混乱，与理解了指

---

❶ 为了解释这件事，有必要看看这次辩论之前刊登在一家代表少数派利益的报纸上的一段话：

最近一个十分隐秘的阴谋，它的策划者我们都很熟悉，但是除非好日子到来，那时讲明真相不再是诽谤，我们不能不顾自己的安全公布他们的名字。但是我们将陈述事实，让聪明的读者去发现我们不敢公布的事情。自从就武力对抗俄国一事展开辩论以来，据说有一位大人物声称，"他没有同皮特先生站在一起，就像他不是很愿意把信任给予福克斯先生一样，即使后者在当前的危机中有能力领导本国政府、给公众带来更大的好处"。这种爱国声明立刻让一大群只靠内阁恩宠的阳光沐浴过日子、阿谀奉承的小爬虫警觉起来。有人认为这是将皮特先生解职的前奏，为防止这件事发生，他们调动了所有的力量。其中首要的力量是诬陷诽谤，它传到了一个大人物的耳朵里，说福克斯是最不可能得到国王信任的人，因为从原则上说他是共和派，所以是君主制的敌人。在昨天辩论魁北克法案时，有些人意图把这个话题同法国大革命联系起来，希望福克斯先生因为与柏克先生的冲突而兴奋，受到诱惑为那场接管了国王的大部分权力，使其所剩无几的革命辩护。如果福克斯先生落入这个圈套，他当时的演说在一位大人物看来便证明了，一个能够为这场革命辩护的人，可以是出色的共和派，但不可能是君主制的朋友。但是那些设下圈套的人很失望，因为福克斯先生昨天在下院简短的谈话中说，他承认自己有支持法国大革命的想法；但十分确定的是，无论在议会内外，他从未承认或捍卫过共和主义原则。

阿古斯，1791 年 4 月 22 日

柏克先生无法就真相做出回答，也无法证明他的党内朋友在这家报纸上讲的故事是假的。他只知道有关其真伪的意见对自己行为没有任何影响。他只想尽力维护公众，抵制议会门外的帮派任何有害的计划。柏克先生在议会里做的事情，很难说是要让福克斯先生发表任何有悖于他的原则的声明，因为（按他的朋友的记录）他在很久以前就有效地阻止了任何这一类可耻计划的得逞。福克斯先生的朋友已经放弃了对柏克先生的这种指责。——柏克原注

控之后做出反驳的困难相比，指控的性质更加难以理解。福克斯先生的朋友们似乎突然陷入恐慌，担心他被人当作共和派。我认为，他们的担忧是没有任何根据的。不过，姑且同意他们是有根据的。在魁北克法案中，可有什么内容比其他法案更能让他或他们做出那样的指责？在魁北克法案可能引起的有关法国宪法的辩论中，没有什么事情能让福克斯先生变成共和派；除非他要利用那个场合赞美在法国伪装成共和国或共和国联盟的状态。即使这种赞美会在国王的心中留下不利的印象，他对那个事件的主动赞美，虽然不是为了再引起一些与他们几乎没有关系的争论，但肯定会更加明确、更加有力地造成这种效果。最糟糕的是，魁北克法案只是他本人在仔细寻找、费力地加以利用的机会之一。谢里丹先生曾更加卖力地赞美法国的制度，几乎与议会的议题无关，但他的演说十分精彩，不可能被人很快忘记。基于同样的理由，福克斯先生也步他的后尘，并不是来自议题的任何要求。根据魁北克法案细致考察法国宪法的优点，不可能提出任何过去没有提出过的意见，除非是为了卖弄，为了微不足道的必要性，甚至不顾礼节。在英国辩论法国帮派的行为，要以什么方式，或在什么时候，才不会同样易于点燃这种热情，为福克斯先生提供他总是孜孜以求而不是回避的赞美机会呢？他本人十分真诚地说，在这种辩论中，没有必要从他对这个问题的意见中寻找什么诡计。但是，柏克先生利用了同样的权利，顶多只是不太合乎常规，就对他横加指责，这等于明白地宣布，法国问题是柏克先生不可以进入的禁区，而且仅仅限于柏克先生。但是，福克斯先生当然不是共和派；在进行这种辩论时，有什么事情能阻止他就所有这些指责撇清自己（如他的朋友所说，他在十几天之前就这样做过)？这并没有让他处于劣势，反而让他能打败自己的所有敌人，包括柏克先生，因为他认为柏克也是他们的同党。

但是，当柏克先生讨论魁北克法案时，有报纸似乎把共和主义原则栽到了他头上。假设柏克先生看过这些报纸（我不相信这种假设是真的），那么我要问，报纸何时曾经自我克制，不用共和原则或任何原则去谴责福克斯先生或柏克先生本人，只要报纸认为这些原则此时能让某一些人、彼时又能让另一些人憎恨他们？自从柏克先生发表他的小册子以来，报纸连篇累牍地谴责他维护专制原则。假如他不能彻底漠视那些诽谤者的语言，他将无法享受片刻的家庭安宁，无法履行一点公共职责。但是，不管他的情绪如何受这些胡说八道的影响，他认为有一个令人捧腹的理由能让福克斯先生或谢里丹先生闭嘴，不再对法国大革命表达同情——据说，"报纸最近在谴责柏克先生是自由的敌人"。

我同意，那些先生享有柏克先生不能主张的特权。但是他们的朋友应当本着人与人之间的公平原则，为那些特权辩护，而不是找些不能成立的理由，把自己置于和那些能轻松驳倒他们的人一样的水平。他们说，他的声望是没有价值的，他没有权利要求肯定自己的价值；同时又说，他们的声望对党和公众关系重大；出于这种考虑，他应当牺牲自己的所有意见和感情。

我从这种语言中听到了与做法相一致的风格：当然是冠冕堂皇，也很直白而一贯。仅仅是为了辩论，暂且同意这位先生有权利继续讲下去吧，因为他们必须开始这场辩论，为公平起见，他们只能同意，他们在赞扬法国宪法时主动采用的语气是在暗中攻击柏克先生,因为柏克先生对这种赞美的依据的追究,有可能被解释为是在给他们抹黑。他们很清楚,柏克和其他人的感觉是一样的;他当然知道,在自己的小屋里,面对反对者时写下的原则,在他的议席上当着对手的面加以否认,是卑鄙下贱的。这只会让他们相信,这种带着情绪的指责会让他警觉起来,他一定会认为,以他们这样有才干的人而论,他们是居心不良;他们支持坏人和坏计划。虽然他也明白,在议会里处理这样的事很微妙,但是即使违背自己的意愿,他在任何时候都十分乐意在那里把这些事情提出来加以解决,对它们进行细致的审议。在上一个议会会期的初期,福克斯先生就知道柏克先生的公开声明,认为他想方设法要把法国的榜样引入我国的政治,柏克先生决心与自己最好的朋友决裂,要和福克斯先生最恶劣的敌人一起去阻止它。柏克先生希望没有必要这样做。但是如果应当这样做,那么他决心已定。本党十分清楚,他至少会进行自卫。他从未打算攻击福克斯先生,无论是直接还是间接的攻击。他的发言始终是就事论事,没有暗指任何人。他从未把共和原则或无论其他什么原则和不良行为栽赃给那位先生。文字上没有,心里也没有那样想过。请务必记住,虽然福克斯先生企图坐实柏克先生的观点前后不一,说他犯下了过错,先是教给孩子一套教义,当他长大成熟起来时,又把弟子和教义统统抛弃,柏克先生对此绝不想进行控告或反诉。可以说,做这种事不在他的能力范围之内。他没有反驳。这不符合他的爱好。那位先生轻易对他发出的指责,几乎没有任何道理可言。

党内的先生们(我把福克斯先生也包括在内)还算友好,认为此事引起的争执以及由此造成柏克先生与他们分道扬镳，是令人遗憾和不安的事。我不能认为他们把他排挤出去有任何损失。这个人的观点与他们的意见截然相反，如他们所说，完全是"南辕北辙"，不仅截然相反，而且十分有害，这让他们觉得有必要在议会的全体会议上郑重地予以否定。此人对他们来说肯定是最不得体、最为无益的累赘。与他合作只能在他们的所有会议上让自己难堪。此外，他们公开说，他这个人滥用天真的年轻人的顺从和信任；他们出于站不住脚的理由，或根本没有理由，说他可耻地否定了自己的所有行为、作品和声明，使他的整个公共生活蒙羞。倘若这些指责属实，他们把这个人赶出他们的阵营，确实能为他们的正义感和明智增光。在执行这种明智而公正的判决时，他们表现出一定程度的伤感，是因为考虑到他在私生活中还有一些亲切可人的品质，他们这位过去的朋友——他们补充说——偶尔也具备值得他们赞扬的智慧和坚定，以及心地温和、性情仁厚的优点。

在我看来，这个新辉格党是按适合他们的观念行事。但是《反思录》的作者，除非让自己丢脸，蒙受永久的耻辱，是无法同意对他的指责属实或是公正的，他也不能同意自己在《反思录》中发现了什么原则，正人君子不是有一两处异议，而是宣布完全从根本上反对。如果他不想主动放弃自己的事业和名声，他只能认为那种原则从根本上不同于他书中的原则，而且有着根本的错误。与他的原则截然相反的原则到底是什么，他只能从两者的对比中发现。他很不愿意设想，最近流行的一些著作中的信条是该党的原则，虽然他从针对他的声明中，很难做出另一种判断。

眼下，我没有必要进一步谈论这种或那种意见的优点。作者本可以在自己的议席上讨论它们，但是他没有得到允许这样做。

我来谈谈第二项指责：柏克先生的前后不一。这确实大大加重了他接受错误观点的如下罪过：他在这样做时，不是为了弥补过去的疏漏，而是错误地抛弃了值得赞扬的正确意见。这是对他的指责的要害所在。他在自己的书中犯下的错误（不管还有其他什么），不太像是他整个一生的表现。我相信，假如他冒险对自己做出评价，他最看重的是自己一以贯之的美德，剥去他这种美德，实际上就让他一丝不挂了。

一个人在担任公职的二十五年里，就无数问题写过文章，说过许多话，其间遇到过各种不同的大事，指责这样一个人未能一以贯之是不太容易的，从他的朋友搜集的语录即可看到这一点，即便那仅仅是为了拿他寻开心、逗乐子。这种语录毕竟已经炮制出来了，里边只字不提他的作品中的另一些段落对自己的话做出了什么限制，而这是应当搞清楚的。他不太指望一位大政治家能有这种细致的审问方式。假如它只是出现在普通小册子作家的作品中，柏克先生可以放心地相信自己的名望。当有这种必要时，他也许应该做得更多一些。我希望不需要做得更多，因为这几乎是不可能的。对他受到的指责完全缄默不语，是对福克斯先生的不敬。有份量的指责，往往是来自没有资格发出指责的人。

柏克先生认为，英国的宪政应当由性质非常不同的三种成分构成，它实际上也是这样构成的，他认为自己的职责就是维护这些成分各得其所，拥有比例适当的权力，如果它们受到攻击，必须根据分别专属于它们的不同原则给予辩护。他不能根据君主制原则去肯定民主的成分，也不能根据民主原则支持君主制，不能根据上述一个或两个原则去维护贵族制。他必须根据完全不同的理由去支持它们，虽然它们在实践中可以形成一个和谐的整体。幸运的是，我们这里的情况就是这样。不借助于使柏克先生受到指责的不一致，不可能捍卫这种混合宪政中似乎相互抵触的不同成分。

这种宪政的任何一个重要成分如果受到威胁，爱惜这些成分的人，为了支持受到攻击的成分，会选择必要的问题给予强调，为此拼尽全力，真挚而热情，充分运用他所具备的陈述、论证和渲染的力量，因为事情要求他这样做。他不会像在适当的场合应当做的那样，同时照顾到（如同宣读学术讲义一般）所有其他成分，以免给听众的头脑带来困惑。此时另一些成分不在审理之列，因为不存在涉及它们的问题。他假定，他为受到攻击的成分抗争辩护时，对于其他成分的正当权利，他信任任何头脑公正的人。他不应该担忧，他今天为维护民众权利竖起了篱笆，就据以推断他明天会赞同把国王拉下马的人；第二天他捍卫王权时，也不应该认为他就放弃了人民的权利。

如果一个人对不同的事物有着同样的关切，他对一些事抱有信心，对另一些事充满忧虑，这个人会比柏克先生更偏向于眼下让他焦虑的事。在这种情况下，他往往低估、轻视，甚至排斥和否认那些没有面临危险的事物。这是自然而真实的声音，而不是出尔反尔和欺骗。当我们所珍爱的任何事情面临危险时，我们会从自己的头脑中暂时移除另一些情感。当普里阿摩斯一心想着他的儿子赫克托的尸体时，他仍然活着的儿子们出于孝心，要为他提供帮助，他却气愤地加以呵斥，把他们从身边赶走。优秀的批评家（没有比福克斯先生更优秀的了）会说此乃大手笔，标志着对诗学之父的天性有深刻的理解。他会鄙视佐伊尔❶，因为此人根据这段情节断定，荷马是把此人描写成陷入仇恨不能自拔，他对家人感情淡薄，十分冷酷，他更爱尸体，而不是他活着的孩子。❷

假如柏克先生这样做，他并不需要公正的批评家的认可。假如对混合宪政的原则有共识，那么他也不必为自己辩护，他在行将结束的政治生涯中的所有言行是一以贯之的。我相信，柏克先生对于粗野虚幻的学说，或穷尽手段哗众取宠的做法，会始终保持头脑清醒，超过有同样地位的任何人。

在民众选举的讲台上，他是拒绝选民拥有发号施令权的第一人；他无论身处什么地位，都全力驳斥过这种权力。后来这种学说在我们的宪政下信誉扫地，在相当大程度上要归功于他以那种方式及时地反对它。

多年来，他对代议制的改革和缩短议会任期的法案，一贯坚定地予以反对，为此不惜同他的许多最好的朋友发生矛盾。这些朋友，在他表现更佳的日子里，与现在相比更希望有他效力，更害怕失去他，所以决不想从他支持自由的言行中、从他在那些问题的投票中发现前

---

❶佐伊尔（Zoilus，公元前400—前320）是希腊犬儒学派哲学家，也是最早的荷马研究者，18世纪的文人常以他的名字嘲笑那些忽略整体只关注局部的人。——译者注
❷[参见 Iliad 24：p. 245ff.] ——编者注

后不一。那是一个事事顺遂的时期。

他不顾许多朋友的意见,甚至不顾他们中间一些人的恳求,反对向下院请愿要求免除教会人士签署同意书。❶ 虽然他支持不信国教者的免除请愿,他却拒绝了国教人士的请愿,他在这件事上并没有错,所以也没有受到前后不一的指责。同时,他顶住一些人的压力,主张给予不信国教的牧师另一种签署同意书的条款,以取代已经取消的条款。没有人指责他前后不一。人们当时还不能区分在不同环境下的行为和原则的不一致。他们当时还不认为要把他当作一个需要摆脱的累赘。

这只是许多事例中的几例,提到它们,是为了回应有人暗示柏克先生追求过人民的高尚事业,在后来的著作中却放弃了。在他的一生中,他大概从未错过任何机会,申明那本书中的同样信条,无论他个人要冒受到诽谤的多大危险,也无论这会给他作为反对派成员的利益带来多少损害。在他担任公职的早期,他在一个重要场合就曾告诉议会,"他受到重大事例之恶果的警告,自己的自由观十分低调,以便让它适合于他,他也能坚守住它,直到生命的终结"。

在民众的选举中,最严苛的决疑论家也会放松一下自己的严谨。他们会允许候选人不加限制地鼓吹自由,不会强迫他最严格地服从他们的观点。但是柏克先生给自己定下了严格的原则,比大多数道德学

---

❶ [英国圣公会神职人员必须对三十九条信纲表示正式同意(签署同意书)。在 1772 至 1774 年的议会辩论中,柏克发言赞成维持圣公会签署同意书,但主张为不信国教者提供更宽松的标准。参见 *Writings and Speeches*, vol. 2.] ——编者注

家给别人提出的原则更为严格。在布里斯托第一次露面时，❶他确信自己在那里得不到一张托利党人的选票（事实上他只得到了一票），完全依靠辉格党的势力，但是他认为自己有必要告诉选民，无论在选前还是选后，他们只能期待他成为一个什么样的代表。

我们的宪政的突出成分是它的自由。保护这种自由不受侵害，是下院议员的特殊职责和信托。但是，自由，我所说的唯一的自由，是和秩序联系在一起的自由，它不仅与秩序和美德并存，而且离开它们根本无法存活。自由与优秀而稳定的政府融为一体，是它的本质，它的生命原则。❷

柏克先生所信奉的自由，不是法国人的自由。那种自由只会导致罪恶和混乱。就像他写作《反思录》时一样，柏克先生当时就对我们的宪政和我们的帝国的复杂状况所带来的难题有深刻的体认，在不同的情况下可能需要不同的努力，需要借助于为它提供支持和辩护的不同原则。这也反映在投票结束时他所说的话中。

我想告诉各位，做一名优秀的议员并非易事；尤其是在这个时代，存在着陷入奴隶般的顺从或野蛮的民粹精神这种极端危险的倾向。把慎重和活力结合在一起是绝对必要的，

---

❶ 柏克1765年第一次进入下院是作为温多弗选区的议员，1774年以后是布里斯托（当时英国第二大城市）在下院的代表。——译者注
❷ [见 Burke's speech "At His Arrival at Bristol" (1774), Works Bohn I: p. 441.] ——编者注

但也是极为困难的。我们现在是代表一个富裕的商业城市的议员，但是这个城市只是一个富裕的商业国家的一部分，人们的利益各不相同，形式多样，错综复杂。我们也是代表这个伟大国家的议员，而它又是一个大帝国的一部分，凭借我们的美德和幸运，这个帝国向东向西扩张到了极致。必须考虑到这些广泛的利益，必须进行权衡，可能的话必须加以协调。我们是代表一个自由国家的议员，我们都知道自由宪政的机制不是简单的事情，它复杂而精妙，这也正是它的价值所在。我们是一个伟大而古老的君主制国家的成员，我们必须虔诚地维护君主的合法权利，它构成了我们的帝国和我们的宪政这个高贵而结构完美的大厦的基石。由相互制衡的权力构成的宪制，必须永远作为一件至关重要的制度。所以我要去打动我力所能及的那一部分人。❶

柏克先生在十七年前对他的选民讲话时，就是这样说的。他不是维护我们宪制的一个特定成分的党徒，而是一个从原则上强烈信奉整个宪制的人。他认为它的基本成分都应当受到维护，使它们各得其所；不仅应当维护君主的特殊地位，也要维护它的首要地位，把它作为支配和连结整体的原则。不妨考虑一下他在 1790 年出版的那本书中的语言，与 1774 年他在布里斯托的演说有什么不同。

有人还提到他本着同样公正的精神发表的对美洲战争的意见，他

---

❶ [Works Bohn 1: p. 448.] ——编者注

在后来的著作似乎违背了自己在那次重大事件所引起的辩论中的言行。他对美洲战争的任何意见，他并没有看到有撤回的理由，也从来没有撤回过。关于那场战争的起因，他确实与福克斯先生有根本的分歧，福克斯先生喜欢说，美洲的反叛是"因为他们认为没有足够的自由"。从他的嘴里说出的这个战争的原因，我还是第一次听说。诚然，鼓励国民诉诸那种手段的人，确实经常挑起这个话题。他们说，美洲人从一开始就把独立作为目标，从一开始就要彻底摆脱国王的权威，解除和宗主国的联系。柏克先生从来不相信这一点。当他在1776年第二次提出和解动议时，用很大篇幅讨论过这个问题，努力证明对那里的人民发出这种谴责是不对的。

当时他说过和写下的所有原则，该党的先生们如果心平气和地看，是能够理解的，假设美洲人奋起反叛仅仅是为了扩大他们的自由，那么柏克先生对美洲人的事业有非常不同的看法。他们的一些领袖私下里想什么，是说不清楚的。富兰克林先生是个口风很紧的人，如果能期待他透露自己的想法，我相信他会对柏克先生坦诚直言。我相信，就在他动身前往美洲的前一天，他们之间有过一次长谈。博士❶表现出的坦诚态度，是柏克先生过去未曾见过的。在这次交谈中，富兰克林先生担心大不列颠和她的殖民地之间的分离不可避免，并且显然是真诚地为之而叹息。他确实说过这是让他极为担心的一件事。他说，美洲绝不会再看到它在英国保护下经历的幸福时光了。他说，最遥远的地区和人口就像大都会和它的邻近地区一样得到了良好

---

❶富兰克林于1762年获得牛津大学的荣誉博士学位，故有"博士"的称谓。——译者注

的统治，这方面成为我们是一个大帝国的唯一证明。但是，美洲人就要失去使这种罕见而珍贵的好处得到保护的手段。他们的问题不在于是否像过去没有麻烦时一样留在帝国内，他同意，他们不能指望比这更好的结果了；而是他们是否不经斗争就放弃这种幸福的地位？柏克先生当时与他还有过几次交谈，他没有一次发现，就保障美洲的古老处境的安全而言，还有比这更有利于它的愿望的。柏克先生与另一些美洲人也有过很多交谈，他做过广泛而细致的询问。他相信从所有这些消息得出的结论，但更信任我刚才提到的公开言论，以及他们的议会一再发出的庄严声明；他总是坚信他们的反叛纯粹是为了自卫。他认为当时的美洲人在那场争执中与英国的关系，就像1688年英国人与詹姆斯二世国王的关系一样。他相信，他们揭竿而起只有一个动机，即我们试图不经他们同意向他们征税，而征税的目的是要维护既有的社会和军事体制。如果我们的这种图谋得以实现，柏克先生像美洲人一样认为，他们的议会将变得形同虚设，在当时实行的那套政策之下，美洲人的法律和自由或其中的任何一部分，便没有安全可言，我们的自由将强化对他们的奴役。

柏克先生认为美洲人是在自卫，所以大不列颠应当立刻答应他们取消征税法案。他的意见是，适时撤消法案，我们对那片土地的一般权力将得以保留。与此相反，当波士顿港口法案、马萨诸塞宪章法案、渔业法案、交往法案，我不知道还有多少敌视性的法案，就像铺天盖地的大风暴一样纷纷涌出，并且首先伴随着英国的庞大舰队和军队，随后是一大批外国雇佣军，这时他认为，他们的事业每天都在变得更加强大，因为它有了更多自卫的性质，而我们的事业越来越糟，因为它日益变得更具侵略性。所以他连续两年在议会里提出动议，主张做出许多让步，而在麻烦刚开始时，他不会认为严肃地提出这种要求是合理的。

在这种情况下，他确实不能，也绝不希望殖民地的人被武力所压服。他完全相信，假如事情到了这一步，就必须有一支庞大的常备军，大概还要有外国雇佣军，来维持这种屈服的状态。他有一种强烈的看法，这种军队，首先是在与英国人的宪法权利和特权的冲突中打败了英国人，然后会习惯于（虽然是在美洲）将一批英国人维持在可怜的屈从状态，这最终将证明对英格兰自身的自由也是致命的；在这期间，军事体制将成为国家财政不堪承受的重担；这会不断滋生和助长新的争论，有可能导致一系列新的战争，当我们始终同时处于重压和六神无主的状态时，外国列强最终将取得对我们的决定性优势。在柏克先生最近出版的那本书中，可有被他遗忘的哪一部分，或哪一句话，使任何人有权指责柏克先生的行为与他在美洲战争中的信念相矛盾？那本书就在他的指控者手里，如果他们能做到的话，不妨指出相关的段落。

事实上，作者的朋友对他百般挑剔。他甚至被叫去解释每一句无足轻重的玩笑话，他对一位已故大臣❶的演说中的一段话做过滑稽的描述，也被提出来反对他。那段话中包含着对美洲人脱离英国后失去君主制的哀叹，他认为这不合时宜，判断失误，不符合所有各方的处境。柏克先生认为，为反叛的人民失去这个或那个君主而叹息是可笑

---

❶ 兰斯顿勋爵（Lord Lansdown）。——柏克原注

的，因为他们已经永远撤回了对我们君主的忠诚，断绝了与这个国家的一切联系，与它的敌国结成同盟。他确实认为，这样的叹息只会引来嘲笑；现在他回想起来（我相信他已经完全忘记了当时的情景），他对待此事确实有些轻率。但是，因为他嘲笑这种不合时宜的叹息，就推断他是这个或那个国家的君主制的敌人，这样做公平吗？假如能够把善意或恶意的玩笑话当真，也许得出相反的推断才是正确的。难道因为这个原因，或因为他有关美洲战争的任何言行，他就和每一个国家，无论在什么情况下、以任何借口揭竿而起的反叛者结成了攻守同盟？他不希望美洲人被武力压服，假如他斥责英国那些团体说，他们对暴政或压迫的行为不置一词，对反对我们的法律、权利和习俗的企图毫无怨言，现在却要摧毁本王国的王权和它的整个宪制，他就一定是前后不一了？因为他希望向殖民地做出让步，他就是与那些俱乐部和团体——他们坚持把法国发生的事情作为模仿的对象，那里的一位国王自愿地正式放弃自己的征税权和其他所有权力，却被赶下了王座——串通一气？在法国，完全处于守势（并且是可怜而脆弱的守势）的不是人民，而是君主，他要保住一点残存的王国权力，以便对抗绝情而疯狂的阴谋团体，他们的目标是无论犯下什么罪行，不顾任何战乱和灾难的危险，把他的权力彻底铲除，把国家各个等级无分贵贱一概拉平，最终消灭财产，不仅是用他们的行动，而且根据他们的原则。柏克先生曾经希望与美洲和解而不是加以征服，难道他因此就必须对这个国家建立的共和军队抱有良好的愿望？

柏克先生受到另一项指责是，他最近的著作和他过去的行为不一致，因为他曾经向议会提出将会导致某些宪政改革的缩减开支议案。

柏克先生和议会的多数人一样，认为王权的势力一度过于强大，但国王陛下出于善心，加上随后的议会法案，已经将它减少到了让福克斯先生满意的程度，至少也平息了那些希望在这件事上走得更远的人的意见，难道柏克先生还应当同意，我们应当没完没了地纠缠于这个问题？效忠于君主制、承诺维护它的人民，不是去减少王室的特权和势力，而是将它们彻底清除，这样做还有道理吗？他提出过缩减开支的计划，以便减少王室的势力，难道这使他只能同意，在法国或我们这里，要把一位国王置于如此可怜的境地，其尊严连一个小郡长也不如，让他变得与囚犯的地位没有什么不同？人们会认为，这种做法，在道德世界是闻所未闻的。

根据你遵循某种路线做过的任何事，就推论出你做每一件事的必然性，这种辩论模式不仅在逻辑上是荒谬的，而且会造成政治恶果。对于政府中令人反感或危险的权力和势力，假如谁也不能提议减少或改变，除非让朋友变成仇人，逼他去消灭一切特权，剥夺王室的全部庇护权，我不知道还有什么比这更有效的方式让头脑冷静的人远离任何改良，也不知道臣民自由最凶险的敌人，还能想出比这更合适的办法，让王权的纠错手段成为怀疑和抹黑的对象。

指责柏克先生的人说，既然对大不列颠的王室势力过大的担心可以为他提出的改良正名，那么对君主专制主义回归的恐惧，也可以为法国人走得更远、要让它消失提供正当理由。柏克先生不能同意，从这些前提可以推导出不证自明的结论。假如对绝对君主制的极端行为的恐惧提供了消灭它的理由，那么过去的绝对君主制（过去它们在这个或那个时期都是如此）永远也无法受到限制，只能把它摧毁，因为找不到其他办法消除过去受它统治的人们的恐惧。然而,柏克先生做事的原则,会让他得出非常不同的结论。这个结论就是,君主制完全可以接受改良,完全可以接受权力制衡,经过改良,有了权力制衡以后,它对于一个伟大的国家将是最好的政体。我们国家的例子,就像过去一样,可以引导法国人理解君主制不仅与自由相容,而且能够为永久享有自由提供稳定的安全。他所建议的针对王权的纠错手段,使他无法赞同一种没有纠错手段,他相信也根本无法得到承认的共和国方案(假如可以这样称呼它的话)。柏克先生行事和写作所遵循的原则,使他不可能为了前后一致,赞成用祸害交换祸害,他的任何原则都不能迫使他为建立更专制的新权力去取代君主制进行辩护。在这种新权力的统治下,自由将无影无踪,只有混乱和犯罪。

柏克先生不能同意,在法国得势的那个帮派,消灭他们的君主制和他们国家的秩序,是出于人民心中对专制权力的恐惧。就在不久之前,他去过那个国家,在这期间他曾与各色人物交谈。他同意,极少数有地位的人表现出强烈而明显的自由精神,可以预期有一天会冲破一切束缚。与这个国家同一个阶层的任何人相比,我希望这些先生们更有理由为他们缺乏远见而后悔。不过,即便在绅士中间,这种精神也远远谈不上普遍。在下层人,以及地位略高于他们的人——目前专横跋扈的当权者正是打着他们的旗号——中间,很难发现对王室权力和特权的不满。倒不如说,这些虚荣的人为之而骄傲,反而瞧不起英国人没有一个拥有这种完美大权的君主。他们对 Lettres de Cachet❶ 毫

---

❶ [法文:"封口信件",内有王室命令,可以不经审判或解释监禁一个人。]——编者注

无感觉。巴士底狱引不起他们的恐惧。这是个对他们有利的地方。激励着他们目前轻浮的平等精神的，是诡计和冲动，是歉收造成的罪恶，是层出不穷、花样百出的无耻借口，这与君主制或贵族制的问题完全无关。他们由来已久的虚荣心被诡计引向另一种形式：着迷于军队制服和帽徽肩章的诱惑，直到法国的平民百姓自愿成为另一种统治的虽然高傲但没有头脑的工具和牺牲品。法兰西人既不轻视或憎恨，也不惧怕他们的贵族。相反，他们很看重使他们国家的主子们出类拔萃的慷慨大度的品质。

就柏克先生受到的攻击而言，这是他的改良导致的结果。

为了证明他在最近的著作中放弃了他年轻时鼓舞着他的自由原则，尽管他的检查官不想打扰步入暮年的他，但是，既然那些人认为有必要在议会里宣布反对他的著作，就应该从里边找出一点证据，坐实他在直接或间接地挑衅任何合理的自由政府方案。他们的记忆力并不差，记得岁月已经使人忘却的轻浮玩笑也很好用，可是他们却没有能力从一本刚出版的著作中引用哪怕一段话，用来证明与他过去说过的话相互矛盾，无论是玩笑话还是严肃的话。他们翻出他过去的演说、过去的投票，却不提那本书中的只言片语。只有通过前后对照，才能证实所谓的前后不一。但他们找不出一句相互矛盾的话，所以他们无法证明，全书的一般倾向和精神有着反对合理的自由精神的内容，除非他们说，热情地反对平均主义精神和无信仰的精神，反对放逐、抢劫、谋杀和同类相残，也违反了真正的自由原则。

据说那本书的作者是从一个极端走向另一个极端，但他总是让自己保持中庸的立场。这种指责并不奇怪。位于一个圈子中心的人，看起来就像是与周围的任何人都直接对立，这是人之常情。然而，在这个中间位置，他仍会听见那些已经跑到另一个极端的人，大喊他是极端分子。

同样是在这场争论中，柏克先生被说成采取了这样一种辩论方式，让人觉得不诋毁古代和现代的所有共和国就无法捍卫英国的宪法。他的言论没有给这种指责提供任何依据。他从未诋毁过任何共和国。他从来没有抽象地承认自己是共和制或君主制的敌人或朋友。他认为，每个国家的环境和习惯决定着它的政体，对它施以暴力总是危险的，会造成最严重的灾难。以他的性情或他的能力而论，没有丝毫理由能使他成为古代或现代任何共和国的敌人。远远不是这样。他在人生的早期，就研究过共和制的形式和精神，他十分专注地研究过它们，没有受到感情和偏见的干扰。他确信，不进行这样的研究，有关政体的学问就会很贫乏。但是，这种研究在他头脑中形成的结论，过去是、现在仍然是，无论英国还是法国，若不想给自己造成不可估量的伤害，就像在这次试验中发生的情况那样，是不能把共和政体引入这两个国家的；若想把共和制的因素安全地引入这两个国家，就必须把它建立在君主制上，建立在真正的而不是名义上的君主制上，作为它的坚实基础。所有这些制度，无论是贵族制还是民主制，必须以王权作为来源，它们处理所有的事务都必须以它为参照。共和制的成分只能从这个唯一的动力源获得行动的力量，从那里获得它的全部合法效能（就像我们这里的情况一样），不然的话，整体就会陷入混乱。这些共和制的成分没有别的依托，只有王权能使它们团结起来。

这就是柏克先生在书中表达的看法。在他担负起公共职责以后的岁月里,他从未改变过这种观点。但是,即使他在一生中的任何时候持有其他观点(不过他未曾有过,也未曾承认有过),那个伟大民族所遭受的令人恐怖的灾难,以及强迫他们的国家变成共和国的野蛮尝试,也足以唤醒他的理解力,使他从毁灭性的幻想中解脱出来。他确信,即使在法国,也有很多人因为他们的学说大获成功而厌恶这些学说了。

为了加强对他背弃原则的指控,他坚持不懈地改革弊端的努力也被提了出来。事实上,他一直致力于革除政府的弊端,最近他仍以绵薄之力与之斗争。政治上他以此为生,政治上他也将为此至死不渝。我同意,在他离开之前,他完全有资格指出,如果能从他的书中找出一句维护弊政或为之辩解的话,能使一个大人物的心中产生极大的愤慨,他们才有指责他的依据。相反,他的书并没有饶恕现有的弊政。它的意图恰恰是向弊政开战,当然不是向死人开战,而是向那些耀武扬威、大权在握的活人开战。

将政府的弊端公之于世的目的,是对待它们的方式中的实质性考虑。朋友的抱怨非常不同于敌人的谩骂。有些人指责法国君主制的弊端,并不是为了使它得到改良,而是为了摧毁它。那些对历代国王的过错刨根问底、渲染夸大他们所发现的每一条过错的人,在行动上也如出一辙,因为他们是作为敌人而行动的。如果有人铁了心要憎恨君主制本身,那么即使温和的君主制,他也不会与之友好相处。现在如果有人支持那种制度,哪怕只是公正地对待它,像对待有弱点的朋友一样,他也会被视为不共戴天的敌人。我认为,在这种情况下,我们有责任不去夸大他的错误,煽动公众反对这个可怜的人。我们应当做的事情，是减少他的错误和缺点，或者为他遮掩一下，尽量使他可能具备的优秀品质发扬光大。但是，当这个人做了改正，由此也得到了保护，我们的责任就要换一个方向了。为他提供了有效的安全之后，朋友的责任是晓之以理、动之以情，强调他的过错和恶习，用浓墨重彩去描绘它们，使这个道德病人养成更好的习惯。对于个人，我就是这样想的，对古老的政府和人类秩序，我同样这样认为。改良的精神拒绝充当毁灭的手段，才最为名符其实。

关于这些主要的指控，我想我已说得够多。还有一项指控我几乎已经忘记，但我很快就会谈到它。在上一届议会开幕时，《反思录》的作者给下院的日程提出一项对国王加以劝谏的动议，基本内容是为上一届不欢而散的议会辩护。这是在为福克斯先生辩护，为辉格党辩护。对福克斯先生及其政党表达的这种歉意，他们是用什么样的推理，通过什么样的观点拼凑，提出来为他们的道歉者定罪，我无法轻松地做出预判。柏克先生在提出动议时，确实没有事先从福克斯先生那里得到鼓励，也没有从他或该党的任何先生那里得到丝毫的同情和支持，在那个场合以及其他一些场合，他已被排除在他们的友情之外，而他又过于迟钝，感受不到这种友情的荣耀。❶ 假如那份劝谏书为该党的措施做了错误的或软弱无力的辩护，那么他们为它所感动就是不明智的。它就记录在议会日志中。这使它永世长存，作者难以期望他的其他任何著作能有这种地位。还是由它本身向这个时代、向子孙后代做出说明吧。该党并不关心这件事；也根本不能用此事来反对

---

❶温德汉姆（Windham）先生。——柏克原注

他们。但是在上一次争论中它被提出,并不是为了还该党以清白,把它从他们并没有参与的不当辩护中解脱出来,而是为了一个善意的目的,即暗示在柏克先生为已经解散的议会进行辩护时采用的原则,与他对法国的思考之间前后不一。

把两件事这样相提并论,指责一个人在论证它们时采用的原则前后不一,需要高超的技巧。福克斯先生的印度法案和法国宪法有什么关系?这部宪法与英国下院给予或撤回对内阁的信任、向国王表达这种意见的权利问题又有什么关系?这场辩论与柏克先生在1784年的看法有什么关系?他当时认为,把大众树为议会下院的对立面,最终必定给王权造成恶果。这种辩论对人们仓促做出反对其议员的判断发出的警告又有什么关系?柏克先生认为,引入本王国历史上并不了解的新理论语言,是在议会中蓄意挑起令人头痛的问题——他这种意见,与蔑视一切先例、把荣耀完全寄托于实现最虚幻的理论的法国国民议会又有什么关系?这与消灭法国君主制的做法,或为英国革命提供正当性的原则有何相同之处?——在那次革命中,议会的所有行动和宣言,都虔诚地服从"纯正的语言"[1],也没有从私下辩论中排除只有私人进行追究时可以使用的术语。这就是柏克先生提议的劝谏的主题,这些主题都假定我们三个等级的存在及其相互关系,以及东印度与王权、与议会、与印度斯坦人民特有的法律、权利和习惯的关系。而在法国的宪法中,既没有国王、贵族和平民,也没有印度公司与王权、与议会的关系,没有印度帝国会受到损害和给予支持——那

---

[1]《新约·提摩太后书》,1:13。柏克引用此语,意在表示光荣革命遵循了英国既有的王权世袭制度。——译者注

些主题又与它何干？所有这一切与国王的特权和议会的权利，或者与能够就此提出的任何问题，又有何关系？大不列颠那帮捣乱分子对柏克先生的非难，并不是要支持权利而反对特权，或支持特权反对权利，而是公然反对我们的王权和议会，反对我们的国家和教会制度，反对所有构成它们的各个部分及其秩序。

对于福克斯先生和1784年解散的下院的措施，柏克先生曾在那次劝谏中为之辩护，而反对最起劲的莫过于革命制造者中的一些人，对此柏克先生在劝谏书中都给予谴责。当然可以认为，这些革命派的行动发生了变化，但是柏克先生并没有谴责他们的这种变化有丝毫的前后不一。他相信，他们根本不在乎他们是从哪一边破坏宪法。有些人要从破坏世俗权力入手，以便更好地推翻教会；有些人希望先拿教会权力下手，以便毁掉世俗权力；有些人要利用王权破坏下院；有些人要利用下院破坏王权；有些人想利用他们所谓的人民，把王权和下院一起毁掉。但是我相信，这位受到伤害的作家认为，奋力对抗形形色色的破坏分子，不管他们从哪儿下手、何时下手或如何下手，这根本没有违背他目前的职责或他过去的生涯。对于那些剥夺他们所拥有的权利的人，没有人会比他更果断地还以颜色，没有人会比他更坚定地阻止他们，使他们无法戕害让人们得以享有这些权利的美好秩序。至于他们是否有资格拥有更多的东西，他们应当拿出证据，表明可以把权力放心地委托给他们。当他们毫不掩饰地试图获取权力，不是通过打动我们的感情，而是利用我们的惧怕强取，他们这种获得统治权的手段的性质，便暴露了他们将如何行使统治权。那位作者阅人无数，无须去了解专制统治主张过度自由的背后隐藏的欲望和计谋。大概它最初总是以这种方式表现出来。没有人会喜欢自己不希望用其他任何方式从支持现存政府中获得的权力。

　　对作者在法国问题上前后不一的攻击，无论多么伤他的感情，对于他和我们来说，在很大程度上都是表面的，对英国人民更是无关紧要。对他的实质性指控，涉及他对 1688 年革命的信念。那些以党的名义发言的人认为，在这件事上可以用最响亮的声音、最粗暴的态度指责他。他们揪住此事不放，如果他们搞对了事实，他们的选择便有足够的判断力。如果柏克先生在这一点上搞错了，那么他同样可以受到指责，无论他是否前后一致。如果他对那件大事的精神，以及由此形成的政府的真实性质和职权，做了错误的说明，试图以此欺骗他的同胞，他就要负起更沉重的责任：他就是本王国的自由宪政体制的敌人。但是，从任何意义上说，他都没有搞错。我坚信，他已在《反思录》中说明，革命及其和解是基于合法的理由和宪政政策的真正原则。

　　他的权威依据，是议会以恰当语言写下的法案和声明。就这些法案和声明来说，柏克先生没有给自己引用的材料增加任何东西。问题在于他对它们的理解是否正确。我认为它们讲得明明白白，但是我们现在必须看一看，除了他自己的解释之外，他是否还遵循着其他权威；如果是这样，他遵循的是什么权威。在这件事上，他的辩护不是通过论证，而是采用宣誓断讼法❶的方式。他带来了他的无罪证人、

---

❶宣誓断讼法（wager of law）是中世纪一种诉讼方式，被告可发誓自己没有犯下受控的罪名，并由他的十二名邻居宣誓他所言属实。柏克这里的意思是他找来了很多老一辈辉格党人为自己的观点作证，见下文。——译者注

他的书面证据和保人。我知道，他不会满足于用政策的理由为自己辩解。他的辩护也必须基于党的立场，否则他的事业将不像我希望的那样可靠。在他对这些公共法案和不朽事业的解释中，不仅必须表明他遵循着公平、合法和合乎逻辑的原则，而且必须证明他的解释完全符合老辉格党人的解释，为了回击今天的辉格党的判决，我在此谨代表他向老辉格党发出申诉。

到今年 7 月❶，他与一个人结识已经有二十六年了，只要荣誉和公私美德的观念在这个国家仍得到理解和珍爱，各个党派的英国人都会珍藏着对他的回忆。❷ 所有理性而可敬的辉格党人，都会怀着特别的崇敬，保持着对他的鲜活回忆。柏克先生通过此人与党建立了联系，按照他们的标准，那是他的理解力最出色的年代；他的记忆力的运用、判断力的形成，他的阅读更容易付诸应用，已非今日可比。他当时像大多数人一样，知道辉格党和托利党的原则是什么。他的处境，使他能够辨别他们所接受的辉格党原则，并且希望与之形成永久的联系。在人生的那个阶段，如果他和另一些人一起，献身于一种几乎没有希望踏上权力之路的事业，他就太愚蠢了（比承担着民众信托的任何人所认为的还要愚蠢）。

有些人会记得，当辉格党在 1766 年下台时，他可以像本王国的任何人一样改换门庭。他让自己离开了当时正在通过许多渠道与查塔

---

❶1765 年 7 月 17 日。——柏克原注
❷[指罗金汉侯爵二世查尔斯·沃森—温特沃斯（Charles Watson – Wentworth, 2nd Marquis of Rockingham）。他是辉格党领袖，柏克 36 岁时投靠他，开始了为党效力的职业生涯。]——编者注

姆伯爵的谈判，在内阁更迭后不久便去了爱尔兰，直到议会开会时才回来。这段时间他从他视为事业的事务中脱出身来。他按照友人的愿望，进一步解脱了自己；他回到英国的当天，罗金汉侯爵便希望他接受新体制下的职务。他相信自己可以有这样一个位置，他再一次愉快地把自己的命运和党联系在了一起。

说他为了他并不真正接受，或并不完全理解的原则，做出的这种力所能及的牺牲微不足道，这是对他的审慎精神的严重污蔑。如果真是这样，他就太愚蠢了。现在的问题是，当他第一次在实践中承认辉格党的原则时，他是否理解他所承认的原则是什么；他是否在自己的书中忠实地表达了它们。

当他进入辉格党时，他没有感到他们自认为有任何发明。他们没有自以为是地认为，与那些亲历过原则得到检验的人——其中一些人当时还在世——相比，他们是更优秀的辉格党人。他们与革命时期❶的辉格党、安妮女王治下的辉格党、目前这个王室家族继位时的辉格党一脉相承。

对于他们所处的那个时代需要有所认识。对一个政党来说，很少能遇上一个机会，让他们清楚、可靠、有根有据地宣布他们对1688年革命这样一个重大宪政事件的政治信条。辉格党人得到了那个机会，或者更恰当地说，他们创造了那个机会。辉格党内阁和辉格党的

---

❶[柏克这里所说的"革命"是指1688—1689年的光荣革命。这次革命废黜了詹姆斯二世，请来荷兰的奥兰治亲王（威廉三世）和妻子（詹姆斯二世的长女玛丽）登上王位。威廉和玛丽之后继位的是玛丽的妹妹安妮女王，1714年去世的安妮无后，由詹姆斯二世的外孙、德国的汉诺威选帝侯乔治继位。]——编辑注

下院发起了对萨切弗雷尔博士的弹劾案，并且是面对辉格党同仁中一个占上风的、稳定的多数进行的。这次弹劾是为了一个明确的目的，即说明1688年革命的真正根据和原则，下院很看重此事，称为他们立足的根基。这样做是为了谴责那些首先用来反对、后来用于诽谤革命的原则，以便通过最高权威的一次司法判决，确认和巩固辉格党的原则，明确它们在反抗詹姆斯国王以及后来的和解中发挥的作用；这样做，也是为了确定那些原则的内容和范围，使之能为子孙后代所理解。大臣和下院的委员们，他们中间有许多人都积极参加过那场革命。他们大多数人是在具有思考能力的年纪认识它的。这件大事，以及导致它发生和在它之后的所有辩论，当时还活在所有人的记忆和交谈中。下院的委员在谈到这个主题时，想必是在表达下院主要政党和内阁的主流观念。毫无疑问，他们也会说出他们的私人意见，这些私人意见并非无足轻重。他们不是象牙塔里的学者，不是只在解剖室里像对待死尸一样研究自由宪政的人。他们知道它还活着，还发挥着作用。

在这个过程中，辉格党的原则是通过运用于革命及其和解而找到的，不然在任何地方也找不到它们。我希望，这篇申诉书的辉格党读者首先回头看看柏克先生的《反思录》第20页到50页，然后再看看下面萨切弗雷尔博士审判案的摘录。接下来他们可以考虑两件事：第一，柏克先生在《反思录》中的信条和那个时期辉格党的信条是否一致；第二，他们是否放弃了那些属于他们一些人的前辈，以及他们所有人的祖先的原则，转而去学习新的辉格主义原则，它是从法国输入的，由这个国家不信国教的布道坛和结盟社团，以及在这两个王国到处散发的政论小册子（其中包含着那些教堂集会的政治信条）广为传播。这就是他们的任务，他们会做出自己的选择。

这些新辉格党人认为，主权不论由一人还是许多人行使，它不仅起源于人民（这种立场不必否定，也不值得否定或同意），而且这种主权始终不可让渡地属于人民；人民可以合法地罢黜国王，不管他是否行为失当；他们可以为自己建立任何新的统治方式，只要他们乐意即可；也可以在没有任何政府的情况下生存下去；人民从根本上说是自己统治自己，他们的意志就是他们的行动标准；官员的任职期限不属于契约的适当内容，因为官员只有义务没有权利；假如在某个时代与他们订立了一个事实上的契约，并且同意它有约束力，它也只能约束和它直接相关的人，但不能传给后代。我认为，这些关于人民（他们远远没有准确定义这个概念，但在许多情况下他们显然是指他们自己的帮派，假如他们是通过早期的武装、背叛或暴力而成长壮大为一股主导力量的话）的信条，不但会彻底推翻任何形式的一切政府，破坏合理自由的一切可靠保障，而且会彻底颠覆道德本身的所有规定和原则。

我坚信，老辉格党人所坚持的信条，完全不同于我上面提到的那些信条。我坚信，下院为了证明1688年革命的正当性，在萨切弗雷尔博士审判案中阐明的基础，与柏克先生在《反思录》中所说的完全一样，也就是说，有人违反了我国宪政中暗含或明示的原始契约，它是由国王、上院和下院三方从根本上不可侵犯地固定下来的政府方案。这种古老宪政体制中的一个成分试图从根本上颠覆它，并且实际上已经完成，由此为革命提供了正当性。它的正当性是来自事态的必要性，即它是唯一的手段，可以用来恢复不列颠国家的原初契约所形成的古宪法，以及使同样的政府在未来得以保存——这是有待证明的要点。

在对萨切弗雷尔博士的指控中，总检察长蒙塔古爵士有一段开场白，其中并没有十分准确地提出辉格党在起诉中采用的原则（开场白也不需要这样做），所以我转向接下来发言的莱奇米尔先生。下面是发言摘录，它与印出来的审判记录的顺序不完全一致，但我认为它最适合于让我们看清楚辉格党下院的观点。

莱奇米尔先生：

"这成了我们不可推卸的义务，以大不列颠下院全体议员的名义，不仅要求诸位大人对这个罪犯（萨切弗雷尔博士）进行审判，而且清楚地、公开地申明我们的基础……

"我们的宪政的性质是有限君主制，其中最高权力在女王、贵族和平民之间既相通又有划分，虽然行政权完全属于国王。这种宪政的条款不仅假设，而且表明，在国王和人民之间有一原始契约，据此，最高权力（已得到相互同意，而不是出于偶然）是受到限制的，它归属于几处，而不是定于一尊。这种宪政保存了许多世代，没有发生任何根本性的变化，向各位大人展示着同一契约的连续性。

这个统治框架的结果是显而易见的。法律是双方的规则，是王权和臣民服从的共同标准；假如行政权企图颠覆和彻底摧毁政府，原始契约就受到破坏，效忠的正当性也就此终止；政府中受到根本性伤害的部分，就有权拯救或恢复宪政，因为它在其中享有原始的权益……

"必要的手段（下院在它的第一份协议中使用的措词）是他们极为慎重地选择的用语。这些手段被称为（在他们的指控书的序言中）一项光荣的事业，已故的国王陛下当时用武力使本王国摆脱了罗马教廷的专横权力；在那项事业中，本王国许多追随着他的臣民，还有各地各个阶层的其他许多人带着武器，共同协助了那项事业。

"这就是从事那场革命采用的手段，不久后通过的法案，宣布了臣民的各项权利和自由，确定了王位的继承权，其中已故的国王陛下被称为解救王国的光荣工具，下院在第一份协议的最后一部分，把这场革命称为'反抗'。

"但是，下院绝对不会忽略臣民对我国的王权的忠诚，认为它高度依赖他们，这是出于对女王陛下本人和她的政府，以及本王国合法的古老宪制的安全考虑，所以把'反抗'称为必要的手段，从而把人民在那个幸运的革命时代所行使、自我保存和信仰的义务也要求他们行使的权力、权利和反抗，建立在事件的必要性上，同时有效地保障女王陛下的政府和她的全体臣民对她的必要忠诚……

"这个有关政府的原始契约的性质证明，继承了这种自由的人民不仅自己有资格享有这种自由，而且有义务把这种

宪政体制传给他们的子孙后代。"❶

莱奇米尔先生又做了第二次发言。虽然他在针对这个棘手问题的第一次发言中，有明确而令人满意的表现，但他认为有必要再一次清楚地申明同样的基础，只根据事件的必要性为革命正名，而他所依循的原则，与柏克讨论法国事态的信中提出的原则是完全一致的。

莱奇米尔先生：

"各位大人从指控书的开场白中已经知悉，在下院谴责博士时，用'必要手段'这个说法表达导致革命的反抗，是多么的慎重，对女王陛下及其政府、对她的臣民的义务和忠诚，有多么真诚的尊重；担心反抗的荣誉和正义性是否来自那次事件的必要性，只有这种必要性使我们严格地约束自己；经过充分的考虑，在缺少这种必要性的其他任何情况下，就要肯定和加强臣民忠诚于本王国的王权的有效保障；使人民可以进行自卫、用反抗来维护他们的自由的权利，作为他们最后的救济手段，这仅仅是那种必要性的结果，国王和人民之间的原始契约由此而被打破。这就是在考虑到忠诚时所确定和贯彻的原则；在这个基础上，以大不列颠下院的名义，我们肯定了导致那场幸运的革命的反抗，并使之得到正名……

---

❶State Trials, vol. v, p. 651. ——柏克原注

在各位议员大人和外界看来，'打破国王和人民之间的原始契约'，是下院（创设了权利宣言的下院）在迈出重建政府的根本性第一步时以极大的审慎和判断选择的说法，并且得到了各位大人的赞同，因为这个政府已经受到了那位不幸的君主所听到的谗言的沉重打击。"

另一位委员，约翰·霍尔斯爵士，追随他的同道的步伐，正面肯定了不抵抗政府的信条是臣民应当遵守的合乎道德与信仰的一般规则；他采用和柏克先生一样的原则，即反抗是出于必要性的例外，来为革命正名。其实，他坚持不抵抗的一般信念走得比柏克先生还要远，达到了完全服从的义务能够承受的最大限度，在许多情况下，无论抵抗是多么高贵的壮举，宁死也不可扰乱我们国家的安宁。

约翰·霍尔斯爵士：

"必须同意，要求服从最高权力，即使违反天性，甚至死于非命——这是对人所能做的最大不义——的信条，使反抗最高权力不可能成为（合理的）❶ 行为，因为一个人或几个人的死，并不比打乱整个政府来得更邪恶；也必须承认，有必要把法律理解为禁止打乱政府的任何言行，而不是理解为不服从法律违反天性；博士拒绝服从那条不成文的法律，是他现在受到起诉的原因；虽然他也许认为，现在起诉他是

---

❶这个词对于使句子完整是必要的，但它不见于印出来的审判记录。从对这句话以及前面演说部分的理解来看，补充上它是有道理的。——柏克原注

因为他所宣称的服从最高权力的信条；他可以随意鼓吹这种信条，下院不会为此而生气；假如他就此止步，不要用那种谎言或利用那个时机去污蔑革命，下院是不会起诉他的。"❶

斯坦霍普将军❷也是委员之一。他在发言时首先提到了他的委员同事的意见，他希望这种意见能打消对下院给他们的革命学说做出的限制的任何怀疑；但是他没有满足于这种一般性的引用，在谴责了布道词中不加任何限制地肯定不抵抗原则之后，他宣布，萨切弗雷尔鼓吹和平的信条，只是漂亮的幌子，其实是为了支持觊觎王位者而煽动叛乱。❸然后他把反抗的观点明确地限于他的同事和柏克先生提出的界线之内。

斯坦霍普将军：

"英国的宪制是建立在契约上的，本王国的臣民在他们的公私事务中，合法地享有法律规定的权利，就像君主拥有他的王位一样。

"各位大人，以及听我发言的大多数人，都可以作证，也一定记得当时发动革命的必要性：不存在其他任何救济手

---

❶ p. 676.——柏克原注
❷ 詹姆斯·斯坦霍普（James Stanhope, 1673—1721），出生于法国的军人，曾率英军参加西班牙王位继承战争。1712年回到英国后成为议会中的辉格党领袖之一。——译者注
❸ [17和18世纪流行的"不反抗"学说，从原则上拒绝反抗任何权力，无论它多么不义。萨切弗雷尔和詹姆斯二世党在18世纪初都坚持这种信条。他们希望让"王位觊觎者"（詹姆斯·弗朗西斯·爱德华·斯图亚特或查理·爱德华·斯图亚特，詹姆斯二世的儿子和孙子）恢复王位。柏克在这里把这种信条与辉格党的原则做了区分。]——编者注

段能保留我们的信仰和自由,所以反抗是必要的,因而也是正义的……

"假如博士在他的布道的其余部分鼓吹和平与安宁,表明我们在女王陛下的治理下如何幸福,劝人服从陛下,他是绝不会被叫到各位大人面前,就受到的指控做出答复的。但是他后来的所有言论的基调,是对政府的不停咒骂。"

沃波尔先生(后来的罗伯特爵士)[1]也是当时的委员之一。他是一位可敬的人,也是坚定的辉格党。他那个时代的詹姆斯党人和心怀不满的辉格党人说,而且不明真相的人至今仍然在说,他是一个挥霍腐败的首相。他们在诽谤性和煽动性的谈话中,指责他最先把腐败变成了一种制度。这属于他们的陈词滥调。但是沃波尔远不是用腐败治国。他是用党的献身精神治国。与任何一个在如此漫长的时间里效力于国王的大臣相比,制度性腐败的指控更不适用于他。他能争取到自己一边的反对派极少。虽然不是一流的天才,但他是一位聪明、审慎、让人放心的大臣。他爱和平,在他主政期间,他以最不好战、最少不安分的心境与各国沟通。虽然效力于一个喜欢军功的主人,但他让所有的机构都保持低调。在他主政的大部分时间,土地税一直维持在两先令。另一些税赋也很温和。国家海晏河清,人们享有平等的自由,坚定地捍卫公正的法律,是他漫长的执政期间繁荣昌盛的主要原因,后来它迅速臻于完美,使这个国家能够取得武功,承受重担,而

---

[1] 罗伯特·沃波尔爵士(Sir Robert Walpole,1676—1745),辉格党领袖,1721年任财政大臣后确立了稳固的议会内阁制,史称英国历史上的"第一位首相"。——译者注

这既是好战的原因，也是它的结果。他具备许多公私美德，也有一些缺点，但缺点只是表面的。他出言不逊，对人对事都考虑不周，几乎完全缺少政治礼貌，就民意而言，这是对他最有害的错误，也是让他的敌人对他获得最大优势的原因。但是必须说句公道话，这个人的审慎、坚定和警觉，与他的性格和政策中的仁慈结合在一起，使现在的王室保住了王权，同时也保住了这个国家的法律和自由。沃波尔没有另一种捍卫革命的方案，他的方案与其他委员和柏克先生的一样，对于那些不安分的帮派，他完全不赞同他们按自己的幻想建立新政府的企图。

沃波尔先生：

"反抗在任何地方都是不合法的，按任何现行法律都要受到最严厉的惩罚。任何成文法都没有、不能、也不应该把它说成是可以原谅的；在根本无法预见的什么样的情况下可以进行反抗，是谁也无法事先就知道的；决不应该有这种想法，除非是彻底颠覆本王国的法律威胁到我们的宪政的整个架构，无法指望还有其他任何救济手段。因此，在法律的眼中，以及在法律的条文上，都应当把反抗视为最严重的犯罪。

但是，任何一个人或一部分人，都不可以出于愚蠢或放纵而犯下叛逆罪，或是以他们自己的不满、错误原则、伪装起来的另一种图谋，作为反抗最高权力的借口，既然如此，为了保全整体，不要让国民为了自卫而参与其中，不正是极有必要的事情吗？"

我总是听说，我也相信，约瑟夫·基克尔大人❶堪称他那个时代辉格党原则的楷模。他是一位博学之士，也很有才干。他充满了荣誉感、忠诚和公共精神，他不是创新的爱好者，也不愿意为一时的风尚而改变自己的可靠原则。让我们听听这位辉格党人是怎么说的。

约瑟夫·基克尔爵士：
"下院在明确革命——这是提案中的第二个问题——的正义性并为之辩护时，无意宣布臣民服从君主的限度和边界。

法律明智地保持沉默的事情，下院同样希望保持沉默；他们也不会为正义的反抗提供任何证据，只有那场革命除外；他们相信，为那次反抗正名，远不是要鼓动民众的赞许或混乱，让人们对法律心生热爱与敬重，是参与反抗者的唯一目的和意图，而这种鼓动只会产生相反的效果。"

萨切弗雷尔博士的辩护人在为他辩护时依据的原则是，当他在布道坛上强调不反抗的一般信条时，他没有必要关注能使其发生变化的理论限制。约瑟夫·基克尔爵士做出答复时，驳斥了这种说法可以为博士辩护，同时他完全同意甚至强调了原则本身，就像他和全体委员

---

❶约瑟夫·基克尔（Joseph Jekyll, 1663—1717），律师和政治家，1697年进入议会，是当时辉格党的要员之一，也是该党在下院的主要代言人。——译者注

131 过去做的一样，他支持 1688 年革命的理由，与柏克先生在《法国大革命反思录》中所依据的理由是一样的。

> 约瑟夫·基克尔爵士：
> "假如博士自称宣布了不反抗的具体界限，告诉人民在什么情况下可以或不可以抵抗，他就必须受到谴责，在文件中没有一个字，委员们也没有说过一句话，仿佛他们期待着他说出那种话。相反，我们一向坚持认为，在任何情况下反抗都是不合法的，只有极端必要的情况除外，即不反抗便无法维护宪政体制；这种必要性应当是全体国民都明确感受到的，这就是革命时的情况。"

萨切弗雷尔博士的辩护人在为他辩护时，实际上被迫放弃了他的信条的基本原则，不得不承认在那次革命事件中，确实存在着消极服从和不反抗这种一般信条的例外情况。这就是下院的委员们所认定的理由，他们的斗争大获全胜。他们为了自己和全体国民庆贺这次胜利，认为它就像以武力获得的凯旋一样荣耀、一样高贵。

基克尔爵士在答复哈考特和另一些为托利党事业而行动的大人物时，说了以下令人难忘的话，清楚地宣布了辉格党下院以他们全体选民的名义的全部主张。

> 约瑟夫·基克尔爵士：
> "各位大人，萨切弗雷尔的辩护人的让步如下：必要性

造成了服从君主这个一般原则的例外情况；在要求服从的法律中可以得出对这种例外情况的理解，或者它就暗含在其中；革命的情况就属于这种例外情况。

"这是做了太多的让步，完全回答了下院在这个条款中摇摆不定的立场，达到了他们在其中所表达的意思的最大限度，所以我不禁要向他们的弹劾案的成功表示祝贺。在议会的全体会议上，这种不加限制的、错误的不反抗信条已被放弃和否定了。在以后的年代，不会为了给开明的统治增光，再让这么多有幸效力于女王陛下的人受到各位大人的审判，以此成功地争取到她的全体臣民的权利，证明他们并非岌岌可危或得不到救济。

"但是，回过头来看这些让步，我必须向各位大人申诉，它们是不是与博士的回答风马牛不相及。"

我现在要表明，辉格党的下院委员们是要为政府守住一个坚实的基础，所以他们宣布，当时做出的和解永久有效，而且对子孙后代有强制力。我要表明，他们完全不赞成会让人民产生如下想法的信条，他们可以脱离包括王权在内的立法机构，认为自己获得了一种随意改变王位继承顺序的道德或公民能力（不违反以国王作为一方当事人的原始契约）；更没有获得在引起革命事件的情况下建立新的政体的权利。我相信，《反思录》的作者认为，具有普通理解力的人都不能反对如下信条，即安妮女王的法案中所宣示的正常的至上王权。也就是说，本王国的国王或女王经议会同意可以安排和决定王位的继承。

133　这种权力现在是，也一向是至上的王权所固有的，并不像那些政治牧师凭空所言，是通过革命获得的。伊丽莎白女王的老法令中就有这样的规定。这种权力必须存在于每一个王国的完整主权之中，事实上也在每个王国得到行使。但是这种权能属于立法机构而不是人民，由立法机构根据合理的判断加以行使。也就是说，它的行使或不行使，要符合政府的基本原则，符合道德义务的规定，符合契约信念，后者要么蕴含于交易的性质之中，要么由王国的这个团体所赋予，而按照司法解释，这个团体永远不会死亡，事实上也绝不会因为有人死亡而失去它的成员。

至于这种信条是否与现代政治哲学相容，我相信作者既不知道也不关心，因为他很少尊重那种哲学。这也许是因为他的能力和知识不够。如果是这样，他也没有可指责之处，假如他在行动时对这种无能有自觉的话。假如出现了最严峻、最紧迫的问题，影响到我们的宪政体制中至关重要的部分，这时他站在最倾向于维护安全与和解的一方，他也没有可指责之处。他决意让智慧止步于写在立法记录和实践习惯中的东西；对他们产生怀疑时，他尽力用一条法规解释另一条法规，使它们符合既有的、得到公认的道德，符合英国公认的古老政策。有两件事是同样清楚的，第一，立法机构拥有管理王位继承的权力；第二，在行使这种权力时，它的行动始终如一地受到作者所宣布的限制的约束。作者在考虑我们的法律时，把古人所说的"mos majorum"（祖制）作为自己首要的政策原则，虽然不是他的唯一原则，

134　以此指导自己的判断。只有以这种方式能够使一致性得到保存。只要这一点确定下来，铺牢坚实的基础，我们可以随意畅想，不会造成公

共损害,因为它有了牢固的锚地。

我们的祖先总是以这种方式考虑这些事情。当然,有些人具备一种手艺,能够歪曲确保目前的王室世袭继承制的议会法案,让人怀疑那些议会法案的效力,使它变成他们挫败议会的目的和意图的手段。但是,他们的理由十分愚蠢,不值得花片刻时间谈论这种诡辩。

为了防止节外生枝,这里我把可以证明辉格党人和柏克先生的观点完全一致的材料放一起。他在《反思录》中说:

> 革命并没有给君主立宪制和它的健全可靠的古老法治原则造成任何根本变化。继承权属于汉诺威家族,其基本理念是世袭继承人仅限于新教信仰,而不是建立在选举的原则上,无论"选举"一词是什么意思,也无论对选举做何改变或描述;相反,在革命之后,全体国民用新的契约复活了原始契约的精神,王室要受这个契约的约束,包括它的现有人员和所有后裔,他们要服从新教世袭继承权的安排,以詹姆斯一世作为这个继承谱系的源头。❶

约翰·霍尔斯爵士:

"他(萨切弗雷尔博士)对最高权力表示服从,他的布道却与现政府最高权力的决定截然对立,假如他持有他所说

---

❶ [这是柏克在《反思录》中的论述,见 *Reflections*, pp. 108 – 110.] ——编者注

的那种意见，我无法想像这是如何发生的；他十分清楚，革命和发动革命的手段的合法性，是由上述议会法案决定的；而且是以他能发明的最恶劣的方式这样做的。因为质疑英格兰王位的权力所造成的流血，引起的杀戮，要比有可能搞乱政府的所有其他事情加在一起还要多。因此，假如那些革命的倡导者提出的信条只是要维持人世间的和平，认为死几个人比一场内战更容易承受，那么质疑本政府的首要原则就是对法律最严重的破坏。

"假如博士满足于宣讲消极服从的自由，以他认为恰当的泛泛而谈的方式，而且就此止步，各位大人是不会认为他引起了让你们坐在这里的麻烦的；但显而易见的是，他大力鼓吹绝对无条件的服从，不惜让国家的和平与安宁难以为继，使臣民陷入纷争，在国内引发战争，正是这个原因使他现在受到指控，不过，假如人们相信指控是针对他鼓吹有利于和平的绝对服从信条，这会让他感到很开心。"

约瑟夫·基克尔爵士：

"当时行政权的整个基调，让所有人都同意它完全背离了宪政体制。在那个时代，国民在这一点上众口一词，只有那些犯罪分子除外。国民对他们的疾病做出了共同的判断，所以他们也要共同加以救治。当时他们看不到救治的办法，只剩下最后一招；他们采用那种办法，使整个政府结构得以恢复，未受到任何伤害。❶ 它展现了当时国民优秀的性情，在经历了这样一次滥用王室权力的挑衅、这样一次动荡之后，宪政体制的任何一部分都没有发生改变，也没有受到最轻微的损害，恰恰相反，整体获得了新生和活力。"

支持萨切弗雷尔博士的托利党委员会暗示，革命给宪政体制造成了根本性的重大改变，约瑟夫·基克尔在这一点上态度十分强硬，他对暗示他也持有这种观点大为光火。

约瑟夫·基克尔爵士：

"假如博士让他的委员会暗示说，革命给宪政体制带来了任何创新，他就是罪上加罪。革命没有引入任何创新；它只是对本王国古老的基本宪政体制的恢复，赋予了它适当的权力和能量。"

总检察长罗伯特·埃尔对革命及其原则和人民随意改变他们古老的宪政体制、为自己建立新政府的做法做了明确区分。他做出这种区

---

❶ "我们做的事情，从事实上、实质上和宪政体制上说，都不是在发动革命，而是阻止革命。我们取得了可靠的安全；我们解决了疑难问题；我们纠正了法律的偏差。我们没有对我们宪政体制中的基础部分进行革命；甚至没有做出任何改变。我们没有伤害君主制。也许可以证明，我们在很大程度上加强了它。国民保留了同样的等级，同样的秩序，同样的特权，同样的选举制，同样的财产规则，同样的主从关系，同样的法律、财政和市政管理秩序，同样的上院下院，同样的社团，同样的选民。" *Mr. Burke's speech in the House of Commons*, 9th February 1790. 他似乎在每一件事上都与约瑟夫·基克尔大人看法一致。——柏克原注

137　分，同样是出自对弑君、共和主义和各种反抗原则的担心，后者受到了英国教会信条的谴责，也应当受到所有信奉基督教的教会信条的谴责。

> 总检察长罗伯特·埃尔大人：
>
> "革命的反抗是基于无可回避的必然性，如果一个人宣称人民可以随意撤回他们的忠诚，或者用司法判决废黜和杀害他们的君主，他为此受到攻击，那么是无法用这次革命为他辩护的。
>
> 因为，如果意图彻底颠覆教会和国家的统治，那么从反抗的合法性中根本推导不出人民可以拿起武器，随意追究他们的君主的责任；因此，既然丝毫也不能用革命来粉饰和鼓吹这种邪恶原则的主张，博士绝不能借那些新的鼓吹者和政客之口说出这种原则，以此来为自己辩护，除非他认为，那次革命反抗可以与受到全体国民公正憎恶的王室谋杀犯相提并论。
>
> "博士受到弹劾，显然不是因为他鼓吹一般的教义，强调服从的一般义务，而是因为他在宣布那种例外情况之后，又鼓吹反对一切例外情况。他受到弹劾，不是因为他鼓吹一般性服从信条的正确性，主张无论有什么借口，反抗都是完全不合法的；而是因为他一开始提出一般教义是正确的，而且没有任何例外，又明确宣布了例外的情况，即那场革命，是一种抗议行为，然后他考虑了那个例外情况，否认那场革

命中有任何反抗。他声称，把反抗之名按在那场革命头上，是在抹黑革命。这不是在用布道坛和教会神父的语言鼓吹不反抗教义，它可以用默许的暗示把必要的情况排除在外；而是在直接鼓吹反对革命中的反抗，而在这场争论中，那场革命一直被公认为是必要而公正的，再赋予它其他的含义，只能贬低这场革命，让那些伟大而杰出的人士、那些为革命出过力的君主制和教会的朋友蒙羞。

如果博士另有所图，他本可以换一种方式对待革命，做出真实而公正的回答。他本可以说，革命的反抗是绝对必要的，是让宪政体制焕发生机的唯一手段，因此必须把它作为例外，绝对不可以同教会的一般教义混为一谈。

"各位大人注意到了博士在答辩中继续申明同样立场的理由。但是，英国教会布道书的一般训诫，就像本王国的法令中所说，只是作为正常情况下臣民服从的原则，这一点不是很明显吗？把实定法中的任何语句理解为授权摧毁一切，这与期待国王、上下两院在所有法律都失效的情况下将以明确的法律语言宣布反抗权是最后手段同样荒谬。❶

"下院对可能动摇议会那个法案之权威性的任何立场，一向是极为厌恶和憎恨的，那个法案确定了王权归女王陛下，教俗两界的显贵和下院以英国全体人民的名义，表明他们自己、他们的子嗣和后代要最谦卑、最忠诚地服从女王陛

---

❶ 参见 Reflections pp. 115–116. ——柏克原注

下，而这种绝对不反抗的一般原则肯定会使之动摇。

"这是因为，假如革命中的反抗是非法的，革命的结果是篡权，那么这项法案不会比篡权者通过的法案有更大的效力。

"下院冒昧地认为，在王位的世袭权利发生争议的情况下，维持议会决议之权威是至关重要的。

"从规定了臣民的权利和自由、确定了王位继承权的法案中提到的若干事例来看，那次革命期间彻底颠覆教会和国家的体制的情况，是英国法律从未设想、也从未规定或考虑过的。"

约瑟夫·基克尔爵士经常被人引述，他认为保留君主制、保留王室的权利和特权，是所有头脑清醒的辉格党人的基本目标，当它们受到损害或侵犯时，他们有义务加以维护，当它们有可能被愤怒的民众推翻时，他们更要全力加以重建，就像他们自己的任何切身权利和特权在任何时候受到王权的破坏，他们会根据同样的理由所做的事情一样。出于这个原因，他把革命和复辟❶的事例置于同样的基础之上。他明白地指出，所有诚实的人的目的，不是为了宪政体制的一部分而牺牲另一部分，更不是为了有关人权的虚幻理论而牺牲其中任何一部分，而是要维护我们的整个宪政遗产，维护它的各个部分及其相互之间的关系，使之完整无损地一代又一代保留下去。在这一点上，柏克

---

❶指克伦威尔去世（1658）后1660年查理二世的复辟。——译者注

先生的看法与他完全一致。

约瑟夫·基克尔爵士：

"人民有权利享有法律和宪政，这是再明白不过的事情。国民的这项权利是得到肯定的，并且从数次剥夺他们这项权利的人手中重新得到恢复。当代就有两个这样的著名事例，我指的是复辟和革命。在这两个重大事件中，合法的权力和人民的权利都得到了恢复。很难说在哪一个事件中包含着人民的最大利益，因为平民是通情达理的，他们没有属于王室的合法权力，但其中有他们的利益。我不怀疑他们总是会悉心呵护王室的权利，就像对待他们的自己的特权一样。"

其他辉格党委员像他一样认为，共和派对君主制的颠覆，就像他们认为专制君主破坏人民的特权一样，是既可怕而又可憎的。

莱奇米尔先生在说到我们的宪政体制时宣布："它是在复辟时期从混乱和无序中幸运地得到恢复的宪政体制，是可怕而又可憎的派系和篡权行为使它陷入这种状态，经过多次动乱和斗争之后，在上次革命中幸运地得到拯救；此后通过的许多良好的法律，使它今天得以立足于更坚实的基础，从而使子孙后代得享最舒心的安全，使王位确立在新教的血统之上。"

这里我要表明，辉格党人（假如基克尔大人是其中的一员，他的发言与辉格党下院和雇用了他的辉格党内阁的想法相一致）确实是在小心地防止因撤回不反抗查理二世的誓言可能产生的傲慢态度，仿佛我们政府的古老原则在革命中发生了任何改变——或共和派的信条得到了支持，或根据任何不加限制的一般观念的不端行为得到了批准，或支持改变政府形式，支持基于自我生存的必要性以外的任何理由进行反抗。下院将更清楚地表明，阻止以人民的权利为借口吞并合法的权力，或是以合法的特权作为借口去破坏人民的权利，它对这两种情况有着同样的关切。

基克尔爵士：

"我希望进一步考虑，这些立法者（拟定不反抗查理二世的誓言的立法者）是要防止有害的反君主制原则的恶果，过去它在国民中间已经有了一些苗头；发布那些不反抗的重大声明，是为了对抗或避免那些原则的祸害；它出现在那些最完备的法案的前奏，即国王查理二世第13和14年的《民兵法案》（Militia Act）中。该法案的文字是这样的：在上一个篡权的政府中，许多罪恶的叛乱原则被灌输进本王国人民的头脑中，除非加以阻止，它将破坏这里的和平与安宁：为此将它颁行于世。各位大人从中可以看到立法者以这种反对反抗的方式表明意见的原因。他们已经看到合法的权利被吞噬，是以人民的权利作为借口；不能责怪他们当时没有预见到十分不同的情况，即革命的情况；当时是以合法的权威作为借口，彻底颠覆了臣民的权利。这有助于说明，立法者并没有谴责在绝对必要的情况下为保存宪政体制而进行的反抗，这时他们是在抵制摧毁这种体制的原则。

"至于这个声明中的信条的正确性，我同意，它就像博士的辩护人所说，是把必要的情况排除在外的；结合那种限制来理解，废除它不是因为它错误，废除它是因为可以从不加限制的意义上来解释它，即排除了那种例外的情况。如果这样来理解，就会思考那场革命的正义性；立法机构想到了这一点，所以非常不安。通过废除那份声明，议会或立法机构发出警告，反对从这种无限制的意义上肯定不反抗的信条。

"虽然有不反抗的一般信条，以及英国教会在布道书中或其他场合宣布的教义，它教导臣民有服从更高权力的普遍义务，这是不可质疑的神圣而合理的教义；虽然这种一般教义不断被教会的神父们——无论已故的还是在世的——所教导和宣示，用来对抗教皇可以罢黜君主的教义，以此作为服从的一般原则；虽然自宗教改革以来，我们最正统、最博学的神学家就一直在宣扬这种教义；假如萨切弗雷尔博士是怀着真诚而善意的热情，从同样一般性角度去鼓吹同样的教义，就像耶稣的使徒所传播、我们教会里那些谦卑可敬的教父们所教导的一样；假如他是在模仿那些重要的事例，只强调服从的一般义务和反抗的不合法，没有注意到任何例外情况，那么他就是无辜的。"

下院的另一位委员，约翰·霍兰德爵士，同样小心地防止把革命原则同个人或人民权利的空泛信条混为一谈。这种信条认为，他们根据一时占上风的意见，为了图方便或有所改善，就可以对宪政体制做任何根本性的改变，或是为自己组建一个新政府，从而破坏公共和平，动摇本王国的古老宪政。

约翰·霍兰德爵士：

"不应把下院理解为仿佛是在为放肆的反抗辩护，仿佛臣民何时服从、何时反抗，可以仅凭善意和兴致。不，各位大人，他们知道自己受到社会动物和基督徒的所有纽带的约束，出于负罪感和良知的缘故，服从他们的君王。下院不会煽动情绪失控的武装帮派，他们把这些人称为叛逆。但是他们坚持认为那次革命的反抗是必要的，它的合法性和正义性是来自这种必要性。

"这种服从的一般原则，以真正的必要性作为根据，可以允许例外，我们断定那场革命就是这种必要的例外。

"当我们任何人谈到一般的反抗时，仅仅是着眼于这种必要性，这种保存我们的法律、自由和信仰的绝对必要性，需要理解我们做出的这个限制。那次革命反抗的必要性在当时的每个人看来都一目了然。"

我用奥兰治亲王的声明结束这些摘录，他在声明中为国民做出了最充分的保证，他在位期间不会对国家的基本法和宪政体制做任何改动。他认为，他所要达到的目标不是为未来的革命提供先例；他那次出征的伟大目的，是尽人类的能力和智慧之所及，让这种革命变得没有必要。

摘自奥兰治亲王的声明

"被不公正地赶走的所有官员，将即刻恢复以前的官职，英格兰的所有市镇将恢复他们古老的先例和宪章。更具体地说，大伦敦城的古老宪章将重新生效。议会议员的令状将遵照法律与习俗向官员传达。

"对于议会两院认为对国民的和平、荣誉和安全不可缺少的其他事情也要做好，使国民以后任何时候不再有受到专制政府统治的危险。"

摘自奥兰治亲王的附加声明

"我们确信，没有人能够这样严厉地看待我们，以至于想象我们在这项事业中还有其他任何图谋，我们仅仅是要把臣民的宗教、自由和财产建立在可靠的基础上，使国家今后永远不再陷入类似的苦难。我们带来的军队，绝对不足以达成征服这个国家的邪恶计划，即使我们有这种意图。很多贵族和绅士，都是真诚而热情地支持英格兰的信仰和政府的人，许多人以坚定效忠王权而著称，他们既是我们这次出征的同伴，也是诚恳邀请我们来到这里的人，他们将使我们不受所有这些恶意暗示的中伤。"

当时的政府本着这一声明的精神，以这些话作为依据，在通过的法规中制定了防止那些危险的条款，使国王、贵族和平民几乎不可能联手破坏国民的诸项自由，使我们不会再陷入类似的危险。在那个可怕的、我希望没有人再去追求的事例中，任何以此先例为据主张发动革命之权利的意见将很难成立。它确实会让我们处于可怕的险境。

这就是革命的辉格党人庄严宣布的信条，它至少像有史以来的任何政治口号一样真实。假如他们的信条和柏克先生的信条之间有什么不同，那些老辉格党人就会陷入严重的自相矛盾，甚至超过了柏克先生反对的那些自认为是他们继承者的人所宣扬的信条。

也许有人会说，老辉格党为了避免受到民众的憎恶，只是在佯装坚持与他们私下所持的信条相反的信条。果真如此的话，这将证明柏克先生始终未变的观点，即他有意揭露的浮夸信条是全体人民无法接受的；他们对专制统治深恶痛绝，但即使与最好的共和国相比，他们也更亲近温和的君主制。假如这些老辉格党人欺骗人民，他们的做法确实是不负责的。正如每一个熟悉历史的人所知，假如他们宣扬自己并不赞成的观点，这会使他们的权力面临极大的危险。这是一种新的牺牲精神。这种做法对于让人相信他们的诚实和智慧没有一点好处，会使他们同时变成伪君子和蠢货。我认为那些大人物完全不是这样。就像世人的想法一样，我认为他们是有深刻的理解力、坦诚待人和名誉洁白无瑕的人。无论这些老辉格党人装扮成什么人，柏克先生属于他们之列。对他来说，这就够了。

我当然同意，虽然柏克先生证明了自己的观点就是老辉格党人的观点，它实际上是由议会两院庄严宣布的。但是，假如他和老辉格党人都是错误的，那么这种证言本身并不能为他的观点提供充分的辩护。不过，他眼下关心的，不是替那些老辉格党人辩护，而是表明他与他们看法一致。他把他们当作上诉法官，而不是作为需要给予辩护的罪人。这些光荣革命时期的老政客几乎不知人权为何物，他们在黑暗中摸索迷了路，在腐烂的羊皮纸和发霉的记录中前行。他们说出的伟大见识是从尘世获得的；柏克先生没有不顾自己的无知去卖弄聪明，而是利用了一直在他身边传播的火种。这个时代的狂热分子似乎像他们在另一个狂热帮派中的前辈一样，胡迪布拉斯在谈到他们时说，他们

> 看到了光明，而视力更好的人却瞎了眼，
> 这仿佛是说蠢猪也能看到风。❶

《反思录》的作者，听过不少有关现代光明的话，无奈他一直运气不佳，还没有见过多少这样的光明。这些启蒙世界的人，他读过不少他们的著作，但是他认为，公平地说，那些人顶多也就是好奇心旺盛而已。他从大多数这类著作中，除了确凿无疑的浅薄、轻浮、傲慢、暴躁和无知之外，没有学到任何东西。他读过的老作者，他曾与之交谈过的长者，把他留在了黑暗中，他现在仍然在黑暗中。假如另一些人看到了这种不寻常的光明，他们会用来指导自己的探索和行动。我衷心希望，在这种光明的影响下国民会幸福繁荣，就像过去他们在蒙昧的阴影下一样。至于其他事情，《反思录》的作者难以遵守

---

❶ [Samuel Butler, *Hudibras* 3. 2. pp. 1107 – 1108。柏克对原文有改动。] ——编者注

该党领袖公布的原则,直到他们不再表现出那么多的否定性。我们从他们身上能够总结出来的是,他们的原则与柏克先生的原则正好相反。这就是我们通过权威所能知道的一切。他们的否定性声明,迫使我求助于包含着积极信条的著作。他们与柏克先生持有的信条正好相反,如果他们的观点确实与之大不相同(就像该党的圣贤们所说,我迫切希望如此),它应当最有可能构成现代辉格党的教义。

我陈述了老辉格党人公认的看法,不是以辩论,而是以叙述的方式。但是,以同样简单的方式把现代辉格党人的想法呈现给读者,才算是公平;他们转而信奉另一种教义,既没有感到痛苦,也没有付出代价。我选出的书,都是得到大力推销的热门货。❶ 我选出的书,不是出自那些对政治懵懂无知的人,也不是出自那些仅限于反驳、不提出自己观点的人,而是出自那些说话明白易懂、言之凿凿的人。辉格党的读者可以自己在两种信条之间做出选择。

体面的人认为这些团体是非常温和而收敛的,他们尽可能用自己的语言,宣扬的信条如下:在大不列颠,我们不仅没有好的宪法,而且我们"根本就没有宪法"。"虽然我们大谈特谈宪法,其实根本就不存在或不曾存在过宪法这种东西。因此仍有待人民制定一部宪法。自'征服者'威廉以来,这个国家从来没有让自己获得新生,所以

---

❶ [柏克的《反思录》引起了一次小册子之战,它的重要性直到今天才为人们所理解。他最著名的对手包括詹姆斯·麦金托什爵士(Sir James Mackintosh)、玛丽·沃尔斯通克拉夫特(Mary Wollstonecraft)和托马斯·潘恩,(Thomas Paine),下文引用了后者的《论人权》。参见 Gayle Trusdel Pendleton, "Towards a Bibliography of the *Reflections* and *The Rights of Man* Controversy," *Bulletin of Research in the Humanities* 85 (1982): pp. 65 – 103.] ——编者注

也没有宪法。既然看不到有一部宪法，所以也不存在宪法。宪法是先于政府而存在的，一个国家的宪法不是它的政府的法案，而是来自构建政府的人民。英国政府的一切事务，人们所说的有关英国的一切，都颠倒了应有的顺序。战与和的权力属于放在伦敦塔里的一个象征符号，收费六便士或一个先令。它没有标明这项权力的归属，是属于王权还是议会。战争是那些参与瓜分和花销公款的人的共同赃物。英国人享有的自由，顶多是比专制主义更有效地奴役一个国家。"

这就是不列颠宪法的一般状况。至于我们的上院，我们贵族的主要代表、有地阶层的安全基础和支柱，把它与法律和王权联系在一起的主要纽带，这些可敬的团体很乐意告诉我们，"无论我们从后面还是前面看，从侧面看还是围着它看，无论它的内部还是公开表现，贵族制都是一个怪物。法国贵族有一个特点，与另一些国家的贵族相比，它得到的支持更少；它不是一个世袭的立法者团体。它不是一个贵族共同体"，这就是见解深刻的立法者拉法耶特先生对贵族院的描述。"它是靠家族专制和不义来维持的——贵族阶层表现得不近人情，不适合作为一个国家的立法者；他们的分配正义观从根子上就烂掉了，他们的人生是从践踏自己的兄弟姊妹和所有亲戚开始的，接受的教育就让他们这样做。世袭立法者的观念就像世袭数学家一样荒诞。一个不对任何团体负责的团体，也不应当得到任何人的信任——它延续着反文明的统治原则，其基础是征服，是人对人拥有财产权，以人身权利统治着他——这个贵族阶层倾向于让人类退化。"诸如此类，不一而足。

关于我们的长子继承法，除了可以忽略不计的少数例外，是我们的土地继承权固定不变的法律,它无疑有一种倾向,而且我认为是一种幸运的倾向,使整个有地阶层对其他人保留着举足轻重的影响力。他们却高呼要摧毁它。他们这样做是出于非常明显的政治原因。他们自信地说:"这是违反一切自然法的法律,自然本身就要求摧毁它。建立家庭内部的司法,使贵族堕落了。按照贵族的长子继承法,一个家庭若有六个子女,五个要被排除在外。贵族只能有一个孩子。其他孩子生下来就要被消灭。他们被丢弃给食人族,亲生父母准备好了反自然的人肉宴。"

关于下院,他们的态度比对待上院或王权更坏。也许他们认为自己有更大的权力随意对待自己的家人。多年来这一直是他们不断谩骂的主题。"笑话、侮辱、篡权"是他们用来形容它的最好的字眼了。他们诅咒这个机构,宣称"它不是来自人民固有的权利,像法国的国民议会那样,它的名称就指出了它的起源"。

关于宪章和社团❶,几年前这些先生对它们的权力还有真切的畏惧,现在他们却说:"当英国人民开始思考它们时,他们将像法国人一样清除那些压迫的标志、那些被征服民族的痕迹。"

关于我们的君主制,过去他们对宪政体制的这个分支还比较温和,而且是出于很好的理由。法律禁止对它的一切煽动性攻击,其规定也相当严厉。法国大革命之后,这些先生的语调完全变了。现在他

---

❶ 这里可能是指自治市,即所谓的"borough",这类城市通常作为一个得到君主特许的"社团法人"(incorporation)而存在,拥有管理内部事务的"宪章"(Chapters)。——译者注

们激烈反对君主制，就像过去他们奉承和安抚它一样危险。

"我们考察一下在君主制和世袭统治下人的悲惨处境，他被一种权力从家里拖出来，或被另一种权力驱赶出来，用重税使之至贫，甚至比敌人做得还过分，所以那显然是一种坏制度，对统治原则和结构进行全面革命是必然的。

"政府除了是国民事务的管理者，还能是什么呢？它不是、从本质上说也不能是任何特定的人或家族的财产，而是属于整个社会，它是由社会出钱养活的。虽然通过暴力或阴谋的篡权使它变成了世袭财产，但篡权并不能改变事物的性质。主权，作为一个权利问题，只与全体国民有关，不属于任何个人；全体国民在任何时候都享有不可剥夺的固有权利，在他们认为合适时废除任何政府，建立符合他们的利益、取向和幸福的新政府。罗马人和野蛮人把人分成国王和臣民，这也许适用于侍臣的地位，但不适用于公民；现在使政府得以成立的原则，已经把这种区分废除了。"

151　　这些人向我们热情推荐法国人摧毁君主制的榜样，他们说：

"至上的君权这个人类的公敌、苦难的根源，已经被废除了，主权回到了它天然的原生地，即国民的手里。倘若整个欧洲都能如此，战争的原因将会消失。"

"但是，所谓的王权、所谓的君主制，象征着什么呢？它是什么东西，它只是一个名称，还是一种骗术？它是'人类智慧的发明'，还人类用似是而非的借口从国民那里获取钱财的计谋？它是国民必不可少的东西吗？假如是，这种必要性何在？它有什么用处，有什么职责，又有什么功劳？它的优点是存在于哪个象征还是哪个人身上？打造王冠的金匠也是在打造美德？它是福图纳图斯的赐福帽，❶还是哑剧小丑手里的木头剑？它能把人变成魔法师？总之，它到底是什么东西？它似乎大势已去，成了人们的笑柄，在有些国家受到拒绝，因为它既无必要又费钱。在美国，它被视为荒唐事；在法国，它也没落了，那个人的善良，以及对他的人身的尊重，是使君主制还得以保留的唯一因素。"

"柏克先生在谈论他所谓的世袭制王权时，仿佛它是自然的产物；或者它像时间一样，有着与人无关的独立运行能力；或者它仿佛是得到普遍同意的事情。呜呼！它根本就没有这些品质，而是完全与之相反。它只是想象之物，它的这种性质经不住怀疑，它的合法性用不了几年就会被否定。"

"如果我问农夫、制造商、店主、生意人，乃至生活中的所有普通劳动者，君主对他有什么用处？他是无法回答我的。假如我问他君主制是什么？他会认为那是个无所事事的闲差。"

"法国的宪法说，战争与和平的权利属于国民。它还能属于谁呢，只能属于支付开支的人。"

"在英国，这种权利据说属于一个象征物，它在伦敦塔

---

❶福图纳图斯（Fortunatus，字面意思"幸运儿"）是中世纪末期流行于日耳曼地区的传奇故事中的主角，他有一顶神奇的帽子，戴上它可以去任何喜欢去的地方。——译者注

展示，收费六便士或一先令；狮子也是这个价；这离说它属于狮子只有一步之遥，因为任何无生命的象征物，不过像一顶礼帽或无檐帽一样。我们都能明白，敬拜亚伦铸造的牛犊或尼布甲尼撒的金像❶是很荒唐的事，可是人们为何还要继续做这种他们瞧不起别人做的荒唐事呢？"

那次革命和汉诺威家族继承王位，一向是让老辉格党人获得极大敬意的事情。他们认为，这不仅证明了引导着他们祖先的自由精神，而且证明了他们的智慧和对子孙后代有先见之明的关怀。今天的辉格党人对那些事件和行动却完全持另一种看法。他们不否认柏克先生对确保继承权的议会法案做了真实的说明。他们攻击的不是他，而是法律。

"柏克先生（他们说）起了一些作用，但不是为了他的事业，而是效力于他的国家，为此他把那些条款带入公众的视野。这些条款是要表明，任何时候都要警惕权力侵犯的企图，防止它走向极端。有点不太寻常的是，导致詹姆斯二世被驱逐的罪行，以僭越方式建立权力的做法，应当由驱逐他的议会再做一次，只是要换一种形式。这表明人权在那次革命中只得到了不完整的理解；因为议会以僭越方式（因为

---

❶亚伦曾铸金牛犊作为神的象征引领希伯来人，触犯了犹太教不拜偶像的诫律。事见《旧约·出埃及记》第32章。尼布甲尼撒是巴比伦王，他造了一座巨大的金像要人敬拜，但受到犹太人的拒绝。事见《旧约·但以理书》第2—3章。——译者注

是用它并不具备，也不可能具备的代表权，因为没有人能授予它这种代表权）所确立的对子孙后代的人身和自由的权利，是没有任何根据的专制权力，就像詹姆斯试图对议会和国民行使的权力一样，他也正是为此而被驱逐的。唯一的不同（因为从原则上说两者并没有不同）是，一方篡夺的是活人的权利，另一方篡夺的是尚未出生的后人的权利；双方都没有任何权威性，所以也没有任何效力。"

"评价任何事情都要通过比较，对1688年革命的颂扬夸大了它的价值。它已经如同落日余晖；理性不断增长的光芒、美国和法国的辉煌革命，已经使它黯然失色。用不了一百年，它就会和柏克先生的劳作一起消失，'与整个卡普莱特家族的坟墓为伴'。那时人们将很难相信，一个自称自由的国家，会从荷兰请来一个人，使他王袍加身，让自己处于他的淫威之下，一年给他几乎一百万斯特林，供他们自己和子孙后代服从，男男女女永远像奴隶一样。"

"柏克先生说，那个国王拥有王位，并不在乎革命学社的选择，他们每一个人或作为一个团体，都没有"（他们确实没有），"从自己人中间选出一个国王的投票权。他不是经由选举得到王冠的国王，这是对人民的蔑视"。

"英国国王，"柏克先生说，"拥有他的王位（因为按柏克的说法，它不属于国民），不必在乎革命学社的选择。"

"至于英国或任何地方的国王是谁，或是不是有国王，或人民是不是选了一个切罗基部族酋长或一个侯赛因·胡赛尔当国王，这不是我关心的事情——那是他们的事。但是，这种关系到人和国民权利的信条，就像天底下最受奴役国家的任何事情一样令人厌恶。它让我听着比别人听起来更不顺耳，这是不是因为我不习惯听到这种专制主义，对此我不好下判断。但是，我断定它是令人憎恶的原则，这是不会出错的。"

这些现代辉格党的社团傲慢到了无以复加的地步。为了让人民的头脑为谋反和叛乱做好准备，他们宣称国王受到了专制主义的玷污，来源则是他在日耳曼地区的领地。他们直接蔑视最显而易见的事实，把国王在那里的政府称为专制统治，不顾它有一部自由的宪法，选帝侯领地都能参与统治，这种特权从未受到国王的侵犯，而且我听说，也未受到他的前任的侵犯。选帝侯领地的宪法当然是一种双重控制权，它既来自帝国的法律，也来自当地的特权。作为选帝侯的国王无论享有什么权利，他总是如慈父般地行使，这些臭名昭著的社团的诽谤，从未得到受压迫者一句抱怨话的佐证。

"柏克先生说'国王陛下的子嗣和继承人都会适时按顺序登上王位，这同样与他们选择了陛下身披王袍无关'，他这种说法甚至对国家最卑贱的人也太过分了，他们每天劳作的一部分都是为凑足每年的一百万斯特林，由国家送给那个有国王名号的人。傲慢的政府是专制主义；但是如果再加上蔑视，它会变得更恶劣；让人们为了受到的蔑视交税，是变本加厉的奴役。这种统治来自日耳曼，它让我想起了一个布伦瑞克家族❶的士兵，他在上一次战争中成了美国人的战俘，他告诉我：'啊！美国是个美妙的自由国家，它值得人民为之战斗。我了解自己的国家，所以知道这种差别。在我们的国家，如果君主说，吃草去吧，我们就只好吃草。'我想，还是让上帝救救那个国家吧，无论它是英格兰还是别的什么地方，如果它的自由是受日耳曼的统治原则和布伦瑞克的君主们保护的话！"

"虽然英国人一直有议论国王的习惯，但令人不解的是，它一直是个外国王室。他们痛恨外国人，却接受他们的统治。现在是布伦瑞克王室，是一个来自日耳曼小部落的王室。"

"假如政府像柏克先生描述的那样，是'人类智慧的发明'，我想问他，是不是英格兰的智慧十分低下，只能从荷兰和汉诺威引入统治者？不过，为了对这个国家公正起见，我要说，事情并非如此；即便真是如此，它也搞错了地方。每个国家的智慧，只要适当地加以运用，都足以达到它的所有目的，在英国不存在现实的情况，需要请来一个荷兰的总督或日耳曼选帝侯，就像美国不存在这种情况一样。假如一个国家不理解自己的事务，一个不理解它的法律、它的风俗，甚至它的语言的外国人，如何能理解它呢？假如有个异

---

❶当时英国在位的国王是来自日耳曼的汉诺威家族，该家族同时也是德国城市布伦瑞克（Brunswick）的大公和选帝侯。——译者注

常聪明的人，具备教导一国国民的必要智慧，那还可以为君主制找到一点理由。然而，当我们举目四望，看到我们国家的每一个地方都理解自己的事务，当我们环顾世界，看看所有的人，国王这个物种都是能力平庸之辈，我们的理性难免会问，留着那些人有什么用处？"❶

有些人，其中一些并非平庸之辈，在辉格党原则的指导下，宣扬的就是这些观点。我丝毫不想反驳他们。和柏克先生一起思考的另一些人可能会这样做（假如他们认为对这些作品做出刑事判决还不够的话）。他已经尽了自己的责任。

我不想让讨论节外生枝，偏离这个令人浮想连翩的主题。但是有一个题目，我希望超出我的设想多讲几句，还请读者见谅。这些派别为了使人们完全放弃对国家的爱，从他们心中消除对国家的所有责任感，当下正忙着在我们中间宣扬一种观点：建立自己国家的人民不可以同他们对国家的权力相分离。这种观点是他们的攻不破的城堡，这些先生只要一受到法律、习俗和正式惯例的逼迫，就会躲进这个城堡。其实这种力量十分强大，他们为保住外围工事所做的一切，都是在白白消耗大量的时间和精力。讨论他们的任何计划，他们的回答都是——这是人民的行动，这就够了。假如人民的大多数有意改变他们的整个社会结构，我们能够否认他们的这种权利吗？他们说，人民今天可以把一个君主制国家改成共和国，明天再把共和国改回君主国；

---

❶ [沃尔斯通克拉夫特的《为人权辩护》（Wollstonecraft, *Vindication of the Rights of Men*, 1790）。此书得到了几个团体的推荐。] ——编者注

可以如此反反复复，只要他们喜欢就行。人民是国家的主人，因为从根本上说人民自己就是国家。他们说，法国大革命是多数民众的行动，假如其他国家，譬如说英国，人民中的大多数也希望进行这样的改变，他们有同样的权利。

然而不容置疑的是，根本就不是这么回事。对于事关责任、信托、契约和义务的任何事情，无论少数人还是多数人，都没有权利仅凭自己的意志行事。一个国家的宪政体制一旦根据某种默示或明确的契约确定下来，那么除非打破协约，或者征得所有当事人的同意，是不存在改变它的权力的。这就是契约的性质。再者，不管那些谄媚他们的无耻之徒为了败坏其心智如何教唆，大多数人的投票都不能改变道德世界，就像他们不能改变事物的物理性质一样。不应当教导人民轻率地考虑他们与统治者的约定，否则人民也会教导统治者轻率地对待自己向人民做出的约定。在这种游戏中，最终人民肯定是输家。谄媚他们，让他们蔑视信仰、真理和正义，是毁灭他们，因为他们的安全都包含在这些美德之中。用任何语言去谄媚任何人，或人类中的任何一部分人，声称按约定他或他们是自由的，而其他人是受到约束的，这最终会把道德法则交给那些应该严格遵守约定的人随意处置，让人世间至高无上的理性受无能而轻率的人任意支配。

我们无人能免除公共和私人信仰以及另一些道德责任的约束，我们中间的任何人都不能这么做。犯罪的人数量再多，也不能把罪行变成值得赞美的行为，只会增加罪行的数量和强度。我很清楚，人们都爱听到自己有权力，极为厌恶有人告诉他们承担的责任。这是很自然的事，因为任何责任都是对某种权力的限制。确实，放肆的权力很对各类庸众堕落的口味，所以危害共同体的几乎所有纠纷，都与它所采用的方式无关，而是与掌握这种权力的人有关。他们决心掌握它。他们要把它交给多数人还是少数人，主要取决于他们得到的机会，使他们可以用这样或那样的方式行使放肆的权力。

没有必要教导人们去追逐权力。但很有必要让他们得到道德教化，用公共法规迫使他们对无节制使用权力的过度欲望加上许多限制。实现这两个重要目标的最佳方法，是真正的政治家的重大而棘手的问题。他在考虑安置政治权力的地方时，要专注于对它的有益限制和谨慎的引导是否大体上切实可行。由于这个原因，在世界历史的任何时期，没有哪个立法者愿意把活跃的权力交到大众手里。因为这等于容许对权力不加控制、不加管理、不给予稳定可靠的引导。人民是控制权力的天然力量，然而既行使权力又控制权力是自相矛盾的、不可能的。

在民众的手中，权力的过度使用得不到有效限制，在这种情况下，政治安排的另一个重大目标，即抑制过度的权力欲，也无法得到落实。民主国家是野心的温床，而在其他政体中它会遇到许多限制。无论何时，在以民主为基础的国家，立法者努力限制野心，他们的手段很严厉，丝毫不亚于疑心最重的专制主义所发明的方法，但最后都失效了。陶片放逐法未能维持多久，它打算守护的国家更是如此，因为它抵挡不住野心的图谋，这是强大的民主国家天生的、无法救治的痼疾。

这段不长的离题话，与如下问题并非完全无关，即多数人的意志对他们的社会的形成或生存的影响。但我还是回到正题上来吧。有些人认为，文明社会是受道德审判管辖的领域，假如我们对它负有责任，它就不受我们的意志支配。对于所有持这种看法的人，我不必经常让他们严肃考虑这个问题。责任不是自愿的，责任和意志甚至是两个相互矛盾的概念。尽管结合成文明社会最初可能是自愿的行动（在许多情况下无疑是这样的），但它的延续要依靠一个与社会共存的、永久有效的契约；它使每个人成为那个社会的一员，不需要每个人正式采取行动。这是由普遍实践来保证的，它来自人类的普遍意识。人不必做出选择，就从这种社会结合中获益；他们无可选择，承担着随这种利益而来的义务；他们无可选择，受到事实上的义务的束缚，它和任何实际义务有着同样的约束力。看看整个人生、整个义务体系吧，那些最强大的道德义务，从来就不是我们选择的结果。我承认，如果不存在最高统治者，没有他明智地制定并有力地实施道德法则，任何实质性的，甚至是现实的对抗普遍的权力意志的契约都无法得到认可。根据这个假设，让任何一群人的意志强大到足以蔑视自己的义务，他们就不再承担任何义务了。对于难以抵抗的权力，我们只有一个诉求——

Si genus humanum et mortalia temnitis arma,
At sperate Deos memores fandi atque nefandi. ❶

---

❶ ［"倘若你蔑视人类和致命的武器，唯愿你提防能记住一切善恶的众神。" Vergil, *Aeneid*, I. pp. 542 – 543.］——编者注

不言而喻，我写下这些话，不是给那些巴黎哲学的信徒们看的，但是我可以设想，我们令人敬畏的造物主，也是我们在万物秩序中的位置的缔造者，不是根据我们的意志，而是按照祂的意志，运用神圣的技能安排和管理着我们。在这种安排中，并且通过这种安排，祂让我们在安排给我们的位置上承担起自己的角色。我们对整个人类都负有义务，这不是任何具体的自愿协定的结果。它们是来自人与人的关系、人与上帝的关系，这些关系和选择无关。相反，我们同人类的任何特定的个人或群体缔结的一切协定，其效力都取决于那些前定的义务。在某些情况下，服从关系是自愿的，在另一些情况下则是必须的——但责任都是强制性的。我们结婚时，选择是自愿的，但婚姻责任是不可以选择的，它们是由婚姻的性质决定的。我们来到世间的道路幽暗而神秘，引起这个神秘自然过程的本能并不是我们创造的。由于不为我们所知、大概也不可知的生理原因，产生了我们有能力完全理解、我们也必须履行的道德责任。父母可能不同意他们的道德关系，但无论同意与否，他们必须对那些从未与之订立过任何协定的人，承担起一长串沉重的责任。子女并未同意他们的关系，但他们的关系不需要他们的实际同意，他们必须承担其中的责任，或者不如说，这种关系就意味着他们的同意，因为可以假定，每一个理性动物是与既定的万物秩序和谐一致的。人以这种方式，和他们的父母的社会处境一起进入社会，享有所有的好处，承担着他们的处境的所有责任。如果作为共同体要素的生理关系编织而成的社会纽带，在大多数情况下独立于我们的意志而产生并延续下去，那么不经我们的任何约定，我们就受到人称"祖国"的关系的约束，后者包含着（诚如人们所说）

"全部的慈爱"❶。没有强烈的本能，我们也不会留下来，把这种责任变得让我们觉得既亲切又感激，既敬畏又带有强制性。我们的国家不仅是一个地理位置。在很大程度上它也包括我们生于其中的古老秩序。我们可以有相同的地理位置，但是有另一个祖国，就像我们在另一片土地上有相同的祖国一样。我们对祖国的义务，是由社会的、文明的关系决定的。

这就是我为其事业辩护的那位作者的见解。我把它陈述于此，不是为了通过辩论把它强加于人，而是作为他的言行的记录。他根据这些见解而行动，它使他相信，无论是他还是任何一个人或一群人，都没有权利（除非是出自高于一切规则的、强加的而不是赐予的必要性）使自己摆脱那个既有的约定，这是每一个生于社会的人都要接受的约定，就像他一生下来就进入了许多契约关系一样，譬如他来自于父母的身体，使他承担了对父母的义务。每个人的位置决定着他的责任。假如你问："上帝命你做什么人？"只要你解答了另一个问题："你被置于人类事务的哪个位置？"你就找到了答案。

诚然，我承认，在道德上，就像其他所有事情一样，有时会出现难题。各种责任有时相互交错。于是问题就来了：它们之中哪一个处于从属地位？哪一个可以完全放弃？这些疑问引出了道德科学中称为决疑论的学问，这需要那些精通这门学问、有志于成为西塞罗所谓"官职创设者"（artifices officiorum）的人进行很好的研究，但它需要

---

❶［语出西塞罗，原文是"Omnes omnium charitates patria una complectitur"（只有我们的国家）。］——编者注

非常可靠而敏锐的判断力，极大的谦逊、警惕和十分冷静的头脑，不然就会有这样的危险：旨在使之条理化和相互调和的职责将被完全颠倒。各种责任之间的边界微妙难查。在这种情况下，即使研究者聪明过人，怀疑的阴影也总是笼罩着这些问题。但是，阐明这些极端情况的习惯并不值得称赞，也不安全，因为一般来说，把我们的责任转化成怀疑的对象是不对的。它们是用来支配我们的行为，而不是用来训练我们的才智的。因此，我们对道德责任的看法不应处在漂忽不定的状态，而应该是稳固、可靠和坚定的。

此时此刻搅动人心的问题，便可以算做这些微妙的，因而也是危险的决疑论问题——人民自己经由传统的代表机构，放弃他们的初始权力之后，是否就不会再发生某种情况，可以为恢复这种权力提供正当性？这个问题很难给予肯定或否定，不过我相信，能够为恢复这种权力提供正当性的情况，同样也会允许免除其他任何道德义务乃至全部道德义务。一般而言，对于那些总是处于犯罪边缘的不正当做法，总是不易确定它们是否合法；但是恢复人民这种权力的危险后果却是不难预见的。对于任何政治信条的实际后果，要经过一个漫长的过程才能判断它的价值。政治问题主要不涉及对错，而是关系到善恶。可能导致祸害的事，政治上就是错的，产生好结果的事，政治上就是对的。

因此，只要相信上述问题至少在理论上很棘手，在实践中又非常关键，这就使我们需要确定、我们也能够确定，我们的咒语将从世代的黑暗和沉睡中唤醒的，是一种什么样的政体。问题是如果人民有至高无上的权力，那么我们在试图扩大或限制它之前，应该在头脑中形成一个大体明确的认识，当说到人民时，我们用它来表达什么意思。

在原始的自然状态下，人民这种东西是不存在的。人数众多本身并没有集体的能力。人民这个概念是一个社团概念，它完全是人为的，就像其他一切经共同协议而产生的法律拟制一样。这个协议的特殊性在于，它是由特定社会已经采取的形式形成的。其他形态都与他们的契约无关。所以，当人们打破赋予一个国家以形式和能力的原始契约或协定时，他们就不再是人民了；他们不再是一个结合在一起的实体，不再有约束内部的合法的强制力，不再有得到外国承认的权利。他们只是一群不成形的、松散的个人，仅此而已。他们一切都要从头开始。唉！他们一点也不明白，在他们使自己能够形成一个具有真正政治人格的群体之前，他们需要采取多少令人疲惫不堪的步骤。

有些人敢于言之凿凿，并不是因为他们有深刻的思想，在法国发生的这次古老社会的解体中，我们听到他们在大谈多数无所不能。然而，在作鸟兽散的人中间，不可能存在多数或少数这种东西，也不存在一个人约束另一个人的权力。那些理论家先生们似乎很乐意设想多数人行动的权力，但是在他们破坏了使多数（假如它完全存在的话）得以产生的契约之后，这种权力必须基于两个前提：首先，经一致同意产生的社团；其次，一致同意的协定认可把一个唯一的多数（只有一个）的行动作为得到他们和其他人通过的全体人的行动。

习惯性事物很少让我们动感情，以至于我们认为这种多数决定的观念就像是来自我们的原始天性的法则。但是，这个只存在于一部分人中间的推定的整体，是根据人为社团原则制造出来的一种最偏激的成文法拟制。在文明社会之外，天性对它一无所知；即使将人们按文明秩序加以安排，除非经过长时间的训练，也无法让他们服从它。与人人参与审议的议事会中获胜多数的投票相比，人更容易默认委托其治国理政的一个人或少数人的行为。因为在那种议事会中失败的一方，会被以前的竞争所激怒而失望，因无可挽回的失败而蒙羞。在这种决策方式中，意志几乎接近于是平等的，少数可以借势成为更强大的力量，表面的理由可以完全归一方，而另一方只有气急败坏。所有这些事情肯定是一种具体而特殊的惯例的结果，它此后得到了长期服从的习惯、某种社会纪律以及被授予稳固而持久的权力去实施这种推定的普遍意志的强权人物的肯定。宣布这种共同体意志的机构，在很大程度上是一个现实安排的问题，因此，有些阶层为了他们的某些行动的有效性，获得了比简单多数大得多的发言权。这种发言权完全受惯例的支配，在某些情况下甚至是由少数人决定。按许多国家的法律，定罪需要的不止是简单多数，宣告无罪则不需要同样的人数。在我们的司法审判中，我们对定罪和免罪都要求全体一致。有些社团是一个人代表全体说话；另一些社团是几个人代表全体说话。直到不久之前，在波兰的宪法中，需要得到全体一致同意，才能使他们庞大的议会的任何法案生效。这种做法比其他国家的机构更接近于原始的性质。其实，在每一个没有成文法可以确认全体意志的确切人数的国家，只能是这种情况。

假如人们要解散他们的古老结合，重建他们的社会，在这种情况下，每个人只要愿意，都享有继续作为个体而存在的权利。不论人数多少，只要他们同意，就有不容置疑的权利另外组成一个完全独立的国家。如果其中的任何人被迫成为另一些人的同胞，这是征服而不是契约。按照假定社会是由自由契约而形成的每一条原则，这种强制性的结合必定是无效的。

不经普遍同意，人民没有权利主张集体的权能，所以他们也没有权利以集体的名义和资格单独拥有任何土地。在我们新生的邻国，按目前的统治者的方案，他们对称为法兰西的这片领土，并不拥有比我们更多的权利。在我能找到的任何一块未被占有的地方，我有权为自己搭建茅屋，我对它说了算；在任何一块未被他们占有的土地上，我可以获取我的生活所需。我可以购买任何一个业主的房屋或葡萄园，只要他拒绝同意（大多数业主只要有胆量，他们都拒绝了）新的结合。这样我就占据了他那个独立的地方。这些自称为法兰西民族、想要独占大自然这片美丽疆土的无耻之徒是谁？就因为他们会说某种行话吗？他们那些在我听来不知所云的喋喋不休的套话，就构成了他们对我的土地的资格？那些人称法兰克人、勃艮第人和西哥特人的古代匪帮，我也许从未听说过，他们自己中的绝大多数也肯定没有听说过，他们以这些人的后裔为据提出权利主张，同时他们却告诉我，因袭权和长期占有不构成财产权，他们算是什么人呢？难道不是这些人，他们提出权利主张的能力只是一种想象的存在，他们却一方面以因袭权为由断定，我从一个私人、一个自然人而不是虚构的国家那里购得的土地属于他们，另一方面又拒绝和否定这种权利？可以用这种论证方式穷究到底，不留下丝毫怀疑的余地：根据海峡对岸那些厚颜无耻地自称为人民的人的原则，并且根据他们认为适合他们立足的根据，他们根本不可能是土地合法的、唯一的业主。他们用所谓不偏不倚的推理，已经把人类社会的基础结构破坏殆尽。他们颠覆了他们所拥有的一切权威，就像他们所摧毁的权威一样。

抽象地说，有一点是十分清楚的，在文明社会的状态之外，多数人和少数人之间不可能存在任何关系。在文明社会，每一个社团本身特有的惯例，决定着人民的构成，使他们的行动具有普遍意志的意义。具体而言，同样清楚的是，不论在法国还是英国，都没有原始的或后来的国家契约，无论是明言或默示的，一个多数按首领的命令就构成了他们各自社会实际的人民。制定一条原则，按首领的命令就可以把多数人看作人民，把他们的意志当作法律——这种政策，以及它的功效，更不用说权利，我是从未见过的。从违反一切政治原则的安排中，又能找到什么政策呢？要想让人们的行动具有人民的力量和性质，实现他们为之结合的目的，我们必须假设他们（以直接或间接的方式）是处于习惯性社会纪律的状态之中。在这种状态中，更聪明、更专业、更富裕的人通过自己的行动，用未来的福祉去开导和保护弱小、无知和贫穷的人。大众不遵守这种纪律，就很难说他们处于文明社会之中。一旦事物的大局确定下来，一个国家就会产生多种多样的条件和情况，就会有一条符合自然和理性的原则，为了数量众多的人的福祉，把他们的判断力（而不是利益）置于德高望重的人之后。一个国家的人口数量（假定这不是法国的情况，但它确实存在）总是要考虑到的，但它不是全部的考虑。还有比竞赛更严肃的事务，在这种事务上真正可以说：satis est equitem mihi plaudere。❶

---

❶[拉丁文："有贤明君子称赞我就够了。"可能是对贺拉斯诗句的改写。见 Horace, *Satires* Ⅰ.Ⅰ. pp. 62-66.)] ——编者注

真正的自然贵族不是一个可以与国家分离的单独的利益团体。它是以正确的方式形成的任何庞大人群的基本成分。它是由一个合法推定的阶层形成的，总体上说，对它必须作为事实给予认可。出生于尊贵之家；从幼年起就没有见过低劣卑贱之事；受过自尊的教育；习惯于公众审视的目光；及时关注民情；眼界高远，对一个庞大的社会中各种人和事的广泛而无限多样的结合，有着宏大的视野；有闲暇阅读、思考和交谈；无论置身何处，总能得到聪明博学之士的仰慕和关注；熟悉军队中的指挥和服从；追求荣誉、履行职责时蔑视危险；对于最轻微的错误也会引起最具破坏性的后果的事情，具有极其警觉、前瞻和慎重的素质。意识到自己被同胞视为紧要关头的指导者，在他们最关切的事情上行事谨慎而又规矩，仿佛是上帝和人之间的调停者；作为法律和正义的管理者，站在造福人类的前列；充当高深学问或自由的精妙技艺的专家；跻身富商之列，由于他们的成功，被认为具有敏锐而活跃的理解力、勤奋、守则、坚定和处事一以贯之、有条不紊的美德，习惯于尊重公平交换——这就是塑造我称为"自然贵族"的那些人的条件，没有他们，就没有国家。

　　文明社会的状态必然产生这种贵族。这才是一种自然状态，它比野蛮无序的生活方式更为真实。因为人从本性上说是有理性的，他在自然状态下绝对是不完美的，但是当他置身于能够使理性得到最佳培养的地方，他才能取得最大的优势。技艺是人的天性。我们在成年期处于一种自然状态，至少与我们在不成熟、无能的幼儿期处于自然状态是一样的。如果人们具备了我前面描述的那些品质，自然对社会的日常变化所发挥的作用，就会使他们形成主导的、引领的和统治的成分。他们是社会机体的灵魂，没有他们也不存在人类。因此，在社会秩序中不给予这些人比芸芸众生更重要的地位，是一种可怕的篡夺。

当广大民众按这种自然的纪律共同行动时，我是承认有人民的。我承认，某些平等的因素大概总是应当引导至高无上的权力。在一切事务中，国民宏大而和谐的合唱，应该具有强有力的决定性影响。但是，当你们打乱了这种和谐，当你们破坏了这种美妙的秩序、这种由真理和天性，以及习惯和成见形成的顺序，当你们把普通人和他们当之无愧的首领分开，使他们自己组成了一支叛军，在这样一群离经叛道、放浪形骸的乌合之众中间，我就再也看不到那个被称为人民的值得敬重的对象了。确实，他们也许一时很可怕，但这和野兽令人恐怖是一样的。他们不再有服从的念头。就像人们一向认为的那样，他们是叛乱者，只要抓住有利时机，就可以合法地打击和制服他们。对于那些企图用凌辱和暴力剥夺人们的任何合法利益、破坏生活的自然秩序的人，只能向他们宣战。

我们从历史中读到过法国平民的一次愤怒的暴乱，史称扎克雷起义。❶ 教唆人民谋反、杀戮和抢劫，这也不是第一次了。它的目标是消灭绅士阶层。当时有一个著名的战士德比什上尉，因为那些受骗的可怜人的残暴，对他们进行了无情报复，这玷污了他作为绅士和男子汉的名声。然而，向他们开战，然后对他们的叛乱给予有节制的惩罚，是他的权利和义务，尽管按照法国大革命和我们一些俱乐部的意

---

❶ [这次法国北部农民反抗贵族的起义发生在1357—1358年，据《牛津英语词典》，柏克是用这个词表示大规模农民起义的第一人。]——编者注

见，他们就是人民。假如你接受这种称呼的话，那个听从首领命令的多数确实是人民。

与这个时期相隔不久（因为这种情绪只要传染了一个国家，就不可能对其他国家没有一点影响），英格兰也发生过几次下层平民的起义。在这些叛乱分子居住的郡，他们确实占居民的大多数，凯德、科特和斯特劳作为他们国民卫队的首领，根据我们这里和巴黎那些社团的信条，在上层某些叛徒的煽动下所做的事情，不过是在行使多数人所固有的最高权力。❶

发生这些事件的时期，我们称为黑暗时代。其实，我们是过分迷恋自己的智巧了。约翰·波尔神父就像格里高利神父❷一样懂得人权。那个煽动暴乱的可敬的老前辈，我们的现代布道者的原型，持有和法国国民议会一样的见解，即人们所遭受的一切灾难，都是由于忽视他们"与生俱来、从未中断的平等权利"引起的。假如民众能够不断践行这句深刻的箴言，他们的日子就会过得完美无缺。人世间不会再有暴政、烦恼、压迫、担忧和遗憾。它会像治牙痛的咒语一样救治他们。然而，最下层的可怜人处于最无知的状态，任何时候都能说这些废话，可是他们在任何时候都遭受着许多灾难和压迫，无论是在法国国民议会重新宣扬这种包医百病的力量和德行之前，还是在这之

---

❶ [柏克这里是指中世纪和文艺复兴时期的几次叛乱，其中最著名的是约翰·波尔的叛乱（1381）。] ——编者注
❷ 约翰·波尔（John Ball, 1338—1381）：14世纪英格兰牧师，因反抗坎特伯雷大主教数次入狱。柏克引用的这句话出自1381年他被农民叛乱者救出后的布道词。同年他被处以绞刑。亨利·格里高利（Henri Grégoire, 1750—1831）：法国天主教神父，法国大革命期间大力鼓吹人类平等，是当时最著名的神职人员之一。——译者注

后。当开明的波尔牧师希望重新点燃他的听众对这个问题的热情火焰时，他选了以下句子作为经文：

> 当亚当种田夏娃织布时，
> 谁是那时的绅士？

不过，我不认为他是这句睿智的箴言的首创者。它似乎是由传统代代相传下来的，而且确实变成了格言。但是，无论是当时创作的，还是只把它加以运用，必须承认，在学识、情感、能量和包容性方面，它可比肩于有关人类平等的所有现代论文，而且比它们更胜一筹：它是押韵的。❶

毫无疑问，波尔大人是由经院学派的教条和辩论的军械库和军马场培养出来的，这位伟大的人权老师运用前提、定理、评注、推论以

---

❶对聚集在布莱克希斯的20万国民卫队（很可能相当于1790年7月14日在战神广场庄严集合的人数）的布道词没有保留下来，对于世界是不小的损失。不过在沃尔辛厄姆找到了它的摘要本。我把它抄录在这里，作为现代辉格党的启蒙作品，他们很可能把它排除在受到他们普遍厌恶的古代学问之外：

当亚当种田夏娃织布时，谁是那时的绅士？

他以这句格言作为主题，继续布道说，大自然平等地创造了万物，奴隶制是由人通过不正义的压迫造成的，这违背了上帝的意愿，因为假如上帝有意创造奴隶，他在创世之初就会决定谁当奴隶，谁当主人。因此人们认为，上帝赋予了他们能够享有自由的时间。他告诫人们说，他们仁慈的祖先开垦自己的田地，清除破坏收成的有害杂草，他们应当崇敬祖先，现在他们应当团结起来抓紧做到：首先，杀死这个王国最大的领主；然后杀死各地的法官、法学家和司法官；然后把所有未来对社会有害的人赶出他们的土地，最后为自己赢得和平，为将来赢得安全。伟大的人民得到净化之后，他们内部将获得平等的自由、高贵、尊严和权力。——柏克原注（原注冗长，有精简）

及所有科学工具,来装饰他这篇珍贵文献的话语,就像哈克尼❶的新武器库能提供的一样丰富。它无疑也配备了定义和区分的副官,在这方面(我诚惶诚恐地提到他)老骑兵队长像现代手持教鞭的人同样能干。我们不能否认,哲学听众一旦获得这种知识,绝无可能再回到他们原来的无知,或者在听过如此有启发性的教诲之后,他们的思想状态还会像从未听过它一样。❷ 但是,这些可怜虫不会因为他们的知识而受到妒忌,只会因为受骗而被怜悯,他们不会变得理性(那是不可能的),只会耗尽他们的智力。他们和他们的老师一起被带到法官面前,用他们的血写下土地法令,就像他们和他们的老师用同样的血水写下人权一样无情。

我们今天的博学之士更乐于模仿这位先贤的行为,而不是引用他的见解。首先,只是引用会让他们显得不像是人们所认为的大发明家;其次,因为那位先贤并不成功,这有损于他的名声。那些为盛行一时的愚蠢而欢呼、为得逞的罪行而倾倒的人,当人世间的变化无常让他们就范,使他们遭到惩罚而不是获得权力时,他们从来不会去纠正或怜悯人类的弱点和过错,就像任何通则一样,这很少有例外。由于他们对同伴的苦难变得越来越麻木不仁,所以他们犯下的错误并不是多么严重,因为疯狂和邪恶本身是肮脏、丑陋的事情;需要命运的外衣和装饰,才能方便把它们推荐给大众。在他们原始的天性中,最令人厌恶者莫过于此。

---

❶哈克尼(Hackney)是伦敦的一个教区。柏克这里可能是指普莱斯牧师,他曾在这里担任过牧师。——译者注
❷见各个社团散发的《捍卫人权》中有关这个问题的评论。——柏克原注

这种奇谈怪论，不管是在古代还是现代，也无论成败，都是过眼烟云。它无助于证明听从首领吩咐的大众就是人民。这种大众不具备改变社会权力中心的任何资格，他们在社会中永远都是服从而非统治或领导的角色。什么权力可以属于全体民众，对于自然贵族这个群体，是按什么约定任命他们在恰当的位置、以恰当的影响力、无须借助暴力而行动，从而代表并加强这种权力，是一个更为深刻的问题。但是在那种情况下，即使得到了人们的赞同，我仍然十分怀疑对国家进行任何不顾一切的鲁莽改变，就像我们在法国看到的情况，一定能够成功。

我说过，在一切政治问题中，任何假定的权利的后果，对于判断它的有效性来说都是至关重要的。根据这种观点，我们不妨略微考察一下对任何国家的居民中单纯的多数有权随意取代和更改他们政府的后果。

每一个国家的全体人民，是由它的单个成员组成的。每个人必然享有初始的行动权利，它以后会变成多数人的行动。无论他能合法地发起什么行动，他都可以合法地努力加以完成。因此，他有权独自打破把他同所在国家结合在一起的纽带和约定；他有权尽力让许多人改信他的观点，为他的设想争取许多同道。因为，除非你先对一部分人进行调查，你如何知道多数人有废除他们的政府的意向？你只能从一个秘密的阴谋开始，以全体国民的联盟告终。仅仅是发起人乐意，只能是孤独的向导，仅仅是另一些人乐意，只能算是对这一过程唯一的最终认可，也是它的唯一的驱动原则。专横的意志（统治权的最终腐败）一步步毒害着每一个公民的心灵。假如发起者失败，他会面临叛匪而不是罪犯的厄运。我们对国家全部的爱，对它的法律和习俗全部虔诚的尊崇与忠诚，都被这种教义从我们心中消除了。当这种观点发展成一种原则，并为不满、野心和狂热所驱动时，除了一系列危害国家的阴谋和暴乱——有时对始作俑者也是毁灭性的——之外，不会有任何结果。在这种冒险事业中，没有任何责任感能阻止一个人成为领袖或追随者。没有任何事情限制诱惑者，也没有任何事情能保护受到诱惑的人。用这些诡计建立的新国家，不会比旧国家更安全。对于那些希望让别人的意志与他本人的意志统一起来的人，什么事情能阻止他彻底推翻国家的意志呢？只有打乱既有秩序的性情，能让这种事业名正言顺。

当你把这种随意改变稳固的、尚可容忍的状况的权利原则同法国国民议会的理论和实践结合起来时，政治、民事和道德失序就会不受限制地加剧。国民议会找到了摧毁旧政府、建立合法新政府的另一条道路，它比他们称为人民的多数的危险意志更为通畅。他们说，用你能掌握的任何手段夺取权力，随之而来的同意（他们称为"表示支持"）就会把你的权力变得人民的行动，仿佛你未经他们同意抓到手的权力，从一开始就是他们授予你的。这无异于为欺骗、虚伪和背信弃义大开方便之门，践踏了人和人最神圣的信任。在讲道德的人听来，这种立场会是多么可怕的怪论。权力受到限制的代表可以打破自己和选民的誓约，用从未赋予他的权力去随意改变一切，假如他能说服很多人奉承他的篡权，他就能昧着良心，清白地站在人类面前？按这种方案，试验的制定者只能从信誓旦旦的谎言开始。这一点是确定无误的。他必须抓住赎罪的机会，为了让邪恶的成功变成无罪的标准。

因此，不必借助于令人震惊的结论，既没有事先得到同意，也没有哪怕是一个想象的多数后来的批准，任何一群人就能随意解散国家。把这种观点运用于我们的主题。当1789年几个等级在他们各自的辖区开会，我的意思是，他们和平地、合乎体制地开会，选出他们的代表并指示其如何组织、如何行动（因为他们是按照使他们成为人民的惯例组织起来并采取行动的），这时他们就是法兰西人民。他们有合法的、天然的权利被视为这样的人民。但是当他们处于这种状态，也就是说，当他们就是人民时，从他们的任何一条指示中都看不到他们接受甚至是暗示那种会导致篡权的国民议会及其追随者、让有理性、有思想的一部分人感到憎恶的事情。我敢于断定，而且丝毫不担心任何了解当时法国状况的人给予反驳，他们那场革命的基本内容、它的最突出的行动，假如提出来作为变革的方案，它在任何等级中都得不到二万分之一的选票。他们的指示与所有那些作为人民的行动加以捍卫的著名做法截然相反。如果期待这些做法，人民极有可能会起来阻止他们。在能做到这些事情之前，国民议会的整个组织已经被改变了，王国的整个架构也被改变了。这是一个说来话长的故事：阴谋家通过什么样的邪恶伎俩，利用合法政府的极度软弱和缺少稳定性，先是通过欺骗君主和人民，然后施以暴力，终于成功剥夺了他们的权利，然后利用这种成功伪造一位被监禁的君王的签名，命令他发出虚假的声明，批准从未到得国民或其中任何一部分人的同意的事情❶——无论是一般性的还是具体的，明确的还默认的（无论同意一词有什么含义）。

当那些有影响力、受到尊重的人被杀害，或者在杀人犯的威胁下逃离家园，或纷纷流亡欧洲各国之后；当堕落的士兵脱离他们的军官，财产不但失去安全，也失去影响和尊重；当结帮拉派、不讲原则的人组成的俱乐部和协会取代了王国的所有合法社团，民众集会❷的自由被消灭，没有任何异议敢于出现在他们中间，除非是以生命为代价；在对异见者已有预设，稍受怀疑便会引来杀身之祸之后，这种所谓的批准，不可能是热爱人民的人以他们的名义所选择的行动。每一次成功的篡权，就像我们面前发生的事情一样，很容易赢得这种赞同的声音，甚至不必（正如这些暴君们所为）让一部分公民败坏另一部分公民而从中渔利。

造成这场浩劫的所谓人权，不可能是人民的权利。因为既成为人民又拥有这些权利，这两者是互不相容的。前者使文明的社会状态可以存在，后者却使它不可能存在。法国的社会基础是虚假的，具有自我毁灭的性质，它的原则无法适用于任何国家，除非确实要把它们带入与法国相同的状态。有人企图把它引入欧洲的每一个国家。法兰西民族作为最有影响力的民族，利用这种手段，他们必然要把那种传染病变成普遍现象。因此，假如我努力说明，对它给予最微小的支持也会带来危险，我希望能得到谅解。

---

❶［指路易十六在 1791 年 6 月接受新宪法，后否认并试图逃离法国。］——编者注
❷初级议事会。——柏克原注

有些时候，在某些情况下，不说话至少就意味着默认。议会中的辉格党人虽然起劲地指责柏克先生和他的书，其实这也是在指责本王国古老的辉格党宪制原则，但他们并不接受那些敌视他们的国家和宪政体制的俱乐部和社团所宣扬的所有原则。这些原则确实没有得到承认。但是，是否像柏克先生和他的著作受到的谴责一样，这些原则也受到了强烈的谴责？它们受到过一点谴责吗？它们遇到过任何方式的拒绝和反对吗？公正地研究那些社团的行为和原则的人，态度极为温和，只是发出警告，而不是要加以惩罚，这样的人得到了体面的对待么？难道他没有受到责骂，说他谴责那些原则等于否定了自己一生的功业，仿佛他的一生是受着他现在谴责的原则的支配。法国的制度如今正由许多外国代理人大力吹捧，而不列颠的宪法受到了冷遇。但是这两种宪法，无论是基础还是整个上层建筑，都是大不相同的；你显然只能在一种体制的废墟上才能建起另一种体制。假如法国人有更优越的自由制度，我们为何不应该采用它呢？我们给予赞扬是为了什么目的？为我们树起优秀的楷模，却又不应当模仿它？在人民的风俗中，或在法国的气候中，是什么因素产生了适合于他们、却不适合我们的共和政体？必须首先揭示出两国之间有着强烈而明显的差别，然后才能同意，一首始终动人的赞美诗，一种年年举办的庆典，没有任何可能成为效仿的楷模。

但是，对于那些煽动性的俱乐部所宣扬的信条，党的领袖们不会照单全收。我相信他们无意这么做。上帝不允许！也许，即便是那些正在直接推动这些外国帮派的事业的人，也无意造成他们一旦得逞必然导致的灾祸。至于党内的领袖，看到他们在盲目地领导别人，是再寻常不过的事。这个世界是由骑墙派统治的。这些骑墙派影响着他们与之交流的人，他们把自己想法告诉双方，仿佛那是另一方的想法；他们就这样主宰着双方。领袖的耳边最初会响起这样的嗡嗡声："他们那些不得其门而入的朋友，十分热衷于某些措施，或是对一些意见十分热情——你千万不可以对他们太严厉。他们都是有用之才，热心于事业。他们可能犯下小过失，但自由的精神不会衰减，你今天在一定程度上同意他们，由此获得的影响力，能够使你以后让他们走上正途。"

因此，这些领袖最初容易默许一些观点和做法，它与他们深思熟虑的观点完全不同。但是他们的默许满足了每一种意图。

骑墙派利用这种再好不过的能力，获得了一种新的代表性质。最多不过是默许的态度，被放大成一种权威，由此又变成了领袖的愿望，它就这样传达给了党的下属成员。运用这种诡计，他们被引向某种政策，而最初他们也许根本不想实行，或至少不想系统地全力实行这种政策。

在所有的政党中，议会里的主要领导人和议会外最下层的追随者之间，都有一些中间派，他们坚持这种中间立场，最适合于阻止事情走向极端。但是，优柔寡断虽然是一种性质完全不同的缺点，却是暴力的天然同谋。处在这种中间立场的人，他们的固执和胆怯常常会妨碍他们控制局势的作用。一方面害怕与领袖的权威发生分歧，另一方面又害怕违背民众的愿望，这会让他们变得大意，被动地同意那些并没有与他们商量的措施。事情会在不知不觉中发生，直到整个团体，从领袖、中层到追随者，急于参与到一些政治方案之中，实际上没有任何两个人对它们有一致的看法，由于这种传播方式，也没有任何人知道如何找到它的起源或首创者。在我的经验中，我见过很多这类事情，虽然与现在的情况相比微不足道，对政党来说却很重要，我知道他们为此遭的罪。清醒的人表示同意，一开始是出于大意和轻率，最后却是出于必然性。于是就会出现一种狂暴的精神，过了一段时间之后，那些能左右局势的头脑会发现已经无法随意终止、控制和管理它，甚至加以引导也不可能。

在我看来，这说明当教义四处传播，可能影响到社会基础的计划开始实施时，得到民众敬仰、值得信任的人应该迅速清醒起来，不要再发惊人之论。在他们听到哪怕是适度地改变他们国家的政府之前，就应当留心不要为此而宣传那些对他们的目标来说过于宏大的原则。教条的一般原则是宽松的，把它限制在它现在的适用范围之内，并不意味着那就是它最初声称的范围。我对现行机制的作用做出的预见，假如是根据人民在这种体制下遭受的困苦的感受，我就会比较安心。但是，民众行动起来反对政府，是因为困苦的感受还是因为对某些观点的狂热，这两者之间是有很大不同的。当人们完全受狂热所左右时，其力量是难以估量的。可以肯定地说，这种力量决不会和它的合理性成正比。善于思考的人总是可以发现它，但是现在对世人来说都十分明显的是，一种有关政府的学说，可以像宗教信条一样成为狂热的原因。当人们出于感觉而行动时，他们的激情是有限度的；如果他们是受到想象的影响，这种边界就荡然无存了。消除一种冤情时，人们是出于感情而行动，就向平息动乱迈出了一大步。但是，当一个帮派根据思辨而行动,狂热地反对一种政府形式时,它的行为是好是坏,人们所享有的保护或遭受的压迫,就都变得无关紧要了。如果有人是根据一种学说,愤怒地反对君主制或主教制,君主或主教的善举只会进一步激怒这个对手。他为这种善举所激怒,认为这是只为了保住他意欲摧毁的东西。只要看到一根节杖、一根权杖,他就会怒火中烧,仿佛他每天都在受到这些权威的象征的伤害。仅仅是那些场景,仅仅是名称,就足以成为刺激人们开战和骚乱的原因。

有些先生并不害怕法国人颠覆政府所采用的手法。他们说,法国人民摧毁一种坏的制度没有任何损失。但是,虽然说不上尽善尽美,我们仍然有利益在,这使我们不会孤注一掷。有些人似乎相信,而且在竭力说服别人,我们的宪政体制是起源于篡权,它的设计缺乏智慧,它的效果违反人权学说,因而是有害的,从整体上说它令人深恶痛绝,与这些人作对,可有任何安全可言?任何一个以这种方式思考的理性人,还有动机付出自己的鲜血,或者冒险从自己的财产中拿出哪怕一先令,或者用自己片刻的闲暇去保护它吗?假如他有任何义务的话,他的义务就是去摧毁它。建立在默认基础上的宪政,是已经被定罪的体制。对它的判决早已做出,只是执行被拖延了。根据这些先生的原则,它既没有,也不应该有安全。它没有朋友,没有同党,没有辩护人或保护人。

我们不妨根据那些头脑更冷静的人的原则,评价一下这种安全的价值。他们认为,法国的宪法优于不列颠的体制,或至少像它一样好;但他们不像热衷于谴责自己的宪政的政治家那样极端。实际上,他们所提供的安全也不过如此;他们的共和制度和不列颠的有限君主制之间的差别，不值得让人为之打一场内战。我同意，这种意见能使那些天性不太乐于创业的人，不去积极地反对不列颠的宪政。不过，就对抗那些有志于创业的人而言，这是人们所能想到的最可怜的防守原则。这有可能从他们心中完全消除对内战的恐惧，而这种恐惧是我们唯一的安全保障。那些认为法国宪法很好的人，肯定不是不惜一战也要阻止他们得到巨大好处，或至少是一次公平交换的人。对于一项一旦失败而不是获胜可能对公众更有利的事业，他们不会为之投入战斗。他们至少要默默地支持那些努力转向健全观点的人；他们一定不会同意那些反对传播这种观点的人。立志创业的政党用这种方式来加强自身，斗争的可怕性也会相应地减少。看看这对宪政之敌是多大的鼓励吧！我们知道，几次暗杀，财产受到的严重破坏，他们认为这并不能真正阻挡伟大的政治变革。他们希望，只要反君主制的意见能站稳脚跟，就像法国的情况那样，他们也可以像法国一样，不经一场战争就完成革命。

　　法国宪法的拥护者取得的任何进展，都不可能成为对那些喜欢它的人的严肃警告。从认为没有危险的人那儿，是得不到安全保证的。只有从那些和我们有同样担心的人，那些认为事情有所保障是一大幸事，反对我们所要保障的事情是一大不幸的人，才能听到安全保障的计划。凡是对此持另一种不同看法的人，必然对安全漠不关心。

　　我相信《反思录》的作者，无论他是否有理由担心那些人的计划，他是不会瞧不起他们的。他不能因为他们的人数而轻视他们，与社会上头脑健全的人相比他们虽然人数不多，却不可等闲视之。他不能轻蔑地看待他们的影响、他们的活力或他们具有的才干和性情，他要准确评估他们正在从事的事情，以及他们的心思主要用在哪里。难道我们没有看到，他们最敬重，最受信任的牧师，他们的同党中一些举足轻重的人物，都在积极地传播有害的观点、推荐煽动性的著作，推动煽动性的周年纪念活动？在他们这一类人中间，有谁否认过他们自己或他们的做法？当这些不安分的家伙公开宣称崇拜一部外国宪法、蔑视我们自己的宪政体制时，就像《反思录》的作者对法国宪法的看法那样，如果还说没有什么危险，就是在可耻地欺骗国民，让他们陷入灾难。

当评估危险时，对于我们有可能落入其手中的敌人，必须考虑他们的性格和人品。这一帮人中的才子，只要看看他们是以多么不同的眼光看待过去外国的革命，就很容易分辨出来。他们已经经历过两次革命，即法国大革命和波兰的革命。波兰这个国家，对它的宪法很少存在两种意见，尽管为此付出了一些流血的代价，也不能给予多少非难。在这项冒险事业中不必担心产生混乱，因为人们打算进行改革的体制本身就处在混乱状态之中。在这个国家，国王没有权威，没有团结或顺从的贵族，人民没有技艺、勤奋、商业和自由，内部没有秩序，对外没有防御。没有有效率的公共力量，外国军队可以任意进入这个国家，随便处置任何事情。在这种状态下，似乎很容易发生大胆的创新和不顾一切的试验，大概也能得到正当性。但是，让混乱回归有序采用的是什么方式？手段既有惊人的想象力，也能满足理性、安抚道德情感。仔细审视那种变革，它使人类可以享受一切快乐，为之感到自豪，没有任何可耻之事，没有遭受任何痛苦。从已经发生的情况看，它很可能是人类所得到的最纯洁、最干净的公共福祉。我们看到，无政府状态和农奴制都被清除了，王权得到了加强，但这是为了保护人民，并没有侵害他们的自由；王位从选举制改成了世袭制，从而杜绝了一切外国阴谋；令人惊喜的意外是，我们看到一个在位的国王，❶他爱自己的国家，运用他的勤奋、机智、管理能力和计谋支持一个陌生人的家族，而那些野心勃勃的人却借助于这个家族扩大自己的势力。上千万人走上了逐渐获得自由的道路，从而使自己和国家获得了安全，他们摆脱的不是民事和政治的枷锁，这种事虽然坏，但只能禁锢思想；他们摆脱是人身束缚。城市居民过去没有特权，现在得到了尊重，这要归因于相关社会生活状况的改善。一个人世间所能看到的最傲慢、最暴躁、人数众多的贵族和绅士集团，是自由公民中的最上层。没有人遭受损失或降级。从国王到普通劳动者，所有人的状况都得到了改善。一切事情都保持井然有序，而在这种秩序中，一切事情都变得更好了。在这种幸运的奇迹中（这是智慧和运气闻所未闻的结合），没有流一滴血，没有背叛，没有凌辱；没有比刀剑更凶狠的诽谤；没有对宗教和道德风尚的蓄意损害；没有掠夺，没有没收，没有公民沦为乞丐；没有人被监禁或遭到流放；整个事情都是运用一种政策、一种自由裁量权、一种共识，在隐蔽的状态下加以落实的，这在过去任何时候都未曾听闻；但是，这种神奇的做法，是为造福于人们真正的权利和利益的高尚密谋保留的。假如人民像他们一开始时那样做下去，他们该是多么幸运！如果国王以显赫的地位出场，参与爱国者和国王之间的竞赛，或是光荣地结束这场竞赛，留下自己的

---

❶指当时的波兰国王斯坦尼斯瓦夫（Stanislaw II August Poniatowski, 1732—1798），他是宪法改革的积极推动者。——译者注

> 名声，它随风而行，传遍天下，
> 让人们津津乐道，让天使愉快地倾听。

他会是多么幸福的君主！这一伟大的善举，从一开始就包含着所有未来改进的种子，可以看到有条不紊的进步，因为它是建立在与英国宪政类似的原则上，将会像它一样稳定地走向辉煌。

这是一项将为世世代代所庆贺和铭记的事业。道德学家和神学家当然不必再拘谨而收敛，可以尽情挥洒他们的仁爱之心。但是，说到我们那个帮派的品格，他们的全部热情是为法国大革命保留的。他们不能谎称法国像波兰一样迫切需要变革。他们不能谎称波兰没有获得比以前更好的自由制度或政治制度。他们不能宣称，波兰革命为了民众的利益和感情，付出了比法国更大的代价。但是，他们以冷漠和不屑的眼光看待一场革命，对另一场革命则极尽吹捧之能事，这使我们很容易确定他们的动机。这两场革命都宣称是以争取自由作为目标，但是为了达到这个目标，一方是使无政府状态变为秩序，另一方是把秩序变为无政府状态。前者通过建立王权为自由提供保障，后者则是通过颠覆它的君主制建立自由。一方采用的手段没有受到罪行的玷污，他们的解决方式有利于道德。而在另一方，罪恶和混乱却是他们的事业和享受的本质。这两个事件不同的环境，必然造成我们对它们所做的比较和评价的不同。这种环境使社会局势变得有利于法国。

Ferrum est quod amant.❶ 谎言、暴力、亵渎神明、家庭的浩劫和毁灭，一个花团锦簇、充满自豪感的伟大国家，遭到驱逐的人和流亡者四处可见，还有失序、混乱、侵夺财产、残忍的谋杀和无情的没收，最后是血腥、残暴、无情的俱乐部的傲慢统治，这就是让他们顶礼膜拜的事情。人们崇拜和喜欢什么，肯定就会干什么。我们不妨看看法国人干了些什么吧，一旦落入这些铁石心肠的野蛮帮派手中，我们还会低估最轻微的危险吗？

"但是，那些帮派社团的领袖太野蛮了，他们的事业不可能成功。"但愿如此。不过，即使他们既野蛮又荒唐，那些聪慧和有头脑的人就没有危险吗？人世间最大的不幸，大概都是由那些我们认为最野蛮的人造成的。事实上，他们是一切伟大变革最合适的发动者。为何要鼓励为非作歹的人呢，莫非他们的谬论会让他们的恶意落空？"但是，关注他们会加强他们的重要性。"确实如此。但他们是引人注目的，而且引人注目不是因为他们受到了谴责，而是因为他们得到了一个伟大政党的赞同，这个党赞扬他们提出来供人模仿的目标，所以看起来像是在支持他们（我确信那并不是真正的支持）。

不过，我还听到一种更不同寻常的说法，必须假设它有一种让我们产生怜悯的性质。那种说法是这样的——"你知道他们写起文章来下笔如流，搞阴谋从不懈怠，对他们口诛笔伐，在行动上对抗他们，只会让他们的努力变本加厉。"以这种方式看待他们的行为原则，只是在可悲地恭维那些先生。他们谎称他们的教义能给人类造福

---

❶［法文：他们喜爱的是刀剑。］——编者注

无限，但是假如不去激怒他们，他们似乎只想把这些教义留给自己。他们是因为怨恨才生出了仁爱之心。他们的预言就像普罗透斯❶的预言一样（有些人认为他们在许多事上都与他相似），除非你尽可能虐待他，他的话是决不会应验的。看来，这些猫只要不起劲地撸它们的背，它们是从来不会放电的。不过这样做对它们不是十分公正。它们还是很通人情的。只要那些人安静下来，有关政府起源和原始权利的话题引起的愤怒，与他们私下的看法相反，很可能是令人怀疑的。但是人所共知的是，无论辩论还是搞阴谋，只要时机和环境允许，他们就会抓紧动手，无所不用其极；只要未被拒绝，他们就会与天底下最邪恶的一个外国帮派公开勾结在一起，为他们最荒谬、最残暴、最背信弃义的所有行为建立周年纪念日——问题是，是否应当平静地对待他们的行为，以免我们的干预会让他们火冒三丈？那就让他们随意处置宪法吧。让那位女士逆来顺受吧，以免强奸犯被迫动粗。反抗只会让他欲火更旺。是的，假如反抗只是装装样子，确实会如此。但是，与宪法缔结姻缘的人，是不会甘愿戴绿帽子的。色诱者私通的情书一出现，他们就会把这种人赶出家门。假如《反思录》的作者尽管是宪政警惕的卫士，却不够谨慎，那就让这些同样关心宪政体制的人表现出他们的警惕，以更娴熟的方式击退诱惑和暴力攻击吧。他们失去戒备的原因不好说，可能是来自他们的冷漠，也可能是因为他们对宪政的优势抱有信心。

根据他们的原则，是反抗而不是进攻造成了危险。我当然同意，

---

❶普罗透斯（Proteus）：希腊神话中的海神波塞东之子，以能预知未来、性情多变著称。——译者注

假如我们根据那些文章的价值来评估危险，它几乎不值得我们关注。那些文章从任何意义上说都是低劣的。但是它们并不是一种可怕瘟疫的病因，只是它令人厌恶的表象。它们不过是一种邪恶的习惯产生的结果。从这个角度来看，它们的卑鄙至极就是一件严肃的事情。无论我多么鄙视它们，如果事实上它们不是我所说的失序的结果，而是它的原因，那些传播毒药、进一步施展他们的权力和影响的人，不管他们有多大力量，都应该予以谴责，要紧盯住他们，如果可能，就要加以压制。

这些帮派的直接危险离我们还有多远，现在不易确定。计划和原则离不开适用的环境。但是，在人间事务的寻常进程中，这种事不需要等很长时间。组织良好的政府也经常会产生巨大的不满，人类的智慧无法预知它的原因，人类的力量也无法阻止它。它发生在不确定的时期，但这种时期通常相隔不远。所有不同类型的政府，只能由人来管理，给这些不满火上浇油的重大错误可能同时发生。恰好在关键时期行使统治权的人，他们的优柔寡断、疏忽、轻举妄动或判断失误，都有可能加重公众的不幸。在这种情况下，只是刚刚播下的原则，就会破土而出，茁壮成长。处在这种状态中，人心会变得暴躁而败坏。他们不会善待一切公共人物和政党，对那些人的意见分歧产生厌倦，对他们的沆瀣一气感到义愤；他们很容易相信（许多痛苦使他们相信）所有的反对派都在结党营私，所有的大臣都卑鄙下贱，奴性十足。他们对人的厌恶，很快就会变成对政府的怒火，认定它助长了政府管理者的邪恶，不管是真是假。他们误把头脑敏锐视为狠毒，很快就开始彻底放弃对出色管理政府事务的希望，转而认为一切改革不是取决于人事的变化，而是要靠机制的更张。这时人们就会感到，鼓励公民蔑视宪法的说教的全部后果了；这时就会感到，教导人民相信一切古老的体制都是无知的结果、一切因袭的政府本质上都是篡权所招致的大量危害了；这时就会感到，在不具备成熟完备的知识的人中间，鼓励助长怀疑却不能解决问题的争论精神的全部危险了；这时就会感到，那些在政治理论的迷宫中找不到出路的人，彻底清除他们温顺的性情，使他们拒绝线索、蔑视向导会带来多么严重的恶果。拆散宗教与国家，使政策脱离道德，对于所有社会纽带中最重要的一环，即我们对政府的义务原则，良心上不在乎，使之失去协同和强制能力，由此造成的灾难我们这时就会感到了，但认识到这一切已经太晚了。

有人认为，这种空洞、相互矛盾、自寻毁灭的安全保障，是来自于人民对这种宪政体制的习惯性依附，同时他们也带着某种无所用心的默认忍受着它，因此受到别人的蔑视，我知道，除此之外，这些人还有其他理由去消除自己心中的疑虑。他们认为，在这个王国，有太多的人拥有世袭大地产和影响力，不能容忍有人建立那种出现在法国的平等制度。假如这些人具备能让他们及时感到担心的智慧，可以指导如今正守护着他们财产的权力，那么情况确实如此。但是，假如这些财产特别依靠的保障让他们觉得高枕无忧，因此忽略了利用自己的影响力，只要社会一陷入狂乱，他们强大的筋骨便被切断了。他们的地产不再是他们的安全的手段，而是变成了给他们带来危险的原因。他们将被视为待宰的猎物。

这将是那些世袭大地产拥有者的处境，他们当然厌恶正在推行的计划，但他们的厌恶不过是旁观者，而不是灾难中可能涉及的当事人的厌恶。不过，在任何情况下，富人肯定都不会做出哪怕是迟钝而被动的反抗。在那一类人中间，总是有人被激情或邪恶的原则冲昏头脑，这时他们的财富不会因为他们实际参与反对公共安宁的活动而得到一点安全保障。我们看到，这个阶层中有许多人准备把他们的世袭产业牺牲给各种各样低下、卑鄙的激情，而这些产业本来是可以永远保留给他们显赫的家族，使之成为一代又一代造福人类的名门望族。难道我们没有见过轻浮的人在赌博激情的影响下，怎样对待自己的财产吗？出于野心或憎恨的赌博，就像其他任何赌博一样，会让富人和大人物不顾后果孤注一掷。毁灭法国的动乱，难道是没有任何头衔或财产的人率先发动的吗？激情使他看不到后果，哪怕这会影响到他本人。至于那些后果还会影响到其他人，根本不在他的考虑之内；与高尚的爱国者和人权热爱者有相似之处的人，同样也会如此。

当所有的利益都变成投机的对象时，也会出现一个不安全期。这时利益非常依赖于财富和名望，会诱使一些富人主动抛头露面，加入他们认为最有可能得势的党派，甚至担任领袖，以便使自己在新的秩序或混乱中得到照顾。他们会以这种方式行动，保全自己的部分财产，或许还会变成瓜分自己所属阶层的赃物的人。投机于变化的人，在有钱有势的人中间总是占有很大数量，就像低贱穷苦的人一样。

可有阻止这种事发生的安全保障？人类的任何安全都是不确定的。不过，假如有任何能够阻止这种巨大灾难的事情，它一定是包含着运用社会正义力量的正常手段，同时这种手段始终不能受到损害。公众的判断力应当得到正确的指导。所有重要人物都可以对这项工作有所贡献。尽管自吹自擂的哲学趾高气昂，貌似独立，自然的正义性是不会失效的，大人物总是有很大的影响力。两个这样的人物是皮特先生和福克斯先生，他们在一个问题上的合作所形成的权威，即使他们在其他任何事情上的不和，也可以让这些来自本王国之外的邪恶观点受到厌恶。但是，假如他们或与他们类似的人士的影响力走上与他们严肃的意图相反的歧途，他们也有可能支持（正如我前面所说、我也要一再强调）他们无法控制的意见。在他们的理论中，这些教义是不受任何限制的。与公开走极端的人结盟的人，是说不清楚自己会走多远的。用什么来阻止这种狂热的自负呢？为什么不多不少，正好是他们中间的少数人的道德情感，对他们的野蛮学说形成了一定的制约呢？但我们还是要当心。道德情感和过去的偏见密切相关，以至于它们几乎就是一回事，一种要从根本上摧毁一切偏见、让人忍受他们的哲学所传授的虚妄真理所产生的可怕后果，如果受到这种想法的支配，偏见肯定存活不了多久。

在这个野蛮的学校里，道德情感必然日益衰弱。那些老师在制定他们的准则时，更为在意的不是让结论适合他们的前提，而是让它适合他们的政策。他们把剩下的事委托给他们思想敏锐的门徒。另一些人，那些为他们的精神大肆吹嘘的人，不仅定下了相同的前提，而且大胆得出了摧毁我们整个教会和国家体制的结论。真的得出了这种结论吗？是的，千真万确。他们的原则既野蛮又恶毒。不过，即便是疯狂和凶恶的表现，也应公平对待。这些教师有完美的体系。凡是承认他们的基础的人，都不会容忍英国教会或国家的体制。这些教师公开承认蔑视一切平庸，追求完美，采取最简单、最便捷的途径做事；他们的政治不是以便利，而是以真理为基础；他们宣称要引导人们通过伸张自己的毋庸置疑的权利来谋求幸福。对他们来说，没有任何妥协可言。其他一切政府都是篡权，这为反抗提供了正当性，甚至要求人们反抗。

他们的原则总是走向极端。那些按柏克先生的著作中的老辉格党原则行事的人，是绝不会走过头的。他们也许会止步于某种危险的、野心勃勃的荣耀，按他们得到的教诲，这会推迟他们可能实际拥有的合理利益。他在书中所坚持的意见绝无可能导致极端，因为它的基础是与极端相对立的。政府的基础不是想象中的人权（往最好处说，它是把司法原则和政治原则混为一谈了），而是政治上的便利，是人性，无论这种人性是普遍的，还是受到了地方习惯和社会风气的改变。政府的基础（读过那本书的人会记得）是满足我们的需要，与我们的义务相一致；它使前者得到满足，使后者得到落实。这种信条倾向于中间立场，或接近于中间立场。它当然认为，一定程度的自由是所有好政府的要素，但是它也认为，这种自由要与政府融为一体，与它的形式和规则和谐一致，要从属于它的目的。不与这本书站在一起的人，就是站在了它的对立面。因为不存在中间立场本身之外的中间立场。中间立场不是因为它本身而存在，而是因为它符合真理和自然。在这一点上，我们不是追随作者，而是与作者携手行走在安全的中间道路上。

他的书中包含的理论，不是为制定新宪法提供原则，而是要揭示已经形成的宪法原则。它是从我们政府的事实中得出的理论。反对它的人必须证明，他的理论有悖于那个事实，否则他们就不是和他的书争辩，而是在和自己国家的宪政体制争辩。我们的混合政体的整个方案，是要阻止其中的任何一条原则像在理论中那样一意孤行，走得太远。如果承认这就是英国制度的真正政策，使这个制度受到指责的大多数缺陷，看起来就不再是因疏忽而产生的瑕疵，而是它刻意追求的优点，它避免极端的完美，它的各个成分是这样组成的，它们不仅回应各自的目标，而且分别限制和控制其他成分；如此一来，随便你采取哪一条原则，都会发现它的运作是得到控制的，在某个位置就会停下来。整体的运行比每个成分越界行事要平稳得多。由此带来的结果是，在英国的宪政体制中，有一种永久运行的协定和妥协，它有时是公开的，有时不易察觉。对于思考英国宪政的人来说，就像思考从属的物质世界的人一样，揭示这种相互制约的秘密，总是一件最需要细心研究的事情。

— *Finita* potestas denique *cuique*
Quanam sit ratione, atque alte terminus haerens?❶

那些像法国人一样，根据完全不同的计划采取行动，旨在实现抽象的、无限完美的人民权力的人，对我们的任何政治安排不会有丝毫帮助。那些在轻率的事业中走过头的人，不可能为没有走过头的人提供榜样。这些投机分子的鲁莽并不比胆小怕事的人更值得效仿，前者

---

❶ [拉丁文："每一件事物的力量和终极限制是如何形成的？" Lucretius, *De Rerum Natura* I. pp. 76–77. 柏克习惯性地在间接问句之后使用问号，这与现代人的习惯相反。]——编者注

蔑视正义，后者则害怕正义，这两种人都得不到它。但是，那些粗暴地冲破障碍的人无疑为害最烈，因为他们把它推倒，也就破坏了它。说他们有勇气，丝毫不是在赞扬他们。疯子、盲人、歹徒、无信仰者不知节制的勇气，是不配得到赞扬的。因为自己的手指冻伤而把房子点燃的人，绝不会成为我们合适的导师，为我们提供温馨的住所。我们不需要用外国的榜样重新点燃我们的自由火焰。我们自己先人的榜样就很丰富，足以使自由精神维持充分的活力。只有这种精神对我们有用，或是能获得最低限度的尊敬和安全。我们的社会织体是这样构成的，它的一个成分大大依赖于另一个成分，各个成分为其他的成分而存在，再无他求。引入任何外来的成分，只能毁了它。

罗马帝国有一个说法，至少同样适用于不列颠的宪政——"Octingentorum annorum fortuna, disciplinaque, compages haec coaluit; quae convelli sine convellentium exitio non potest."❶ 不列颠的宪政体制，并不像巴黎疯狂运作的讼棍议会那样，是由一些狂妄分子趁热打铁锻造出来的。

它不是一朝一夕的产物，
而是明智的拖延结出的硕果。❷

它是许多世代的许多人的思想结晶。它不是简单肤浅的事情，也

---

❶ ["这个强大的结构能够形成，要感谢八百年的好运和纪律，除非把它连根拔起，是无法颠覆它的。" Tacitus, *Histories* 4. p. 74. （有改动）.] ——编者注
❷ [John Dryden, *Astraea Redux*, ll. pp. 169 – 170.] ——编者注

不是肤浅的理解力所能评估的。无知之人不会愚蠢地摆弄自己的钟表，然而他却信心十足地认为自己有把握把一架重要而复杂的道德机器——它由更多的齿轮、弹簧和摆轮构成，包含着许多互动和合作的机制——拆散再拼装起来。人们很少会认为，鲁莽地摆弄自己不懂的东西是多么不道德。但他们虚妄的良好意愿并不能成为他们狂妄自大的借口。真正抱有善意的人，一定会担心行动失误。英国的宪政体制可以向明智深思的人展示它的优势，但它的优异达到了一个很高的层次，并不适合普通人的理解力。它采纳了太多的观点，形成了太多的组合，难以为狭隘肤浅的理解力所认知。深刻的思想家能够领会它的道理和精神。不善探究的人可以用感情和经验去认识它。他们要感谢上帝，在这个利害攸关的最基本的问题上，他们得到了一种标准，使他们能够与最智慧、最博学的人为伴。

如果不借助于享有智慧和博学美名的人以往的研究，我们就永远是刚入门者。但是人们必须从某个地方学起，而新一代老师若想成功，就不会剥夺人们获得人类集体智慧的益处，使他们成为自己的狂妄自大的盲目信徒。这些虚妄的人（所有的门徒和大多数老师）受到的教育，使他们以为自己的装备新颖而精良，但是与这些人交谈，你会发现他们家里除了垃圾、除了在所有时代的欺骗和煽动中用烂了的东西之外，什么都没有。这些东西又被装点一新，打好补丁，刷上新漆，让一些人用起来颇为得手，因为他们对人类的常识和谬论之间发生的冲突、对古人对同样的蠢行的驳斥一无所知。人们看到这些野心、贪婪和混乱的陈旧伎俩，已经快有两千年了。其实，它们是所有地方最古老的现象，有时出于善良而必然的原因，但更多的时候两者都没有发挥决定性作用。Eadem semper causa, libido et avaritia, et mutandarum rerum amor. Ceterum libertas et speciosa nomina pretexuntur; nec quisquam alienum servitium, et dominationem sibi concupivit, ut non eadem ista vocabula usurparet。❶

理性且有经验的人，多少都知道如何区分真自由和假自由；什么是真正忠诚于真理，什么是谎称如此。但是，除非有深入的研究，谁也无法理解那个精妙的制度设计，它把私人和公共自由同政府的武装、秩序、和平、正义，尤其是同各种制度结合在一起，赋予了这个无比宝贵的整体以持久的稳定。

例如，你们不妨看看孟德斯鸠这个人。这样的天才，并非在所有时代或所有国家都能出现。大自然赐予他锐利而深刻的眼光，他有广博学识造就的判断力，有强健而稳定的头脑和从不懈怠的毅力。这个人能花二十年时间追求一件事情。这个人，就像弥尔顿（他以先知的眼光，描绘了从亚当的肋骨中产生的一代又一代人的整个故事）笔下的人类始祖。❷ 他把世间存在过的所有统治方式收集在一起加以考察，无论东西南北，从最粗糙的野蛮社会到最精致的文明，统统纳入他的评估、测算、整理和比较，为此他把理论和事实相结合，参考了无限丰富的事务，穷尽了一个举世无双的理论家的理解力！然后我

---

❶［拉丁文：理由永远是相同的：欲望和贪婪，改变他们环境的愿望。此外还有自由和华而不实的口号提供了借口；但是，渴望奴役别人、为自己谋求统治权的人，无一不使用同样的假话。Tacitus, *Histories* 4. p. 73.］——编者注
❷［指《失乐园》中的亚当，见 *Paradise Lost* Ⅱ：p. 423ff. 孟德斯鸠在《论法的精神》第11章讨论了英国的政体。］——编者注

们再想一想，这位没有沾染任何民族偏见和同胞感情的人所做的一切，不过是使他有资格对英国的宪政体制表达崇敬，同时也让人类对它示以崇敬所做的准备步骤！我们英国人是不是要拒绝附和他呢？在他做完这一切之后，一直得到人们的理解和崇敬，难道我们不应当留在这个真正科学的学派中，反而要去选择那些没有教育能力的人当我们老师，他们声称唯一知道的事情就是从来不会怀疑，除了他们的冥顽不灵我们什么也学不到；他们会教导我们鄙视我们心中默默崇拜的东西。

所有伟大的批评家都与这些人不同。他们教会了我们一条基本原则。我认为，约书亚·雷诺兹[1]爵士这位有哲学头脑的杰出艺术家是真正的法官，也是自然的完美追随者，他曾经把上述原则运用于自己的职业。他的做法是，如果我们觉得自己不愿意赞赏所有博学之士都给予赞赏的作家和艺术家，例如李维和维吉尔、拉斐尔或米开朗基罗，那也不要追随自己的幻想，而是去研究他们，直到我们知道应当怎样赞赏和赞赏什么；如果我们不能把这种赞赏和知识结合在一起，那么宁肯相信自己是笨蛋，也不要相信世界上的其他人都受到了欺骗。至少就这种得到赞赏的宪政体制而言，它是一条好原则。我们应该根据自己的标准去理解它，尊崇我们现在还搞不明白的事情。

这些赞赏者是我们的先辈，我们这份光辉的遗产就是得自于他们。我们应当怀着热情，也怀着畏惧去改善它。我们应当追随我们的

---

[1] 约书亚·雷诺兹（Joshua Reynolds，1723—1792），18世纪英国著名画家，擅长肖像画，也曾为柏克本人画过肖像。——译者注

祖先，他们不缺乏对自己的合理自信，但不会只相信自己；他们尊重别人的理性；他们回顾既往，展望未来，既谦逊又善于运用自己能干的头脑，不动声色地使这个政体逐步臻于完善，但从来不会脱离它的根本原则，也不会做在本王国的法律、制度和惯例中没有根基的修改。但愿那些相信政治权威或自然权威的人，对不顾一切的创新事业永远保持警惕；但愿他们的仁慈有御敌的盔甲。他们的眼前就有一个君主的例子，他本人受到凌辱、贬低、监禁和罢黜；他的家族要么亡命各地，要么身陷囹圄；他的王后当着他的面受到恶棍们最恶劣的性侮辱；在一次可耻的胜利中，他被这些恶棍拖出来三次；他的孩子被从他身边抢走，这是对第一自然权利的践踏；给他的儿子指派的老师，是那些最疯狂而又最不信神的俱乐部中最疯狂、最不信神的领袖人物。❶他的财政收入被挥霍和掠夺，他的官员被杀害，他的神父被剥夺财产，遭受迫害，忍饥挨饿；他的贵族们的地位一落千丈，家产遭到破坏；他的军队腐化变质，不攻自溃；他的人民贫困潦倒，陷入四分五裂；他在看守的刺刀下，透过狱中的窗棂，能听到两个相互对立，但同样邪恶、同样放荡的帮派在争吵；他们有着一致的原则、倾向和目标，只是为了找到达致他们的共同目的最有效手段，就要把对方撕成碎片：一派主张暂时保留他的称号和肉体，摧毁王室的权威要更容易一些；另一派人则要用亵渎天理的处决，把称号、肉体和君主制统统干掉。一个人所能遭受的最大灾难，已经落在他的头上，因为他对自己的美德太无所用心，他没有学会只要涉及权力之事，施恩的

---

❶国民议会为王子指派的老师是孔多塞。——译者注

人必须拥有对抗忘恩负义的安全保障。

我已经讲述了那位君主及其国民遭受的灾难，因为他们对危险的临近缺乏警惕，因为让所有人都感到意外的是，当灾难临头时他们失去了所有资源。当我说到这种危险时，我明确地是向这样一些人表明我的看法，他们认为新辉格党信条的流行是一种罪恶。

今天的辉格党人可以从这篇申诉书中看到，他们的宪政体制的祖先就在他们面前。他们中间也有现代学派的博学之士。他们将为自己做出选择。《反思录》的作者已经做出了自己的选择。假如一种新秩序就要到来，我们的祖先作为启示录加以崇拜的所有那些政治见解，必然如梦呓一般消失。我是在代表这位作者说话，他宁肯做那些祖先中的最后一人（肯定也是最无足轻重的人），也不愿意成为第一个这样的伟人，用我们的宪政之父闻所未闻的法国谎言，去编造辉格党的原则。

对法国事态的思考
1791 年 12 月

1791 年 5 月柏克与福克斯和辉格党领导层决裂之后，他的独立身份使他能在托利党大臣和辉格党中间更自由地影响舆论，只要他认为合适即可。从 1791 年到 1793 年，他写了三篇文章——《对法国事态的思考》《当前局势的思考要点》（1791）和《对结盟政策的评论》（1793）——"只有一条原则指引着我，"他在 1794 年说，"即消灭法国的雅各宾主义是当下唯一值得做的军事和政治目标。"（*Corr.* Copeland, 7：517 – 518.）

这是一篇私下交流意见的文章，对象是他仍然希望影响的少数辉格党和托利党领袖，所以本文的文风也与本书中的其他文章大为不同。没有古代典故，也很少提到法国大革命中可怕的崇高气氛，没有篇幅较长的著作中能看到的那种对历史人物的描述。此外，柏克对那些靠讨论观念吃饭的人——"知识阶层"或"新阶层"——的心态，做了极具眼光的评论。

柏克希望君主制国家结成反法联盟，这在1791年8月的《皮尔尼兹宣言》（Declaration of Pillniz）得到了落实，签署者是普鲁士的威廉二世（1744—1797；1786—1797在位）和玛丽·安托瓦内特的哥哥、奥地利的利奥波德二世。这两个日耳曼强国长期以来一直在争夺现代比利时中部地区（奥属尼德兰，柏克有时称为"比利时领地"）和尼德兰（柏克有时称为"荷兰"）。在利奥波德的前任和兄长约瑟夫二世（1741—1790，在位时间1765—1790）时期，奥属尼德兰已回到皇帝的治下，而在北方，荷兰执政、奥兰治亲王威廉五世娶了弗里德利克·威廉的妹妹。使事情进一步复杂化的是，普鲁士和俄国在法国问题上难以合作，因为两国的真正意图是瓜分处在它们之间的波兰。日耳曼地区的两位国家首脑在《皮尔尼兹宣言》中宣布，"两国认为路易十六目前的处境是欧洲所有君主的共同关切"。他们使任何军事干预都要依靠其他欧洲君主的合作。然而在当时的情况下，英国几乎不太可能参与。下文开头一段暗示有一封法国外交大臣、圣赫雷姆·蒙特莫兰伯爵阿曼-马克寄出的信，他让法国大使通知欧洲各国首脑，路易十六已经接受了法国宪法。这封信的日期是1791年4月，距国王否认自己承认革命、试图逃离法国还有两个月。

《对法国事态的思考》主要讨论的是欧洲各国对革命的看法。柏克认为，在法国不存在可靠的反革命运动，这将迫使不列颠和欧洲的其他君主制国家用军事手段消灭雅各宾主义。

在任何时期，我们与法国的所有交往中，都是把它作为一个君主制国家看待。在这个王国与欧洲所有国家的对外关系中，君主制被看作它的合法的立宪政府，只有这种政体赋予了它结盟的能力。

自从蒙特莫兰先生几乎毫无敬意地向国王、向所有头戴王冠者宣布，那个国家发生了一场彻底的革命以来，至今还不到一年。他通知不列颠的内阁，法国的政府架构已经完全改变，他是那种新制度的部长之一；国王实际上已不再是他的主人（他也不再这样称呼他），而是这个新制度的"首席部长"。

第二条通知是国王接受了新宪法；采用的是法国官府大言不惭的现代风格，充满了他们俱乐部的粗俗声明的语调和特点，而不是常规的官方语气。

任何国家把有关国内安排的事情通知各国朝廷，并不是十分通行的做法。就这件事而言，这两个通知，以及它采用的语调，使基督教国家的君主们别无选择，他们几乎不可能无视这场法国大革命或（这更为重要）它的原则。

我们知道，就在蒙特莫兰先生的声明不久之后，它虽然是以法国国王的名义宣布的，但国王不得不和自己的全体家人一起出逃，并且留下一份声明，他否认了那部打着他的名义生效的宪法，宣布它是无效的，他的权力是被篡夺的。[1] 同样众所周知的是，这位不幸的国王受尽凌辱，被冒牌的国民议会代表再次监禁起来，然后他们运用手中

---

[1] 1791 年 6 月 20 日，路易和家人一起逃离巴黎。他还没到达奥属荷兰便在瓦雷纳再次被捕。他在离开巴黎前留下一份备忘录，谴责了 1789 年以来发生的一切。——译者注

的权力，把他同自己的政府相分离。在同样众所周知的限制下，在完全退位的威胁之下，他被迫接受了他们所谓的宪法，把他监禁起来的篡权者认为适当的任何行动，他都不得不表示同意。

与他一起逃跑的二弟，还有在他之前逃走的三弟，❶ 都是与他同出于一个血脉，仍然信任他的亲王，他的各级官员，他的教士和他的贵族，继续在外国抵制他在目前处境下所做的一切，理由是他本人在逃跑时也抵制它们；他们否认他有权限（这有很好的理由）废除王室或王国古老的等级制。三百名前议会议员，实际上是法国国民的大部分人，都加入了他们的抵制。我相信，新政府受到大多数人的蔑视（只要人们敢于表露自己的想法），连拉法耶特先生也抱怨说——而且事实就是如此——他在国民议会的新选举中无法发挥任何作用，无论是作为候选人还是选民。

在这种状态下，即这个王国已经分裂的情况下，根据国际法，❷ 大不列颠像其他任何国家一样，可以随意采取任何行动。她可以根据自己的判断，以多少正式的方式不承认这个新体制，也可以承认它是事实上的政府，把有关它的来源是否合法的一切讨论搁置一边，接受古老的君主制已经终结。国际法使我们的王室可以做出任何选择。我

---

❶ [国王的大弟弟，后来的路易十八，也于 1791 年 6 月 20 日逃出巴黎。他所走的路线不同，安全抵达布鲁塞尔。他的小弟，即后来的查理十世，已在巴士底狱陷落后直接移居国外。] ——编者注

❷ 参见 Vattel, b. ii. c. 4. sect. 56. and b. iii. c. 18. sect. 296. ——柏克原注 [柏克有一本埃莫里希·冯·瓦特尔（Emmerich von Vattel, 1714—1767）写的《万民法》（*Droit des Gens*, 1758），成为他形成自己的国际法观点的基础。他从这本书中整理和摘录出一部分内容，作为他的《论结盟政策》（写于 1793 年秋）的附录，为英国干涉法国提供正当性。] ——编者注

们只能从国王及其王国的清晰政策中寻求指导。

这个以新的原则（它承认自己就是这样的新原则）建立起来的新政府的宣言，是欧洲政治的真正危机。大不列颠应当审慎地采取行动，这不仅取决于对外关系（就像过去有些时候我们在与别国的交往或争端中那样），在很大程度上也取决于我们认为适用于我国内政的正确制度。

假如我们的政策是让我们的政府变得和法国一样，我们就应当为这种变化做好准备，鼓励在那里建立权力架构。那个我们即或没有与之结成紧密同盟，至少也有友情的君主，我们应当对他受到监禁和罢黜视而不见，我们应当同意蒙特莫兰先生发布的声明中的观点，当然要与在新权力下行动的官僚打交道，尽管这个新政权罢黜并监禁了我们的陛下派去大使的国王。有些人正在日耳曼地区就重建法国君主制和这个国家的古老等级制进行谈判，按那种观点，我们也应当收回对他们的所有直接或间接的支持。这种做法才符合上述政策。

问题是，这种政策是否符合大不列颠的王权和臣民的利益。为此我们不妨稍微考虑一下那场革命的真正性质和可能的后果，它已经通过外交渠道，以极其反常的方式两次向国王陛下做了通报。

各国政府发生过很多次内部革命，或是针对人，或是针对政体，邻国对此很少关心，或者根本就不放在心里。与那些人或政体有关的无论是什么政府，相关国家的利益群体通常都会影响着新的政府，就像它们影响着旧政府一样；这种革命专注于当地的不满或当地的和解，并不会波及境外。

法国目前的革命,在我看来似乎有着完全不同的性质和特点;它与欧洲过去仅仅基于政治原则发生的任何革命很少有相似之处,它是一场教义和理论信条的革命。它更类似于在宗教基础上发动的变革,信仰改宗的精神是它的一个基本成分。

欧洲的上一次教义和理论革命,是宗教改革。这里我无意评论那次革命的功过得失,只想讲明它的一种作用。

这个作用就是,一些并非产生于当地或自然环境的利益团体被引入各国。宗教改革的原则,从本质上说不可能是地方的,或者仅仅限于它的发源国。例如,"因信称义"的教义是宗教改革的最初基础,它不可能对日耳曼人是正确的,对其他国家却是错误的。理论上对与错的问题不受地点的影响,更不受环境的影响。因此,在这种情况下,信仰改宗的精神以其巨大的灵活性向四处扩散,结果是到处都发生了大分裂。

然而,这种表面上只涉及教义的分裂,很快就与政治结合在了一起。这种结合大大强化了分裂的作用。欧洲有很长一段时间分裂为两大宗派,分别为天主教和新教,它不仅经常造成国与国之间的不和,而且使几乎每一个国家的内部也发生了分裂。各国国内一些热情的党派,在感情上更亲近与自己教义相同的其他国家的人,而不是自己的同胞或自然形成的政府,如果后者持有与他们不同的信仰的话。这些教派无论在哪里得势,即使不会彻底毁灭乡土情结,至少会削弱和扰乱它。公众的情感有了另一些动机、另一些联系。

说明这场革命的作用,就要重新讲述过去二百年的历史。

因它而生的原则，虽然不是十分有序而稳定地发挥着作用，但从未完全停止。几乎任何战事的爆发，达成的任何条约，都可以看到它们起着某种作用。它们赋予整个欧洲的政治一种色彩、一种特点和方向。

这些导致内部和外部的分裂与结盟的原则，现在才刚刚消失。但是评价某些近期事件的人肯定会看到，出现了使不同国家的民众结成宗派的另一种来源，它所造成的后果，很有可能像过去相互冲突的宗教派别造成的后果一样重要。在法国，一些参与变革的活动家的意图是无须怀疑的。它已经得到了公开的承认。

在这之前，现代世界还没有过这种展现普遍的政治宗派精神的事例，它脱离了宗教，流行于各国，形成了各国党派之间的统一原则。不过这种事在人性中并不缺乏先例。古代世界便有一个为这种行动提供理由的强有力的实例，就像我们的宗教体系一样强大，也一样有害；它在希腊（欧罗巴和亚细亚的）各国激起了最残暴的仇恨、最野蛮血腥的迫害和惩罚。希腊各国的这些古代宗派和另一些国家的同类人勾结在一起，结成秘密的阴谋帮派和公开的同盟，不是基于普遍的政治利益的一致性，而是为了支持和加强两个分别作为贵族派和民主派首领的国家。在晚近的时代，西班牙国王是天主教首领，瑞典国王是新教首领，❶ 法国虽然是天主教国家，行动上却服从于新教。这类似于斯巴达人在任何地方都是贵族派的首领，雅典人则是民主派的

---

❶1556 年继位的西班牙国王菲利普二世是当时主要的天主教君主。瑞典的古斯塔夫·阿道夫二世是三十年战争期间的新教首领。——译者注

首领。这两个强国让每一个国家的阴谋诡计持续不断，有关国家政体的政治教条成了它们用来加强自身的重要手段。它们的选择并非不明智，因为对观点的兴趣（仅仅是观点，与它们的实际后果无关）一旦牢牢占据了人们的头脑，就会变成作用最为强大的因素，当然它们也经常相互取代。

我可以进一步举例说明一种可能流行于各国、形成帮派的政治情感，这见于中世纪教皇党和皇帝党❶的历史。这些政治宗派最初分别支持教皇和皇帝，没有与宗教教义相结合，或者即使最初涉及宗教教义，它也很快就消失了；而且这些宗派最初的政治目标也消失了，虽然它们精神仍在。它们变成了仅仅是用来区分派别的名称。但是，当它们已经不再主张直接的教义观点时，无论是宗教的还是世俗的，它们依然发挥着强大的作用。有很长一段时间，这些派别对他们生活于其中的每个国家的外交首脑有着不小的影响。我不打算深入探究这些党派的来龙去脉。我提到这一段历史，只是因为它提供了这一类派别的一个实例，它们打破了公众感情的地域性，能让公民与外邦人，而不是有意见分歧的同胞联合在一起。

支配着法国的新体制、把不同民族的宗派联合在一起的政治教条是这样的："按首领的教诲，各国有纳税能力的多数人，是永久的、天然的、无间断的、不会失效的主权者；这个多数是国家政体和政府的完美主人，官员，无论有什么头衔，仅仅是服从多数命令（一般

---

❶ "教皇党"（Guelfs）和"皇帝党"（Ghibellines）起源于意大利中北部城市国家，是分别维护教皇至上权威和支持神圣罗马帝国皇帝的派别。两者之间的斗争始于 12 世纪，影响了西欧广大地区教会与世俗政权的关系。——译者注

性的法律和具体的法令）的职能人员；这是唯一符合自然的统治，除此之外，一切统治都是专制和篡权。"❶

为了把这种教条付诸实践，法国的共和派以及他们在各国的同伙总是要从事的事情，往往也是他们的公共职责，就是消除古代体制的一切痕迹，以法国的"人权"为基础在各国建立新的国家。根据这些权利原则，他们要在每个国家的基层建立完整的地方政府，目的是实行他们所谓的平等代表权。从这种代表权中，通过某种中介机构，生长出所有地区政府的议会和代表。这种代表制行使全体国民的权力，彻底清除世袭制的头衔和官职，使人们的条件（金钱造成的差别必须除外）一律平等，破除领地与尊贵身份之间的一切联系，消灭一切贵族、绅士和教会建制，他们的所有神职人员、所有官员，都是通过选举产生；领年金者可随意取消。

他们很清楚，一个永久性的土地利益集团会如何对抗这种方案，于是决定把这种人贬为农民，这是他们的所有规章中的一项重大转变；让这些人为城镇提供食品，把真正有效率的政府放在城市，其成员是商人、银行家、胆大妄为的年轻人组成的俱乐部，小律师、公证员、报馆经理和文人——他们称为"学者"——组成的阴谋团体。他们的共和国要有一个首席公务员（这是他们的称呼），他可以使用也可以不使用国王的称号，只要他们认为合适。然而，这个官员得到批准后，无论从事实上还是名义上都不是君主，人民也不是他的臣民。这些称呼在他们听来都不顺耳。

---

❶出处不详。——译者注

这种体制在法国的实现，使法国成了按类似原则成立的帮派的天然首领，无论他们在哪里得势，就像雅典成了任何地方所有民主派的首领和可靠同盟一样。但另一种体制是没有首领的。

这种体制在欧洲各国有许多同党，尤其是英国，他们在这里已经形成一个团体，包括三大教派的大多数不信国教者。所有那些性格、脾气和倾向上的异类，很容易与这些人混在一起，虽然不属于他们任何一个教派——即所有那些与他们类似的不安分的人，不管是什么等级或党派——辉格党，甚至是托利党——所有那些不伦不类的投机分子，所有无神论者、自然神论者和索齐尼教派❶，所有仇恨神职人员、嫉妒贵族的人，其中有很多是有钱人；东印度公司的人几乎全是一路货色，他们无法忍受看到自己目前的重要性与他们的财富不相称。这些人团结在一起，形成了一个在我看来很可怕的大俱乐部❷，它现在虽然很安静，但有可能以相当大的一致性和力量采取行动。

过去，除了有野心的大人物，或者是绝望的穷人，让人担心成为革命工具的人是很少的。但是法国发生的事情至少告诉我们，除了我们通常想到的原因，还有另一些导致政府被推翻的原因。钱商、买卖人、大商人和文人（过去一般认为他们是社会中一群安分甚至胆小的人）是法国大革命的主力军。但事实是，随着金钱的增多和流动，随着新闻在政界和文学界的传播范围越来越大，散布金钱和消息的人

---

❶ 索齐尼教派（Socinians）是16世纪宗教改革期间出现的一个激进教派，因意大利神学家索齐尼（Fausto Sozzini, 1539—1604）而得名，17世纪初传入英国。——译者注
❷ 最初称为"孟加拉俱乐部"，后来也向来自另一些邦的人开放，目的是巩固全印度的利益集团。——柏克原注

也变得越来越重要。不久之前还看不到这种事情。在法国，这两种人第一次有了野心勃勃的主张。国家、军队和文官系统中都有他们的目标。这种新的前景让他们目眩神迷。他们兴奋异常，对自己的处境丧失了自然的感情。一笔史无前例的贿赂摆在他们面前———一个庞大王国的整个政府。

有些人相信，这种事不可能发生在英国，因为这里（他们说）的商店主、生意人和制造商的地位没有受到贬低。我曾经认为，法国人对商业的贬低，可以算作这次革命的原因之一；而且我仍然认为，法国贵族的排他性确实激怒了另一些阶层的富人。但是很久以前我就发现，在法国，经商的人并不像有人让我相信的那样受到了轻视。至于文人，他们更是远远谈不上受到轻蔑或忽视，世界上大概没有哪个国家，像他们在法国那样受到高度的尊崇、宠爱、娇惯，甚至是畏惧。商人在社会中自然得不到这样的追捧（因为他们提供的谈资要大大少于交给国家的税金），但他们的地位每天都在提升。巴伊先生❶在巴士底狱叛乱中当上了市长，是那场叛乱的主要活动家之一，这一事变之前，他在国王治下拥有一笔每年六百镑的年金和官职，就那个国家而言，这可不是微不足道的酬劳。他并没有其他头衔，仅仅是作为文人得到了这笔钱。至于有钱人——只要君主制仍在，他们仅仅作为有钱人无疑享受不到贵族的特权，但"贵族"是很容易获得的称号，这是没有获得贵族特权那一类人的过错或疏忽，因为他们至

---

❶指让·西尔万·巴伊（Jean Sylvain Bailly, 1736—1793），法国著名天文学家，法兰西科学院院士。他是巴士底狱暴动的积极参与者，1789年至1791年任巴黎市长。1793年11月死于断头台。——译者注

少能靠官职维持生计。国王的政府里有数不清的官位,真实的或名义上的,都是可以买卖的;只要贵族的影响力或利益能做到,他们什么事情都能干得出来,可是贵族并没有可观的地位或作用。内克先生❶既不是法国贵族,也不在法国出生,但我们都知道三级会议开会时他的地位。

至于商人或其他任何阶层受到的尊重,是受舆论和偏见左右的。在英国,防止这个阶层中的人产生嫉妒的保障,并不如我们想象的那样完备。我们不可自欺欺人。在法国是制度和风俗习惯共同起作用,而在我们这里只有风俗习惯。在存在着王权、朝廷、杰出的骑士等级和世袭制贵族的地方;在有着稳固而持久的土地贵族,他们的尊贵和富足因为长子继承制而得以延续的地方;在有常设的陆军和海军的地方;在有着促进学问、把它与宗教和国家的利益结合在一起的教会建制的地方——在存在着这些事物的国家,新获得的财富的持久性令人生疑,是绝无可能跃居第一位的,甚至接近第一也不可能,虽然财富有着天然的影响力,能够打破平衡状态,甚至能通过人为的制度和由此形成的舆论,在我们中间取得优势,就像在其他国家一样。在英国历史上的任何时期,很少有贵族是来自于经商或通过经商形成的新家族。在任何时期,贵族家庭的成员都很少光顾自己的账房。在整个英国我也只想到一位,但他只存在了不到五十年。尽管如此,根据我的观察,就像任何国家一样,在英国的这一类人中间,很可能因为技能、管理手段、性情而产生嫉妒和野心,他们确实在任何大变革中都

---

❶ 雅克·内克(Jacques Necker, 1732—1804),出身于日内瓦的银行家,法国大革命前担任过路易十六的财政大臣。——译者注

能发挥一定的作用。

　　法国人的改宗精神的可能走向，它会以什么方式在欧洲各地得势，还不好下断言。种子几乎已经在所有的地方播下，这主要是靠报纸的行销，比以往任何时候都更为有效、更为广泛。这种工具的重要性超出了普通人的想象。它们是所有人的读物，是很多人的唯一读物。仅巴黎就有三十家报馆。传播所使用的语言比英语更普及，虽然读英语的人也不少。诚然，这些报纸的大多数作者要么是无名小辈，要么被人瞧不起，然而他们就像排炮，任何一枚炮弹的杀伤力不大，不断发射的数量却是决定性的。一个人从早到晚向我们讲述他的故事尚可忍受，但是一年到头不停地讲，他就会变成我们的主子。

　　因为共同的地理位置和联邦制宪法而把一些邦国松散结合在一起的国家，其成员国都很小，政体和名称也大不相同。可以预期，这些国家是他们的希望和计谋的主要目标，其中首当其冲者是日耳曼地区和瑞士，其次是处境也属于类似情况的意大利。

　　说到日耳曼地区（考虑到和皇帝的关系，我把比利时各领地也算在内），在我看来，由于它的一些内部和外部环境因素，它处于非常关键的位置，帝国的法律和自由并不能抵挡法国教义的传播和法国阴谋家的影响，也无法抵挡两个日耳曼大国❶可能利用普遍混乱状态造成的普遍伤害。我不是说法国人不会把符合他们模式的自由和法律给予这些日耳曼国家，但这并不是过去人们所理解的帝国的法律和自

---

❶指奥地利和普鲁士。——译者注

由。在封建制和继承制的原则下，在帝国的宪法、君主们的特许和授权、家族约法和公共条约之下，已经存在着这样的法律和自由；这些约法和条约得到了另一些国家的最高权力，尤其是法国旧政府的保证，后者曾是威斯特伐利亚和约❶的发起者和天然的支持者。

简言之，这个日耳曼共同体是由一大批形态各异的国家组成的，一套异质化的古老原则体系把它们聚合在一起，这些原则构成了实在的、如同教义一般的公法。法国的新政权试图引入日耳曼，并且以它的阴谋和武装全力支持的现代法律和自由，有着非常不同的性质，与前者根本无法调和，事实上是对它的彻底颠覆：我指的是"人的权利和自由"，是"Droit de l'Homme"❷。这种学说在日耳曼地区已经取得了令人诧异的进展，对此不必有丝毫怀疑。整个莱茵河、默兹河、摩泽尔河以及士瓦本和弗兰克尼亚的大部分地区，都受到它的影响。它在教会选帝侯领地的下层人民，无论是神职人员还是平民信徒中间，尤其流行。很难找到或想象还有比这些教会领地更温和、更宽松的地方。但是，当"人权"控制了人心时，好政府就一钱不值了。其实，只能把这些领地的宽松统治视为一个原因，它为接受任何创新方案提供了方便，诱使人们看轻自己的政府，不是用感情而是用想象去判断社会疾苦。

正是这些选帝侯领地，有可能最先打上法国的烙印，假如它们取得成功，就会席卷现在的整个日耳曼地区。一场大革命正在日耳曼地

---

❶威斯特伐利亚和约是 1648 年 10 月 24 日神圣罗马帝国同法国和瑞典签订的两个条约。和约正式结束了三十年战争，也是欧洲进入现代国际关系的标志。——译者注
❷法文，意为人权。——译者注

区酝酿，依我之见，这场革命对各国的普遍命运有可能产生比法国革命本身更具决定性的影响，尽管所有那些可能加剧我们这个时代的麻烦和动荡的原则，最初都是起源于法国。假如欧洲认识不到帝国的独立与平衡是欧洲大国均势体系的本质，假如作为欧洲大国均衡体系之基础的公法的存废没有主导性的重要作用，那么整个欧洲二百年来的政治就是一个可悲的错误。

如果日耳曼地区的两个主要大国没有考虑到这种危险（它们显然没有考虑到），它就会自然而然地出现，这是因为这两个大国过于强大，使它们缺乏对社会的关切。这种关切只属于这样一些国家，它们的弱小和平庸使它们更有理由惧怕有可能毁灭它们的因素，而不是期盼有可能使它们更加强大的因素。

只要这两位君主彼此不和，日耳曼地区的自由就是安全的。但是，假如他们达成了相互谅解，相信他们均衡地相互加强而不是相互削弱更符合他们直接、明确的利益，也就是说，假如他们开始认为，通过瓜分赃物，而不是通过阻止任何一方掠夺别国的老政策，他们更有可能致富，从那一刻开始，日耳曼地区的自由将不复存在。

双方按这种方案联手既非不可能，也不是不现实，这在1773年对波兰的瓜分❶中表现得很明显。那次瓜分就是通过这种联手而实现的，它使得另一些国家难以插手阻止瓜分。它们当时的情况，使任何

---

❶1772年普鲁士、奥地利和俄国在维也纳签订瓜分波兰的协议，同年8月三国派兵进攻波兰占领了协议中规定的波兰领土并正式签订条约，1773年波兰议会被迫批准了这个条约。——译者注

另外三个或两个国家都无法采取共同措施阻止它，虽然法国当时是现成的大国，但是它还没有学会根据自己发明的政治学说采取行动。法国若要采取任何行动对抗这个史无前例的联盟，波兰的地理位置是一个巨大的障碍。我确切地知道，假如大不列颠当时有意出面阻止这种危险的计划，例如像过去那样通过战争，让一个既懒散又没有抱负的君主❶统治的法国人筋疲力尽，她是能够不惜任何风险在这件事上发挥积极作用的。但是考虑到利益关系如此遥远，以及当时在国内发挥着强大作用的原则和激情，大不列颠不愿在这件事上鼓励法国。不过，就瓜分一事而言，我认为当时大不列颠和法国是有共同利益的。

但是对法国而言，日耳曼地区的位置不同于波兰，无论从好的还是坏的方面看都是如此。假如普鲁士和皇帝勾结在一起，其目的是将教会选帝侯领地和明斯特主教职位世俗化并改为世袭制，把其中的两个交给皇帝的子嗣，把科隆和明斯特并入普鲁士国王在莱茵的领地；或者，假如还在预谋其他相互加强的计划，并且为了方便这种计划的落实，允许和鼓励现代法国动摇这些教会选帝侯领地的内部和外部安全，那么由于大不列颠的位置，她是无法有效反对这种计谋的。她的主要军力，即她的海军，在这里派不上用场。

法国作为威斯特伐利亚和约的创始国，是日耳曼地区的独立与均势的天然卫士。大不列颠（姑且不提国王也是那个威严的共同体的

---

❶ 指路易十五。——译者注

一员❶）有严肃的利益去维护它，但是除非通过法国的力量，根据国家政策古老的共同原则采取行动，在我们所设想的这种情况下，她是没有办法维护这种利益的。让法国的势力保持节制总是符合大不列颠的利益，从欧洲完全消除这种势力则不符合她的利益。虽然法国在一段时间内对欧洲的独立构成了威胁，但无论过去还是现在，只有通过法国，日耳曼地区的共同自由才能得到保障，抵御任何其他大国单一或联合起来的野心。事实上，在这个世纪，另一些王室势力的增强已经使整个欧洲的事态发生了很大变化，有些国家像法国一样，可以变成嫉妒和恐惧的对象。

在这种情况下，出现了一种新的结盟和战争原则。由于法国的缘故，威斯特伐利亚和约成了过时的寓言。过去她有义务维护的权利和自由，现在变成了她一定要加以摧毁的错误而专横的体系。她的善意和恶意是以同样的手段表现出来的。和平地告知人们的权利，是她展示友谊的正确模式；强迫各国君主接受那些权利，则是她展示敌意的模式。这样一来，无论是作为朋友还是仇敌，她都让欧洲陷入混乱。那些遵循着政治常规的政治家，可以从这种普遍的混乱中、从弱小君主面临的危险中看到机会，作为保护者或者作为敌人，把自己的领地同两个日耳曼强国之一联系起来。他们并不在乎所采用的手段在导致他们希望造成的事件时，不仅肯定会破坏和毁灭帝国，而且，假如它暂时加强了两大王室，也会确立起某些原则，强化人民的性情，使两个君主不可能保住他们的收获，甚至是他们的世袭领

---

❶英王乔治一世来自汉诺威家族，所以他同时也是汉诺威选帝侯。——译者注

地。教会选帝侯领地为维护日耳曼地区的自由而建起的堤坝，将会首先消失。

法国人已经开始全面行动，首先是夺取教皇的领土，那里的形势最易于他们下手。他们为此采用的方式是在这些不幸的地区挑起叛乱，传播屠杀和荒芜，然后以亲善和保护的名义，打着已经作废的法国王室的称号，把阿维尼翁和教皇领地的两个城市及其领土并入法兰西共和国。他们已经对日内瓦做过尝试，而且差一点得逞。他们一次又一次提出主张，要把古代组成高卢的所有各省统一起来，包括以莱茵河为界这一边和另一边的萨伏伊。

至于瑞士，这个国家长期统一而没有分裂的可能，堪称一个奇迹。我知道，法国人对这个地方抱着十分乐观的希望。在他们看来，把民主制的瑞士各共和国并入法国，已经由它们的政体完成了一半；他们似乎认为，这可以增加这些小国的重要性，而不是减少它们的独立性或改变它们的统治方式。有可能使瑞士各邦之间发生争执的莫过于此事。对于那些贵族制国家，法国人挑起的对这种名称的普遍不满和仇恨（这比反对君主制更容易，也更为成功），以及这些国家的政府根本不可能对抗任何暴乱，因为它们没有军队，人民全都拥有武器并且训练有素，使得法国人对那些地区的希望远不是毫无根据。伯尔尼共和国确实认为，除了抱有敌意之外，他们也要保持警惕，监禁或驱逐在他们的领土上发现的所有法国人。但是，那些贵族制国家才是瑞士更为重要、富足和有价值的成员，它们现在完全依靠民众的舆论和情绪，一阵微风就能把它们吹倒。假如在旧制度之下遵守着古老的政策原则的法国支撑着日耳曼地区的体制，它对于瑞士就更是如此，后者从邦联制形成之初，就一直依靠同法国的紧密联系，使得瑞士各邦得以完整保持着它们各自的权利和永久的形式，维持着它们整体的独立性。

瑞士和日耳曼地区是法国新政客的第一个目标。他们在国内做的事情，实际上是通过突然改变很多人（当然远不是全体）的意见而完成的征服，我一深入思考这一点，就忍不住想到他们的计划，如果不存在地理上的限制，我很担心这场令人震惊的大革命对欧洲另一些国家可能造成的影响。假如不及时采取某种措施阻止这种影响的扩散，我难以设想它们任何一个国家是完全安全的。

像日耳曼地区和瑞士一样，意大利也分为许多小国，政体也多种多样。不过意大利的这种分裂状态和多样性并不严重，所以我认为那里的危险大体上不像日耳曼地区和瑞士那样迫在眉睫。我知道，法国人认为萨伏伊是个大有希望的地方，我相信这不是完全没有道理。他们把它视为法兰西王国的古老成员，很容易按统一阿维尼翁的原则和方式把它重新统一。这个国家毗邻山麓，作为萨丁国王的领地，长期以来一直是意大利的关键地区。当法国按她古老的行事准则盯上意大利时，她也是这样认为的。这个骚乱不已的新法兰西帝国一旦占据了这个关键地区，它能轻而易举地清除阻碍着她的政策进入那个地区的屏障。我相信米兰孕育着大麻烦，只要米兰一乱，伦巴第的任何地方对目前的拥有者——不管是威尼斯人还是奥地利人——来说都不再安全。热那亚和法国有着密切的关系。

波旁家族的头号君主不得不完全屈从于新制度，甚至假装满怀热情地颂扬它。至少是那些在费扬社聚会的阴谋分子的俱乐部,以及他们在斯塔尔夫人❶的密室里开会的内阁,任命并指导着所有的部长,他们才是真正的法国政府。皇帝十分配合,他们也不必再忍受波旁家族的任何君主,可以用武力把法国间谍挡在他们的领地之外;只要法国与他们通商,尤其是通过马赛(法国暴乱最激烈的地方),他们不可能长久阻止交往或革命的影响。

那不勒斯有着根深蒂固的共和主义倾向,无论过去一段时间多么平静,很容易像它的威苏威火山一样爆发。我认为西西里也有同样强烈的倾向。这两个国家都不存在可以称为政府或真正治安的事物。

在教会领地,尽管那些地方严禁法国人进入,但也不乏革命的种子。这里裙带关系成风,几乎像过去一样严重。每一个教皇当然都是来自大家族,手段是数额巨大的贿赂。来自外国的税金长期以来一直在逐渐下降,现在似有枯竭之势。为了弥补亏空,国内不明智的巧取豪夺有增无减。各种意图虽好但欠缺考虑的习惯做法,其中一些至少从性质上说自罗马帝国时代就已存在,现在仍在流行。政府盲目地固守陈规陋习,另一些人则莽撞地轻信各种创新和试验。当教皇从外国汲取财富时,这些弊端还不太容易觉察;这种财富在一定程度上抵消了他们在国内漫不经心的治理造成的罪恶。但是现在它只能依靠国内

---

❶[波旁家族的头号君主是路易十六。费扬社(Feuillans)是主张君主立宪的雅各宾党人于1791年7月组成的团体,随着革命日趋激进,于次年解散。斯塔尔夫人指斯塔尔-霍斯坦男爵夫人安妮-路易丝-梅克尔,(Anne-Louise-Germaine Necker, Baronne de Staël-Holstein, 1766—1817),她是雅克·内克(Jacques Necker)的女儿,其沙龙是温和立宪派著名的聚会场所。]——编者注

的管理资源维持生存，人们对这种管理的弊端当然有更为切身和深刻的了解。

在表面上迟钝懒散的教皇国内部，有机会近距离观察的人，从那一潭死水中看到了涟漪，表明有暗流涌动。在教皇国，有一个人似乎能扮演护民官雷恩齐❶的角色（但他拥有更大的力量，也更为坚定）。人民一旦燃起怒火，他们是不会缺少领袖的。他们从红衣主教或大主教坎帕尼亚身上便找到了这样一个领袖。假如我的消息准确，他是所有人中最狂躁、最具煽动性、最有计谋、最大胆、最不顾一切的人。他完全不是为今天的罗马造就的。我认为他不久前曾担任过他们国家的第一要职，即教廷总管，这个官职相当于财政大臣。现在他已经丢官，失宠了。假如他当选教皇，或是对新教皇有任何影响力，他一定会唤起那个国家的民主精神。其实，没有这些优势，他也有可能做到这一点。下一个教皇空位期很可能给他更多的机会。也许还有另一些同样的人物，只是我不了解。可以非常确切地说，罗马人民，一旦他们对教皇的神圣性的盲目敬畏——这是对他们的唯一约束——松懈下来，他们就会变得狂躁、残暴和轻率，而那里的治安漏洞之多，政府之软弱无力，资源之缺乏，超出了任何人的想象。

至于西班牙，这是个没有筋骨的国家。它的贵族成事不足败事有余。有一段时间，甚至在建立波旁王朝之前，这个团体在体制中地位

---

❶［科拉·迪·雷恩齐（Cola di Rienzi，1313—1354）是罗马政治家，1347 年他把贵族赶下台并获得权力后担任护民官。他主张建立新的罗马帝国，其主权来自人民，但很快被暴民所杀。柏克把他比作波洛尼亚的红衣主教伊格诺齐亚·邦康帕尼（Ignazio Boncompagni，1743—1790），他似乎不知道这位红衣主教已经去世。］——编者注

低下，因为受到排挤而变得无能，因为无能而被排除在国事之外。在这个圈子里，贵族团体在某种程度上已经被废了——他们几乎没有任何有分量的手段去控制或支持王权，假如他们进行干预，也只能通过煽动绝望的暴民发动叛乱，就像在马德里把斯奎拉切赶下台那样。❶弗洛里达布兰卡❷是官场中人，与贵族团体既没有多少联系，对他们也没有任何同情。

至于神职人员，他们似乎是西班牙唯一独立的等级，他们因宗教裁判所而受到一定的尊重，这是西班牙今天仍然保持政治安定和秩序唯一的但也是不幸的资源。就像在威尼斯一样，这个阶层变成了国家的主要引擎，在一定程度上西班牙一直就是这样。它已经不再向犹太人和异教徒开战，它不再从事这样的战争了。它的大目标是不让无神论和共和主义学说在这个王国有机可乘。有关任何主题的法文书，只要含有这种内容，都无法进入那个地方。西班牙神职人员有着举足轻重的影响力，但是他们同时也对富豪和权贵怀有嫉妒和猜忌。虽然王室通过操纵教皇，能够让很大一部分教会收入落入自己手中，但仍然有很多收入留给了教会。在宫廷的周围，总是有人盼着进一步瓜分那些教会财产，以更快捷的方式获得这些财产，而不是通过与神职人员及其首领的谈判。不过就目前而言，我认为他们有可能收手，以免他们失去对事态的控制，从而使西班牙这个唯一有活力的、对保留君主

---

❶ 斯奎拉切（l. copoldo de Gregorio, Marquis of Squillache，死于 1785 年），西班牙国王查理三世的宠臣。他是导致 1766 年马德里骚乱的主因。——译者注
❷ 弗洛里达布兰卡（Don Jose Monino y Redondo, Count Floridablanca, 1728—1808），西班牙改革派政治家，他深受启蒙运动影响，也是其主要成员之一。——译者注

制不可缺少的团体彻底失去影响力，或是使他们陷入贫困和绝望，利用他们仍然保留的任何影响力，成为摧毁君主制的代理人。

卡斯提尔❶人仍然保留着他们的不少古老的特点，保留着他们的 Gravidad、Lealdad 和 il Timor de Dios。❷ 不过无论过去还是现在，这种特点并不是完全真实的，只有卡斯提尔人除外。组成西班牙的一些王国，大概具有在整个西班牙都存在的特点，但是它们在细节上有许多差别，就像名称不同的民族一样。例如，加泰隆人，还有阿拉贡人，具有显明的米奎莱民兵❸的精神，他们更倾向于共和主义，而不是效忠于王室。他们也与法国有较多的生意和交往。最微小的国内变化，就能显示甚至释放出让整个西班牙君主制陷入混乱的精神。

想来让人伤心，本世纪大体上一直在欧洲这个地区流行的改良精神，以及不久前上路的各种进步方案，一下子就全部戛然而止了。改良确实很容易和创新联系在一起——当创新以过大的规模出现时，致力于改进自己国家的人有可能拿自己的安全冒险。纠正错误，包括对弊端的承认，往往会变成对饱受这种弊端之苦的权力的声讨，而不是对纠正它的人的尊重（这正体现着那种法国恶性病的本质），脱离常规的每一步都变得危险，这使才智平庸的君主想干成任何大事，都会成为充满风险的任务。目前，西班牙唯一的安全保障是对法国人古老

---

❶ 卡斯提尔（Castile）是西班牙中部一个广大地区，中世纪曾有卡斯提尔王国。柏克这里是用它来代指西班牙。——译者注
❷ [西班牙文：庄重，忠诚，敬畏上帝。]——编者注
❸ 加泰罗尼亚地区的非正规军，其名称来自加泰罗尼亚雇佣兵米奎莱·德·普拉兹（Miquclot de Prats）。这支武装纪律涣散，偶尔为非作歹，但在路易十六和拿破仑入侵西班牙时，他们做过顽强的抵抗。——译者注

的民族仇恨。假如有人煽动起大动乱，这种仇恨在多大程度上能靠得住，还不好说。

至于葡萄牙，她处在这些政策的主流之外，因此我不想为她分心，而是回到北欧，那里现在似乎是个最有意思的地区。在我看来，法国对北方各国的投机活动，可以从以下方面加以评价。

丹麦和挪威似乎没有为民主革命提供任何原料，也没有这种倾向。丹麦只能是最后一个受法国事态影响的国家。不过我对瑞典完全不这样看。目前瑞典是一种很新的权力体制，它过于稚嫩，上一次革命对它造成了很大的伤害，因此不能认为它十分安全。国王❶有着惊人的活力，他大胆，有决断力，而且多才多艺，他唤醒并利用了瑞典古老的尚武精神，通过不断的煽动和斥责保持亢奋。这种状态一旦停止，对国王的效忠就会烟消云散。只要瑞典外部在一段时间内平安无事，国内的共和主义势力就会被法国的新精神全面激活，我相信国王对此十分担心。

在所有的国家中，俄国政府最易于被军事叛乱、宫廷阴谋和人民轻率的暴动——比如普加乔夫带来的大动荡❷——所颠覆。任何这样的变化都不太可能使这种体制的本质以法国的方式发生变化。莫斯科人不是大投机家——但我不太信赖他们迟钝的性格，即使他们产生了暴动的寻常动机。"人权"的无聊教义不难学会，推理则要依靠

---

❶当时在位的瑞典国王是古斯塔夫三世（Gustav III，1746—1792），深受法国启蒙思想影响，在位期间曾推行一系列内政改革，于1792年遇刺身亡。"革命"可能是指这位国王于1772年以武力威胁的方式解散了受贵族把持的国会。——译者注
❷[指1773—1775年由普加乔夫领导的大规模农民起义。]——编者注

激情。

波兰，由于这样那样的原因，总是个不安宁的地方。新宪法❶只是为不安分的人民提供了培养他们骚乱倾向的新手段，至少是新模式。性格的底色依然如故。王权与萨克森选帝侯的结合是加强了波兰王室的权威，还是动摇了萨克森的公爵领地，这是个大问题。那位选帝侯是天主教徒，❷而萨克森人至少有六七成是新教徒。按照波兰的法律，如果他接受王位，他必须一直是天主教徒。萨克森人的傲慢，因为有他们的君主占据着波兰王位而膨胀，虽然这项荣誉也让他们尝尽了苦头。日耳曼人的廉洁、尽责和忠诚，威斯特伐利亚和约下的帝国体制的影响力，萨克森王室君主的好脾气和好性情，在过去消除了人民对君主的宗教信仰的所有担忧，使他们一直十分安分、顺从，甚至充满爱意。七年战争使萨克森人的想法发生了一些变化。我认为他们对失去波兰的王位继承权并不感到遗憾，拥有这种权利使他们依附于外国势力，常常不得不扮演费力的角色，而外国势力并没有给他们提供相应的支持。他们的政治利益处在这种非常微妙的形势下，法国和日耳曼地区的势利小人的投机行为、光照会和共济会❸的阴谋及其秘密的和公开的教义，在那个国家取得了可观的进展。披着宗教外衣，实际上是来自法国"人权"学说的骚乱情绪已经显露出来，一

---

❶1791年5月3日波兰采用新宪法，确立了世袭君主制，废除了选举制。这次稳定国家政局的尝试招致奥地利、普鲁士和俄国的干涉，它们在1795年瓜分了波兰。——译者注
❷[指弗里德利克·奥古斯都三世（Frederick Augustus III, 1750—1827），萨克森选帝侯。他的祖父和曾祖父也是萨克森选帝侯，曾被选为波兰国王。]——编者注
❸光照会和共济会都是半秘密的会社，信奉反教权主义，有培养各种激进思想的嫌疑。——译者注

有时机就会喷薄而出。

目前的选帝侯是个性情安分的君主,他行事十分谨慎,心地善良。他知道,君主的生存实际上并不取决于他们拥有的权力和尊荣,而是取决于合理的节制。千真万确的是,欧洲的任何君主都不会承诺他的权力在贫困破产的状态下还能继续存在,他也不敢冒险开征新税来解救自己。这位选帝侯没有完全放弃宫廷昔日的排场,但他在处理自己的事务时与前任相比极为节俭,以便让他的财政从七年战争❶给萨克森造成的状态中尽可能恢复过来。在那个可怕的时期,萨克森一直处在一个愤怒的敌人的掌控之下,它的严厉是出于愤恨、天性和必要性,使萨克森不得不承受战争的全部负担。当这个国家的盟国暂时占上风时,它的居民也没有得到善待。

在我看来,目前这位选帝侯的温和态度和谨慎只是缓解了选帝侯领地的麻烦,并不能保障它的和平。波兰的王位继承权确实重要,无论他接受还是拒绝。假如各邦同意他接受,这会使他在普鲁士国王和皇帝之间本来就很困难的处境雪上加霜。不过,这些想法让我扯得太远了,我本来只想谈谈那些君主的国内处境。但是它总是与他们的外交政策有着某种必然的联系。

关于荷兰和那里的执政党,我完全不认为它已经受到了污染,或者它只是出于恐惧才会这样;它也不可能被引入歧途,除非是以间接迂回的方式。但是,在荷兰处于支配地位的政党并不等于荷兰。受到

---

❶七年战争期间(1756—1763),萨克森加入了法奥同盟,在与英普同盟的对抗中损失惨重。——译者注

压制的帮派，尽管受到了压制，但依然存在。在灰烬之下，仍保留着上一次骚乱的余火。这个反奥兰治的政党从它出现那一天起，就是一个法国人的政党，虽然因为路易十四的傲慢和愚蠢，有一段时间它在一定程度上受到疏远。它总是渴望与法国保持联系，现在法国国内的政府，在相当大程度上类似于无节制的共和派不久前引入荷兰的政府，它们之间的关系很自然，所以也更愿意保持这种关系。我不太清楚目前荷兰总督的对外政策，也不太清楚报纸上所说他代表各省与皇帝达成的条约。但是在我看来，皇帝本人对尼德兰的政策似乎完全是为了满足法国革命者的目的。他竭力镇压贵族党，培养一个与法国最狂热的民主派公开勾结在一起的党。

法国人认为，在他们的游戏玩得很不错的这些地方，是古老法兰西帝国的一部分：它也确实是其最古老的一部分。他们认为这些地方是近水楼台，那里的党派也十分倾向于重新统一。对于较大的国家，他们不打算直接加以征服，而是通过宣扬自己的原则把它们搞乱，他们希望削弱这些国家，让它们永远处于惊恐和烦乱之中，使它们反抗法国人的努力完全失效，同时让它们的无政府状态四处扩散。

在英国，地理上的邻近、不绝如缕的通信和所谓的"自由"，都会引起一定的担忧。自由本来会让我们感到十分亲切，但是对它最恶劣的滥用使它有了另一种诱惑力。这是对我们最珍惜、最美好的东西的滥用。我知道有许多人非常不喜欢法国的体制，但并不担心它在这里得势。不必多说，有这种安全感，是因为人民对他们的宪政体制的依恋，他们满足于宪政体制谨慎地分配给他们的自由。我在已发表的

《申诉书》❶ 中，已经把该说的话都说了。这种安全感确实存在，而且不容小觑。然而一旦起了风暴，我并不是十分信赖它。

还有一些看待事物的观点，可以为我们的安全提供完美（虽然在我看来带有欺骗性）的保障。首先是法国刚刚成形的新体制的软弱和摇摆不定的性质。有人认为，那个共和制的怪物不可能存活。他们胡乱发明出来的组织结构，将使它分崩离析，国民议会肯定会破产，这将彻底毁灭那种体制，使人不必再担忧它四处蔓延。

长期以来我一直认为，法国人这种邪恶的方案具有稳定性，一个重要原因就是人们认为它无法立足，所以摧毁它的任何外部努力也完全无用。

说到破产，这种事早就发生了，而且它永远有可能发生。只要一个国家强迫债权人接受用纸币偿还他的债务，这个国家就破产了。强制性的纸币在一定程度上可以兑付，不是因为有来自教会土地的盈余，而是因为对神职人员不再抱有信心。至于旧债的持有者，对他们的支付是缓慢的，但将会得到支付，不管纸币打什么折扣，只要接受纸币，纸币就会发行。

在其他方面，他们开辟了三项财源，用来补偿所有被他们毁灭的人，即对所有交易进行全面登记，以及沉重而普遍的印花税和新的土地税，后者主要是向已经减少的乡绅地产征收。这些财源，尤其是在支付时接受指券，很大程度上满足了他们的目的，也保持了他们的纸

---

❶ 指《新辉格党致老辉格党的申诉书》，见本书。——译者注

币的信用。因为他们的国库接受它，实际上是靠他们的所有税收和各类财源，以及教会的地产作为资金依靠。由于这种纸币在某种程度上变成了全体人民唯一可见的生计依靠，对破产的恐惧就更明显地与推迟反革命的到来，而不是与这个共和国的延续联系在一起，因为这个新共和国的势力显然要依靠它；在我看来，反革命不可能与指券共存。以上三种方案曾让旧政府的一些大臣倒台，仅仅是因为他们设想了这些方案。但它们成了当前统治者的救星。

国民议会把最残酷无情的手伸向所有那些靠旧政府的赏金、司法或滥权的人，这为他们削减了许多开支。王室的旧建制虽然对于他们的方案来说大到荒谬的地步，已经缩减了至少一半；国王兄弟的地产，在旧政府下实际上是王室的财源，都进了被没收的库房。至于王室的土地，在君主制下的岁入从未超过二十五万[1]，但许多人认为它的价值至少是这个数的三倍。

至于教会的费用，不管是作为对损失的补偿，还是作为他们最初大肆炫耀并且许下庄严诺言的宗教开支，对它的总数的评估大大超出他们对教会财产——不论是动产还是不动产——的预期；按照那个条款，他们已经彻底破产了。这正是他们希望发生的事情，没有带来任何严重的不便。拒付引起了不满，偶而还有骚乱，但只是时断时续地发生在农村人口中间，并没有造成严重的后果。这些骚乱提供了不向教会付款的新借口，有助于国民议会完全摆脱神职人员，其实是摆脱任何形式的宗教，这是他们真正的也是公开宣布的目标。

---

[1] 原文无单位，疑为英镑。——译者注

他们确实陷入了最严重的窘境，但并非完全无计可施。他们没有货币。货币的流通提供了很大的便利，但可以找到替代品。生产和消费的大量物品，如谷物、家畜、红酒以及诸如此类的东西，这个国家都有，让它们或多或少进入流通的方便手段，不可能完全缺乏。没收的大量教会和王室土地，还有亲王的封地，在购买这些土地时，总是按平价接受他们的纸币，这为不停的破坏和创新提供了手段。这种不断的破坏和创新培育着投机市场，阻止了纸币的彻底贬值，直到没收的财源入不敷出。

但是，在目前的法国，有关公债的所有考虑都毫无用处。金融势力的行动在革命之初当然是绝对必要的，但是法兰西各地的共和制政府没有这种人的任何帮助也能生存，就现在形成的局势来说，反而是他们自己需要法国唯一存在的实质性权力的帮助，我指的是各个地区和城市的共和政府，以及指导它们的一切事务、任命它们的官员的各个俱乐部。这种权力现在压倒一切，甚至超过了那个所谓的全国性议会，法院、神职人员、立法、财政以及海陆军都完全服从于它，假如军队还服从于任何权威的话。

这个由各种偶然性和政治组合形成的世界大大超出了我们的想象。不全面观察实际情况，我们不敢说会发生什么或不会发生什么。除此之外，根据其他材料得到的经验是最骗人的东西。面对新的情况，只依靠回顾既往的谨慎态度将一事无成。对接连不断发生的全部事物始终保持警觉和关注，根据它们的走向采取行动，是唯一可靠的做法。医生用放血的方式治疗一种瘟疫，再用它治疗下一个就会加重病情。权力与财产携手而行并不是普遍的真理，以为它的作用确定不变，会把我们引入致命的歧途。

无论是谁，只要正确观察那些共和政府的事态，以及目前由它们的代表组成的国民议会的构成（其中有1001斯特林以上年收入的不超过五十人），肯定能清楚地看到，法国的政治和民事权力已经完全脱离了它的各类财产。其实，无论是土地阶层还是金融势力，在指导任何公共事务上没有一点分量，得不到任何尊重。对他们的计谋的排斥支配着整个王国，并且得到了年轻的账房和商店伙计的协助，还有一些来自乡镇的有着同样特点的年轻绅士。富裕的农民得到了教会土地的贿赂，更穷的农民则毫无价值。他们可能在错误的骚乱中挺身而出，但他们只能自取其辱，为他们的对手的凯旋制造声势。

真正活跃的公民，即上面所说的那些人，都很关心与他们的地方或全国政府的各种目标有关的阴谋。法国人为他们的国民议会规定的议员轮换制度，为广大民众树立起了野心勃勃的最高目标，它史无前例地扩大了一个新的利益集团的底层，这些人只关心政治，与出身或财产完全无关。这种轮换制，虽然削弱了本应视为一个稳固机体的国家，使它本身完全失去了行动能力，却赋予了民主制强大的平等力量。每两年获得最高权力的750人，已经催生至少1500名大胆而活跃的政客，即使对于法国这样一个大国，这个数量也太多了。这些人绝不会安静地守着自己的日常职责，也不会服从任何让他们完全退居私人身份的方案，或是履行稳定、祥和、无关重要的工作。当他们坐在议会里时，他们不得担任委以重托、有利可图的官职——但他们短暂的任期使这一点不构成限制，在他们的试用期和学徒期，他们拿到的薪水对他们大多数人来说都是一笔巨款。他们过了见习期之后，其中那些发挥着任何领导角色的人，就会根据他们的影响力和信誉，被安排到有利可图的官职，或是任命与他们分享好处的人。

这些政治上野心勃勃的候选人在源源不断地增加，用不了几年就会变成数千人。但是和数量庞大的市政官员、各个地区和部门的官员相比，这些人算不了什么；后面这些人也品尝过权力和好处，渴望定期回来吃大餐。对于这些贪婪的、唯恐天下不乱的人来说，国家的荣誉、国民的普遍富裕和繁荣、公债的增减，都是虚无缥缈的东西，这些问题引起的讨论不会对他们有任何影响。国民议会对他们的殖民地状况漠不关心，而那是法国商业唯一有价值的部分。这充分证明了他们对任何事情都有可能无动于衷，只关心自己实现私人的野心，这种野心现在无处不在。

事实上，所有这些给他们的制度安全造成混乱的手段，使人们怨声载道。不过，这只是给那些在国内培育这种手段的人造成了痛苦，或是让那些急于废除它们的人流亡或倾家荡产。每个城市的共和政府都有一个委员会，或是一个有着"调查委员会"性质的部门。在这些小共和国里，专制非常接近于实现它的目标，可以随时获知每个人的任何行动。阴谋一有动静就会被扼杀。他们的权力是绝对不受控制的，对它不可能进行抵抗。此外，这些共和国之间互无联系，它们内部发生的事情，外界很少能获得消息，除非利用它们始终保持通信的俱乐部，而它们经由这种通信渠道交流的事实，都涂上了他们喜欢的色彩。它们和中央都有某种交往，这多少取决于他们的好恶。由于当权的帮派的所有交流都受到这种限制，一个地方的滥权和不满，很少能波及另一个地方。任何地方的任何一个人都无法统治他们。旧政府大力阻止贵族培育地方势力，所以在法国，没有人能把自己的权力、信誉或影响力扩张到两个地区，或能够为了一项计划把它们联合起来。甚至把十个人召集在一起，很快就会让他锒铛入狱。不能通过观察其他国家来判断法国的事态，它与其他国家毫无相似之处。根据历史或其他地方最近的经验做出推论，也完全不得要领。

以我之见，人们从未见过一个国内政府像法国的市政府那样强大。假如发生任何反抗现行体制的叛乱，它一定是发生在使这种政府得以诞生的革命的发生地，即首都。巴黎是自由交流最少的地方。但是即便在那里，也有如此多的奴才、如此多的密探和互不相让的内部敌人。

这个地方也是统治集团的权力和谍报中心，这个地方有时会借助于他们极其凶残的精神，甚至一场革命也不太可能让它满足。根据皇帝和普鲁士国王在皮尔尼茨宫表达的愿望，❶ 贵族党的领袖们已经按各国国王的命令离开了该王国；至于巴黎的民主派，他们中间的领袖除了维持现状之外，在其他事上没有任何影响力。他们只要一被抛弃就会变得一钱不值。他们没有忠诚的军队，没有任何亲信。

切莫以为，一种政治制度，因为它在某些方面设计得非常不明智，它的作用非常有害，它就不可能持久。它的缺陷可能正是有益于它稳定的因素，因为那些缺陷符合它的性质。正是波兰宪法的缺点，

---

❶ [皮尔尼茨宫（Pillnitz）位于萨克森州德累斯顿东郊。1791 年 8 月 27 日，路易十六试图逃跑时被抓住的两个月之后，利奥波德二世和弗利德里克·威廉二世在这里发表"皮尔尼茨宣言"，要求保障路易十六的人身安全和自由，在法国恢复君主制。利奥波德也是玛丽·安托瓦内特的哥哥。]——编者注

使它得以持久存在。谁能设想有阿尔及尔国这样的怪物？还有埃及的马穆鲁克国？❶ 它们是能够想象的最恶劣的体制，以最恶劣的方式运行。可是这种令人厌恶的东西却在地球上存在了好几百年。

考虑到所有这一切，以及我所获知的其他情况，我的脑子里早就得出了三个结论：

第一，不能指望法国仅仅因为内部原因而发生反革命。

第二，目前的体制存在的时间越长，它的力量就会越强大；它消灭国内的不满、抵抗外国支持这些不满的努力的力量就会越强大。

第三，只要它在法国存在，它就是那里的管理者的利益所在，他们的计划的本质就是干扰和分裂所有其他政府，他们的不安分的政客源源不断地出现，将继续刺激他们进行新的尝试。

君主们普遍感到，他们有着共同的事业，其中两位已经公开声明他们的这种意图。面对这种共同的危险，有一些君主，比如西班牙国王、萨丁国王和伯尔尼共和国，正在大力采取防御措施。

假如他们要抵御法国的入侵，这种仅限于防御的计划的优点可以得到貌似有理的辩护。但是，这些国家受到的进攻并不是来自它们的外部，而是来自内部的腐化（类似于干腐病），仅仅采取这种防御性计划的人，并不能避开这种计划被设想为很严重的危险。因为所有的防御措施都有一种性质，在觉察到第一次警告时它会做出迅速而有力

---

❶阿尔及尔有数百年的时间一直是地中海海盗的聚集地。马穆鲁克国起源于12世纪埃及的奴隶军，16世纪初臣服于土耳其，但作为政治实体一直存在到19世纪初。——译者注

的反应，然后就会逐渐松懈；危险并不是即刻就会生效，最终它会变得像是虚假警报，下一次威胁看起来不再那么可怕，戒心就会减弱。而采取攻势的人没有必要时时保持警惕，反而不这样做有可能符合他们的利益。因为出其不意的进攻最有助于他们成功。

在这期间，法国的阴谋学说正在各国安营扎寨。这种学说确实是建立在最能迷惑人的原则上，它最能讨好没有头脑的大众的天性，以及那些从来不深入思考、每天只想着扩张势力的投机分子。所有不信教的人都会强烈地倾向于它，除此之外，他们的性情只会让他们成为专制统治的拥护者。因此，休谟——虽然我不能说他没有指责过理查二世统治期间的平等派——肯定地说，约翰·波尔的信条"符合一种原始平等的观念，它铭刻在所有人的心中"。❶

过去，胆大妄为并不是无神论者的特点。他们的特点甚至恰恰相反。过去他们就像昔日的伊壁鸠鲁学派，是一些不务正业的人。可是最近他们却变得越来越活跃，搞阴谋，参与骚动和叛乱。他们是君主、贵族和教会不共戴天的敌人。我们已经看到，巴黎的所有院士，以孔多塞这位普雷斯特利❷的朋友和笔友作为首领，是行为放纵的共和派中最激进的成员。

上一届国民议会监禁了国王之后，用多数票选出这位孔多塞担任法国王太子的老师；他被从父母身边带走，交给了这个狂热的无神论

---

❶David Hume, *The History of England*, London, 1782, iii. 7. ——译者注
❷普雷斯特利（Joseph Priestley, 1733—1804），英国不信国教的著名神学家、化学家和政治哲学家，法国大革命的积极支持者。柏克在《法国大革命反思录》中曾说他"在自己实验中看人，就像观察空气泵里的老鼠一样"。——译者注

者和激进的民主共和派。他有着这些领袖难以驾驭的性格，他在当时试图控制他属于雅各宾俱乐部的形象，因它有碍于这一人事安排的生效。当他成为这个职位的候选人时，为了获得任职资格，他就自己那位王室学生登上王位的资格宣扬了以下观点。在他写的一篇实名发表的文章中，他反对重建君主制，甚至反对任何有限君主制的出现。他说：

"Jusqu'à ce moment ils [l'Assemblée Nationale] n'ont rien préjugé encore. En se reservant de nommer un Gouverneur au Dauphin, ils n'ont pas prononcé *que cet enfant dût regner*; mais seulement quil *étoit possible* que la Constitution l'y destinât; ils ont voulu que l'éducation, effaçant tout ce que *les prestiges du Trône* ont pu lui inspirer de préjugés sur les droits prétendus de sa naissance, qu'elle lui fit connoître de bonne heure, et *l'Egalité naturelle des Hommes*, et *la Souveraineté du peuple*; qu'elle lui apprit à ne pas oublier que c'est *du peuple* qu'il tiendra le tître de Roi, et que *le peuple n'a pas même le droit de renoncer à celui de l'en depouiller*.

"Ils ont voulu que cette éducation le rendit également digne, par ses lumières, et ses vertus, de recevoir *avec resignation*, le fardeau dangereux d'une couronne, ou de la *déposer avec joie* entre les mains de ces frères, qu'il sentit que le devoir, et la gloire du Roi d'un peuple libre, est de hâter le moment de n'être plus qu'un citoyen ordinaire.

"Ils ont voulu que *l'inutilité d'un Roi*, la nécessité de chercher les moyens de remplacer *un pouvoir fondé sur les illusions*, fut une des premières vérités offertes à sa raison ; *l'obligation d'y concourir lui même un des premières devoirs de sa morale* ; et le desir, de n'être plus affranchi du joug de la loi, par une injurieuse inviolabilité, le premier sentiment de son coeur. Ils n'ignorent pas que dans ce moment il s'agit bien moins de former un Roi que de lui apprendre à *savoir*, à *vouloir ne plus l'être*."❶

这就是那位坐在国民议会里的人的想法，他是他们的常任秘书，他们唯一的常务官员，是到那时为止最重要的人。他带领他们走向和平或战争。他是英国共和派的红人。孔多塞先生的这些观点，正是各国国王把自己的继承人、自己的继承权利益托付给的那些人所信奉的原则。这个人随时会把匕首插入他的学生的心，或是磨快砍断他脖子

---

❶法文："直到那一刻，他们（国民议会）还没有做出任何预判。他们保留了为王太子指定教师的权利，但并没有宣布这个孩子将会登上王位；只是说按宪法规定他可以登上王位；他们想通过教育，从这个孩子的头脑中清除有关王权的谎言所灌输的他有与生俱来的权利的偏见，教育他牢记他是从人民那里得到了国王的称号，人民甚至无权放弃剥夺他的王位的权利。

他们希望，这种教育将通过他的知识和美德，使他恭顺地接过王位这一危险的重担，然后愉快地把它交还给他的同胞；他应当明白，尽快使自己成为一名普通公民，是身为自由人民的国王的义务和荣耀。

他们希望，他的理性所要接受的第一真理是，国王毫无用处，应当努力建立起某种制度，取代这种以幻觉为基础的权力；服从这一真理是他的第一道德义务；不以神圣不可侵犯的身份凌驾于法律之上是他心中的第一情感。他们并非不知道，就目前而言，不是塑造一位国王，而是教导他明白如何不再当国王。"——柏克原注

的斧头。最危险的人,莫过于那些热情的、头脑发热的无神论者。这种人的目的是支配,他的手段是他总挂在嘴上的那些词:"L'égalité naturelle des Hommes, et la Souveraineté du Peuple."❶

以往建立在这种"人权"上的所有努力,都已经证明是不幸的。最近的成功使这种教义的作用大为改观。这是一种自然原则,对大众极具诱惑力,仿佛是切实可行的事情,在他们眼前挥之不去。在多次失败之后,在法国没有进行试验时,这种事业给发明者带来的毁灭就在眼前;倘若有任何狂热分子希望投身于这种性质的计划,他并不容易找到追随者。但是,如今它在几乎所有国家都有同党,他们受到成功的鼓励,在欧洲每一个中心都有可靠的同盟。任何地方的阴谋团体,都会受到他们保护、爱惜和培育,以提升它在国内外的重要性。这种阴谋将从最底层蔓延到最高层。野心和激情总是能够从这个党派和它的原则中找到用武之地。

另一些国王的大臣们,就像法国国王的大臣(他们没有一个人完全免于这种罪行,有些人还深陷其中)一样,可能自己就是煽动起这种倾向和帮派的人。普鲁士国王的前大臣赫茨伯格❷,很像所谓的哲学家,他在任何事情、任何地方都是那一类政客的同党。甚至当有人指责他过于纵容那些原则,他为自己进行辩解时,仍然认为法国大革命对公众来说是一件大好事,对它的普遍仁爱和热爱和平这种骗人的说辞信以为真。普鲁士国王陛下的现任大臣们一点也不讨厌这种

---

❶ 法文:"人人生而平等,主权在民。"——译者注
❷ 赫兹伯格(Graf von Hertzberg, 1725—1795),腓特烈大王的大臣。威廉二世即位后失势,1791年被解职。——译者注

学说。他们为最近一些法令所写的卖弄性序言表明（假如他们的行为还不足以充分揭示他们的想法的话），他们深受同一种无聊而肤浅的思辨瘟病的感染，因为它貌似合理，所以也十分危险。

大臣对本应属于自己的名望不屑一顾，却向往思辨作家的荣耀。这两种身份的职责一般来说是截然对立的。思辨家应当保持中立，大臣却不能这样。他要维护与他主人的利益联系在一起的公共利益。他是主人的受托人、代理人和管家——他不能沉溺于任何思辨，这与他的角色相矛盾，甚至降低它的作用。内克曾经极为渴望这种荣耀，另一些人也是如此。这种对错误的声望的追求，是这些大臣、也是他们不幸的主人毁灭的原因之一。普鲁士的大使们在外国的宫廷里（至少在不久之前）谈到法国时，操着最放肆的腔调，说着最民主的语言。

整个外交界，除了极少数例外，都有这种倾向。是什么原因引起了人们最初认为与他们的身份不符的思想变化，并非不可能做出解释。不过，讨论这种事要费不少口舌，而且免不了招人反感。但事实本身是无可辩驳的，无论他们对各自的宫廷如何加以掩饰。这种倾向在那个群体中蔓延很广，由于他们自身的重要性，他们提供的情报也很重要，能够动摇所有的内阁。假如君主和各国不能迅速而严厉地控制这种信息来源，他们有可能大祸临头。

不过，国王们确实保持着警惕，避免让自己也产生这种倾向。他们很容易疏远臣民的中上层，无论是文官还是军人，平信徒还是教士。君主交往的主要是有地位的人。他们通常是通过这些人感受到对他们的意志的反对。他们的傲慢和固执对君主伤害最大；他们的奴性和卑鄙最让人们厌恶；他们的脾气和阴谋经常给君主的事务带来麻烦，使其脱离正轨。但是，在纯粹君主制的统治下，国王对百姓所知甚少或一无所知，因此并不了解他们的缺点（就像大人物的缺点一样多，如果与权力结合在一起，也会发挥决定性的作用）。国王通常是以亲切同情的态度看待他们，当他受到上层反对派的伤害时，就会把眼光转向那些人。法国国王（他是所有君主的永久典范）正是这样垮台的。我从非常可靠的来源获悉（从三级会议之前和后来采取的危险措施来看也十分明显），国王的顾问使他对自己的贵族、教士和他的官员团体充满了强烈的厌恶。他们前来觐见他，他就用各种方式分别考验他们，发现他们全都靠不住。他两次召集由教士、贵族和地方官员中的要人组成的会议（"显贵会议"❶）；他亲自指定每一个会议成员，虽然经过这样的挑选，他发现这些人集合在一起，并不比他们分开时更愿意服从他的意志。这与他在三级会议——由未经他挑选的同一类人构成——中的权威相比仍然没有任何优势可言，只有"第三等级"除外。只有这个等级使他有望摆脱自己的困境，获得明确而持久的权威。他们表示（这是我的一位线人的原话），"王权受到了这些贵族团体势力的挤压，这些人野心勃勃，拉帮结派；这股势力一旦摆脱负担，其地位就会上升，占据它的天然位置，不再受到干扰或控制"。普通民众会保护、爱惜和支持王权，而不是推翻它。

---

❶法国国王于1787年2月22日第一次召开显贵会议（Assemblée des Notables），讨论土地税问题。由于受到激烈反对，会议于5月25日解散。1788年12月12日又召开了第二次会议，讨论召集三级会议的形式，会上参会者再次反对任何变革。——译者注

"人民"（据说）"没有野心勃勃的目标"，他们同阴谋和阴谋团体并无交集，他们别无所求，只想支持他们享有的温厚仁慈的权威，这种权威使他们第一次在国家中有了重要地位，使他们的和平有益的劳作受到了保护。

这位不幸的国王（他本人在很大程度上是咎由自取）的倒台，是因为他要打压和贬低他的贵族、教士和官员团体。我不认为他有意借助于民主势力彻底清除这些团体。我宁愿相信，即便是内克的计划也没有走得那么远。但是，路易十六确实亲手推倒了支撑自己王座的柱石；他这样做，是因为他受不了所有人类事物都摆脱不掉的不便，他发现自己受困于自然施加给欲望和想象力的限制。他受人教唆，瞧不起由神意规定的所有人之间的相互依赖。眼下，他大概已经无力治愈那些会来拯救和援助他的人的权力和信用所受到的致命伤。因为他的缘故而受罪的人，他只能让他们听天由命，他希望运用各种卑劣的欺骗性诡计——我怀疑他受到了来自外国的鼓励——在叛徒和弑君者中间恢复他从自己家族得到的权力，而他却平静地看着自己的家人在他眼前被剥夺权利，被当作罪大恶极的人受到传唤，回答那些最低劣的叛乱者的质问。

希望这个致命的事例给皇帝上了很好的一课。但是他的一些顾问却在向他极力灌输让他的妹夫陷入目前处境的观念。约瑟夫二世对这种哲学糊涂得很，这位皇帝的一些侍臣，即使不是大多数，善意地引导他了解这种共济会的神秘教义。他们劝他观察一下国民议会，不要带着对敌人的仇恨，而是怀着对对手的羡慕。他们想让他产生一种愿望，用王室的专制主义在他的领地完成法国民主派的事业。他们不会放弃这项事业，劝说皇帝与那些极端分子结成奇怪的同盟。他们当时的大目标就像在他弟弟的时代一样，是不惜一切摧毁上层，他们认为如果他不提升下层的地位，就不可能达到这个目标，也确实不可能。他们希望通过打压一方抬高另一方，首先来增加他的财力，扩建他的军队；他们向他吹嘘说，利用王权的这些正常工具，他们以他的名义帮助他建立的民主，不会给他带来什么麻烦。最新的试验也许向他证明了，过去不可能的事现在已成为可能，邪恶的原则如果任其自由发挥作用能走很远，而且其力量无可估量；他们对此视而不见，却要努力让他相信，这样的民主无法靠自身立足；军队的指挥权无论交到谁的手里，按照事物的自然规律，迟早还是他说了算；作为互无联系的不同国家的主人，他可以雇用一支军队——对于每一个国家它都是外国军队——维持它们之间的秩序。这种做事的准则无论过去多么合理，现在也难以生效了。这种方案充满了阴谋，有可能让他到处失去民心。这些大臣们忘了，腐败的军队正是他妹夫垮台的原因，他本人也很难防止类似的腐败。

这位皇帝并没有由衷地、善意地遵守再明显不过的政策原则，根据布拉班特领地❶——在目前的情况下，它们和君主制建立在同样的基础上，可以获得最大的便利——已经形成的体制去对待它们，他们建议他采取最不利于国王的做法，无论是从好的还是坏的角度看，这种做法都是史无前例的。❷ 他们用最低劣的骗术，建议他彻底违背公

---

❶ 布拉班特（Brabant）是法国北部的一个地区，疆域大体相当于今天的比利时。法国大革命之前数百年一直是哈布斯堡王朝的领地。——译者注
❷ [1789 年 11 月，约瑟夫二世废止了《布拉班特宪章》。]——编者注

众的信任，取消大赦，放弃使他在大不列颠和俄国的担保下获得的进入尼德兰各省的另一些条件。他被迫宣布，他服从刑法意义上的赔偿损失，但他要保住自己的名号，就骚乱期间遭受损失的另一些案子启动民事诉讼程序。他坚持进行这种有望获胜的法律诉讼，从损害赔偿的角度看他可能对个人取得胜诉，却有可能彻底失去民心、失去他的祖先习惯于享有的一大笔额外收入。

这种计划一旦得到允许，就揭开了皇帝的大臣们涉及法国的全部行为的秘密。他们只要看到法国国王和王后的生命不再像他们认为的那样危险，就会完全改变他们针对法兰西民族的计划。我相信，革命的首领（那些领导制宪会议的人）在尽力谋划让皇帝在这件头等大事上满意。但是必须看到，他放弃在皮尔尼茨向君主们许下的承诺，是以法国国王和大多数人的意志作为理由，丝毫没有考虑自然形成的、合宪的各个等级或整个波旁王室的意见。这个不幸的人显然是处于被监禁状态，受到死亡的威胁，所以表现出让世人诧异的谦卑。但皇帝的顾问们只考虑路易的人身，即使他目前处于低贱而被羞辱的境地，他们仍然认为他拥有足够的权威，可以轻松批准对他的整个家族、对多少依附或效忠于他或他的事业的所有人进行迫害，让他们彻底垮台，他也有能力摧毁法国君主制的整个旧体制和结构。

由此可见，奥地利政客现在的政策是通过民主恢复专制，或至少是不惜代价消灭他们所厌恶的任何人，无论这些人在什么地方，尤其是尼德兰。皇帝最初拒绝与现在法国的当权派有任何交往，他鼓励整个欧洲反对那些人，后来他却不仅取消了对逃亡者——这些人受到他的声明的吸引而放弃了自己的家园、自己在军队中的俸禄，许多人甚至放弃了赖以维生的手段——的所有支持和援助,对他们报之以污辱和愤怒。

皇帝的顾问们这种史无前例的行为和法国国王的懦弱（表现为背信弃义）结合在一起,为所有臣民树立了一个致命的榜样,这是在向他们表明,那些遵循自己的忠诚原则,甘愿拿生命和财产为之冒险的人,几乎不能指望从他们那儿得到一丁点支持或赞同。皇帝的顾问们绝不会为了世界废除这一届或上一届法国议会的任何一项法案;他们现在也不希望他们主子的法国妹夫的实际处境有所改善;这个迫害宗教、践踏良好秩序、压迫所有天然形成或制度化尊贵身份的制度,他本来应该是它的真正首脑,但他只是空有其名;他们只希望在做这些事情时,对国王的身份多一点尊重,对他新的下属官员表现出更多的关照;希望他眼下屈从于造成这些变化的人,以后他也许能够继续这样玩下去。维也纳宫廷的行为只能用这些原则来解释。作为附庸的布鲁塞尔宫廷也操着费扬社和雅各宾党的语言。

在臣民的这种普遍腐败、君主们被幻觉和错误政策主导的状态下,出现了一种新的试验。法国国王在弑君者的手里,如巴纳夫、拉莫兹、拉法耶特、佩里戈尔、杜波尔、罗伯斯庇尔和加缪,等等,不一而足。那些监禁他、架空他、有条件罢黜他的人,都是他所信任的顾问。肆无忌惮的反叛分子中还不算太极端的人,自称为温和派。他们是第一届国民议会的首领,在他们从目前的议会暂时离职期间,他们结成同盟维持着自己的权力,如同君主一样对现存的机构行使着统治权。他们大体上成功了;他们有许多优势将来还会取得成功。就在他们任期内的权力结束之前,他们授予国王一些表面的特权——按照他们最初的计划，他们曾拒绝给予他这些特权，尤其是有害的、以他的处境而言十分可怕的否决权。这项特权（作为他们暂时用来控制国民议会的手段）若是没有他们的俱乐部的直接帮助，国王甚至不可能表现出一点行使它的愿望，不然他会人身不保。然而，通过玩弄这种否决权，使国民议会反对国王，使国王反对议会，他们使自己成了双方的主子。在他们通过暴乱摧毁了旧政府的情况下，他们会尽量维持必要的秩序，使他们的篡权得到支持。

有人认为，这是因为法国那帮最坏的恶棍得到了背叛皇帝的顾问们的直接鼓励。他们控制着被捕的国王（现在他从思想和肉体上都成了俘虏），又有皇帝的良好愿望，这为他们壮了胆，打算向欧洲的每个宫廷派出大使，在此之前正式谴责对每一个国家的恐怖和欺凌，没有任何例外，这在外交界是没有先例的。过去派往外国宫廷的大使，都是在革命之前由法国国王任命的，他们大多数人出于个人性情、职责或礼节，仅限于消极服从新政权。现在国王完全掌握在他的狱卒手里，他的处境已经让他的头脑失效，只能派出热情支持新体制的人——那些在内克先生的女儿斯塔尔夫人家里聚会的费扬社秘密委员会所指定的人。他们讨论要派出的民主使者，他们的住所会变成这里和驻在国的聚会地点和阴谋中心，对该国尤其是上流社会有害无益。国民议会的这些大使只要得到我国宫廷的接受，至少以他的正常身份，国王的大臣们自然会与他有一些应酬和招待，不允许外人拜访那位大使既无用又荒唐，会遭到全力抑制。和大使见过面的女性，会在我们中间挑起派系之争，这必然会扩大罪恶。我听说她们中间有些人已经去过了。不必怀疑，她们会唯恐是非还不够多。

按国与国交往的通行法律接受大使的同时，法国和我们的帮派俱乐部之间的通信，如现在的情况所示，也会持续不断。这种冒牌的大使馆，是新制度在海峡两岸的拥护者之间更紧密、更稳定、更有效的联系通道。这些在伦敦和曼彻斯特等地的英法俱乐部，我不敢说它们没有多大危险。指定纪念日是人类让任何制度保持生命力的最佳方式。我们就在伦敦确定了一个纪念日，也是最新的一个：7月14日。❶ 政府的强烈不满，一年中不利的时间，❷ 其他大国的倾向仍然不明，并没有阻止至少九百人的集会，他们披着漂亮的外套，付得起半个基尼去表达他们对新原则的热情。他们麻烦缠身，以及可能的演讲，妨碍了他们邀请法国大使到场。大使除了害怕冒犯任何党派之外，还有微恙在身，所以他离开了伦敦城。但是，既然我们的宫廷承认了以蒙特莫兰的信中宣布的原则为基础的法国政府，这位法国大使对出席他所代表的政府成立的庆祝活动怎么会感到不快呢？几天前发生的一件事，许多细节都很可笑，不过即使从它的荒唐可笑中，也更强烈地体现着法国国民议会的精神。我是指他们接待了第五街同盟。❸ 这是一个下层的酒馆俱乐部，里边都是精神错乱的醉鬼，他们公开宣布这个俱乐部是他们在英国人民中间的正式盟友，下令让他们觐见法国国王，在法国各省广为宣扬。出于两个非常实质性的考虑，

---

❶1791年7月14日革命学社举行过庆祝巴士底狱陷落两周年的宴会。——译者注

❷7、8月份是英国议会的休会期，上流社会都离开伦敦去了乡村或欧洲其他地方。——译者注

❸["第五街同盟"或"立宪派辉格党俱乐部"曾在1791年10月15日致信法国国民议会，后者在12月5日讨论了这封信。法国人错把他们当成了辉格党俱乐部。据《泰晤士报》说，这个俱乐部"有十五或十六个成员，都是理发匠、面包师和木匠"。见 *Corr. Copeland* 6：p. 465，n. 4.] ——编者注

这要比披着常规的合理外衣的任何做法更有威力。首先，凡是对他们有利的舆论的最微不足道的表现，他们都以令人吃惊的热情抓住不放，这表明在他们看来，英国人当前的舆论对法国人民，其实是全体欧洲人民的思想有极大的影响力。其次，在我看来十分重要的是，这表明他们愿意公开支持，甚至收养我国能够形成的所有阴谋帮派，无论它多么卑鄙下贱，以便在最悲惨可怜的人中间挑起一种他们视为至高无上的观念，鼓励他们仰望法国，一旦他们变得更有实力，就帮助他们颠覆国内的政府。这种酒馆俱乐部里的言论，实际上已经由国民议会作为同盟力量提出并接受了。在我看来，在英国如此行动的人是严重的行为不端，即使他们不是如此低劣卑鄙，他们的做法也谈不上高级，甚至看作罪行也不算过分；国民议会接受、赞扬和宣传这种盟友，显然是犯了侵略罪，这使我们的宫廷完全有理由要求他们直接认错，假如我们的政策没有使我们对它视而不见的话。

当我浏览这篇文章，就要把它付印时，我又看到了一份国民议会的声明，它像是对莱茵地区日耳曼诸君主宣战书的序言。这个声明包含着法国对外政策的全部本质。甚至在国王及其新枢密院——费扬俱乐部——还没有接受它之前，他们就下令向欧洲每个国家的人民散发它。作为他们自己公布的政策的集大成，我们不妨考虑一下使这份文件出笼的环境，以及它本身的精神和性质。

它的前奏是布里索的一篇发言，充满了对日耳曼地区无比傲慢的态度，即使不是欧洲所有君主制国家。国民议会表示对其中的观点很满意，下令把它印出来。这个布里索是已被废除的君主制中一个极为卑鄙下贱的雇员，曾以反扒为业或充当警察的线人，他做事的风格也和那类人一样。受雇于他的主子，一名副警长，他在伦敦待过相当长一段时间，这还算是体面的职业。推崇这一类德行的革命，让他和另一些地位与性情类似的人大出风头。革命一爆发，他就成了一份无耻报纸的出版人，目前他仍在经营。他被控是伊斯帕尼奥拉❶骚动的第一推手，我相信这一指控是正确的。如果我的消息准确，他是个无恶不作的人，但又没有能力完全胜任。他作为新闻写手——这是法国现在最受宠的职业——的素质，他的做派和原则，使他当选为国民议会的议员，成了那里的领袖之一。孔多塞先生在同一天起草了一份致国王的声明，在它还没有提交之前，议会就把它印了出来。

孔多塞（虽然在革命之前他并不是他自封的侯爵）的出身、风格和职业都不同于布里索，但是在每一条原则上，在对待最下层和最上层的态度以及最坚定的作恶方面，他们完全是一丘之貉。他在国民议会里支持布里索，既是他的帮凶，也是他在报界的竞争者。作为另一名议员加拉先生❷的继承人，他以自己的名义在那个报业帝国创办了一份报纸。孔多塞被选定起草了国民议会呈交国王的第一份声明，向特利夫兹选帝侯和莱茵地区的其他君主发出威胁。在这份得到费扬社和雅各宾俱乐部一致同意的文件中，他们极其傲慢无礼地公开宣布了今后与欧洲任何君主发生纠纷时他们准备遵循的原则。他们说："他们不想用火与剑去攻击那些人的领地，而是采用对他们来说更可

---

❶ 伊斯帕尼奥拉岛（Hispaniola）是法国在西印度群岛的殖民地之一，即现在的海地。——译者注

❷ 柏克这里大概指的是多米尼克·约瑟夫·加拉（Dominique Joseph Garat，1749—1833），法国大革命时期的政治家，三级会议代表，因在《巴黎日报》上报道会议情况而闻名。革命期间他担任过司法部长和内政部长。——译者注

怕的手段——引入自由。"我没有得到这份文件,无法提供准确的原文,但我相信它接近于我的转述。假如他们能够按照他们引入自由的方式去落实这种敌意的话,他们的敌意确实很可怕。他们已经展示了他们整个计划的完美模式,非常完备,虽然还只是小试牛刀。这帮屠夫和歹徒已经完全摧毁了美丽祥和的教宗领地和阿维尼翁城。在我看来,欧洲的君主们严重地搞错了自己的荣誉和利益所在,他们允许有人肆意发泄野蛮、叛逆的怒火,甚至没有任何抗议,遵循的则是现在他们在自己的国家也受到其威胁的原则;因为按照现在流行的贫乏而又褊狭的精神,他们这位君主兄弟的臣民在对自然法和国际法的践踏中受到了非人的对待,而他有一个不同于他们的称呼,不是称为国王、公爵或伯爵,而是通常被称为教皇。

特利尔和美因兹两地的选帝侯已经被类似的战争模式的威胁吓坏了。然而国民议会认为,特利尔和美因兹的选帝侯在他们的第一次恐吓之下做得还不够多,就像我前面刚说过的,在布里索之后又推出了孔多塞。他们现在下令在所有国家散发的声明,本质上和第一份声明一样,只是更加傲慢,因为它包含着更多的细节。他们厚颜无耻地宣布,他们的目的不是征服,暗示世界上所有合法的国家都公开承认它让邻国就范的计划。他们又补充说,如果受到挑衅,他们只会向自称为主子的人开战。至于人民,他们将给他们带来和平、法律和自由,云云。没有任何迹象表明,他们把他们称为"自称主子"的人视为其国家的合法政府,或是待之以最起码的尊重。他们认为这些人是篡权者和人民的奴役者。如果我没有搞错的话,孔多塞在第一稿中把他们称为暴君。我相信,国民议会出于同样的目的下令同时印出来的布里索的演讲也是这样说的。从整体上看它们如出一辙，充满了虚假的哲学和花言巧语，都是为了迷惑和影响平庸的头脑，把它们散发到各国挑起叛乱。其实，假如欧洲得到合法承认的任何君主公开下令禁止这样的声明在别人的领地上散发，他的大使不会受到一次接见，立刻会被下令离境。

欧洲各国有一个掩饰他们担心的借口。他们说，这不是国王使用的语言；虽然他们很清楚实际上并不存在这样一个国王，真正存在的只有国民议会，国王只有得到它的承认才是主人；他所做的事不过是在走形式，他既不能提出或阻止，也不能加快或拖延任何措施；国民议会下令公布的声明，公开目的就是在那些国家统治的地区挑起暴动和叛乱，对于这种声明，他既不能补充，也不能删减。他们希望，通过包含在这份文件中的普遍威胁（虽然会激起无限的愤怒），在每个国家分别消除一种明显的轻蔑态度。这种威胁首先是针对日耳曼地区的那些君主，他们庇护着受迫害的波旁家族和法国贵族；不过这种声明是泛指的，针对每一个他们可能有理由挑起争端的国家。但是法国的恐怖笼罩着所有国家。几个月前，所有的君主似乎倾向于联合起来对抗法国，现在他们却好像要联合起来支持法国。法国的势力从未有任何时候表现得如此可怕。尤其是帝国的自由，最容易受到动摇，变得岌岌可危，法国则有着煽动叛乱的巨大能量，在弱小的地方最为强大，但是它既没有力量也没有倾向去支持小国的独立对抗强国的企图。

最后，行文至此，我心中怀有一种信念，我必须一而再、再而三地重申，法国的事态是欧洲政治的头等大事，对于每个国家，无论从外部还是内部来看都是如此。

我讨论的许多问题都是出于担心和忧虑。我很清楚，由担心而提出的问题，或是就此发表的意见，看起来都是令人生疑的。可以说，希望通常取决于使人奋起行动。要警告一些人——你不能驱赶着他们去保障自己的安全，你要让他们站稳立场，诱导他们不是采取措施阻止危险的到来，而是从他们脑子里消除一种令人不快的想法，说服他们摆脱他们的行动可能使隐患提前到来的担心。我可以坦率地承认，这种恶习有时是来自过分的担心；但是，只有在措施过于鲁莽、选择错误或配合不当时才会是这种情况，它是盲目的恐惧而不是明智的预见力的结果。我只希望把自己的想法提供给少数人，他们能够处乱不惊，毫不犹豫地予以反击。

散发引起叛乱的宣言，向每个宫廷派驻顶着大使名义的叛乱使者，他们传播着同样的原则，从事着同样的勾当，这种做法能走多远，发挥作用多快，这不好说。但它会或快或慢地继续下去，这取决于事态，取决于时局。君主们受到臣民叛乱的威胁，同时他们也要奉承和服从那个新的罗马元老院的最高命令，接待那些同样在他们的领地散发反叛声明的大使。这是导致整个日耳曼体系堕落与耻辱的唯一事情。

这些人权大使，以及他们获准进入外交界，我认为这标志着一个新时代。这是影响君主和上层社会的生存最重要的步骤——我无意排除它对所有阶层的影响，但是，第一个打击目标是古老秩序的突出部位。

该怎么办呢？

除了说明情况，我不敢有非分之想。会有许多事情发生。但是，就像所有政治措施一样，这些事情取决于倾向、性情、手段和外部环境，对它们的全部后果我并没有把握，我不知道在这个问题上如何让自己的思考松懈下来。在我看来，罪恶已是千真万确。救济的方式必须靠实力、智慧和情报，而且要与良好的意图结合在一起，而这是我不具备的。我已经做完了这个题目，我永远相信这一点。过去两年它经常让我惴惴不安。如果人类事务发生巨变，人们的头脑会适应它；普遍的舆论和感情会受到它的吸引。一切的担心，一切的希望，都会趋向于它；而那些坚持抵抗人类事务这种强大潮流的人，就像是在抵抗神意的命令，而不仅仅是抵抗人的计谋。他们将做不到坚定不移，而是会变得堕落和难以控制。

致威廉·艾略特的信

1795 年 5 月

256　　随着革命的年代渐成强弩之末，英国革命派组建俱乐部、协会和非正式意识形态同盟的倾向让柏克日益感到失望，同时他的政治盟友要么丧失了活力，要么因眼光短浅的反应而出局。柏克希望自己的儿子理查德·柏克成为对抗约瑟夫·普雷斯特利和托马斯·潘恩一类激进派及其追随者的领袖，尤其是在年轻人中间。理查德于 1794 年 8 月去世，柏克只好转向其他人，其中就包括威廉·艾略特。

　　柏克的愿望在国际和国内战线上都遭受了挫折。日耳曼各国和俄国从来无法打消它们之间的猜疑或是对波兰领土的欲望。当 1794 年底普鲁士请求与法国和解时，第一次联盟已经破裂。这封信中提到的由此产生的巴塞尔条约（1795 年 4 月），实际上废除了 1791 年 8 月以来使奥地利皇帝和普鲁士国王联合在一起的皮尔尼茨宣言。

　　柏克写这封信的直接动机是 1795 年 5 月 8 日诺福克公爵的一次演说，下文把他称为"公爵大人"，并标上"某位"的字样。公爵在演说中谴责了《反思录》，认为其中"宣扬的原则，鼓吹的教条，不仅破坏英国人的宪法权利，而且完全有悖于他和他的政党共同承认的辉格党原则"。

这封信对欧洲各君主制国家面对革命者的宣传放弃自己的原则发出哀叹。他讲述了正确的教育、财产安全和信仰对自由人民的根本重要性。最后柏克呼吁一位新的领袖，他拥有公民的勇气，以及对犹大·马加比所象征的古老习俗的虔敬。

亲爱的先生：

有人主动告诉我，某位公爵大人❶为了讨上院的欢心，最近自告奋勇大谈我的花销，却几乎不提他本人的花销。我承认，如果那是一首新曲子，我会更喜欢一些。不过每个人都有自己的爱好，公爵大人喜欢老调重弹。

好事也有嫌多的时候。干杯是好事，祝酒也不错。但再好的干杯，没完没了就会伤了味觉，一轮又一轮不停地祝酒，会让肠胃受不了。立场最坚定的政治家的耳朵，也会被没完没了的吼叫搞得不知所措。在革命学社和另一些按照同样值得赞赏的计划成立的俱乐部里，时常能听到对我说些怀旧的奉承话，对此我确实非常感激。这些俱乐部的先生们在举杯向公民托马斯·潘恩和公民普雷斯特利博士致敬后，很少不会提到我，"敬柏克先生，感谢他挑起的争论"。

---

❶ 指诺福克公爵。——译者注

我发现这种荣誉很受用。甚至对抗也可以成为撞击出真理火花的手段，即使说不上是功绩，至少能让人开心。

我本可以就此打住。但是我发现，厄斯金先生❶这位著名的革命支持者屈尊利用那些祝酒辞，作为政治和修辞学的纯洁而丰富的来源（我从他为某些杰出公民的几次辩护中听到），这让我有点失望。虽然我仍然感到自豪，我一点也不敢恭维我这位证人。厄斯金先生不崇拜名声，却总是以这样那样的方式给自己贴金。我认为，在接下来的祝酒词中，他似乎更信任自己作为一个特殊辩护人的勤奋，而不是作为演说家的标新立异。对于不了解他在才华和博学方面有充足储备的人，会觉得他在话题和常识储备的丰富和多样性上缺乏出色的表现，我本来以为，他在模仿西塞罗和其他著名的古代演说家时，他本人是有这种储备的。

我同意，当厄斯金先生把俱乐部的开怀畅饮变成法庭上郑重的专业辩论时，他从自己的想象力库房中提供了一些东西。就展露才华而言，我还是更喜欢酒馆而不是法庭。祝酒干杯要好于辩论。即使祝酒变成了讽刺挖苦，也可以用更好的陈醋冲淡；有酸味的酒能对缺少才智的辛辣味有所纠正。但是公爵大人用无聊的佐料使它又变了一次味，既让俱乐部厌倦，也让法庭心烦；他的药是用废酒瓶里的残酒调制出来的，散发着软木塞和酒桶的恶心味道，里边什么都有，独缺诚

---

❶［托马斯·厄斯金男爵一世（Thomas Erskine, first Baron Erskine, 1750—1823）是议会里的辉格党议员，也是法国大革命的早期拥护者。1794年8月他曾在中央刑事法庭为激进分子托马斯·哈代、约翰·霍恩·图克和约翰·塞沃尔做了成功辩护，使他们免于刑事指控。］——编者注

实的指引；它的坏味道又进一步受到中央刑事法庭监狱里恶臭的污染，在上院再一次酿造成了无用的官场套话，这时我发现，我的所有荣誉的浓香都变得索然无味，甚至像尿一样难闻。不幸的是，新的酒税甚至令最富裕的人也能感受到，公爵在亦步亦趋地跟着厄斯金先生。

我有幸或不幸地惹恼了当今时代的两位大人物，让他们发表自己的见解，我指的是公民托马斯·潘恩和某位公爵大人。我不是著名的平等派，非要把这两位大人物等量齐观，无论是在政界还是文学界。但是，"荣耀之地属于所有人"❶。它当然足够大，容得下我们所有人赛跑。上帝知道，追求荣耀的地方有一望无际的野石南，我们永远也看不到尽头。我向公爵大人（假如他还允许我这样称呼他）保证，无论那些俱乐部或法庭的权威说什么，公民潘恩（他们应当知道，他一直对我不依不饶，紧追不舍）本人天生的仁慈有着足够的活力，使他能够一意孤行。他随时愿意亵渎他的上帝，侮辱他的国王，诋毁他的国家的宪政体制，并不需要我的挑衅或公爵的任何鼓励。我向公爵大人保证，我不会根据他在上院的出色演说，不公正地谴责潘恩先生的下一本反宗教、反人类社会的著作。我要进一步向这位高贵的公爵保证，我不会鼓励或挑唆那位可敬的公民在饥馑中、在监狱里、在公民大会的法令中或是革命法庭和巴黎的断头台上❷追求富足、自由、安全、正义和仁慈，也不是平静地接受他从供应充足的市场上、没有街垒的街道、中央刑事法庭的昏聩法官那儿，或者在最糟糕的情

---

❶［引自蒲柏 Alexander Pope，*The Dunciad*（1743）2：p. 32.］——编者注
❷1793年底潘恩在巴黎被捕，在监狱里蹲了十个月，只是侥幸逃过了断头台。——译者注

况下，从老英格兰轻巧得体的颈手枷能够得到的东西。选择哪一个国家是他个人的爱好，写作是他自己的热情的成果，尽管有他的朋友普雷斯特利博士在，他是个自由人。我当然同意，我给予赞美的不列颠政府背负着所有的历史旧债，吃牛肉的贵族、吃布丁的教区牧师、喝啤酒的平民、让人随意行走的愚钝下贱的自由，都是它的拖累。这可能激怒了诺福克❶的一位赛马骑师，他怀着坚定的抱负，有志于成为法兰西公民，他要做一些事情使自己回归自然，有资格在那个英勇、慷慨和人道的国家跻身于贤达之列。我要说，这是可能的。但事实是（我怀着对公爵的极大尊重才这样说）公民潘恩的行动根本不是因为有人激怒了他，他的行动完全是出于他本人杰出的心灵的本能冲动。

公爵大人就是个杰出的演说家，他首先对我的才华大加赞扬，对此我愧不敢当。他这样做，是要用廉价的善意取信于人，以便夸大我滥用了他慷慨赐予我，而不是上天安排给我的角色。在这件事上，他也是在屈尊步厄斯金先生的后尘。那些牧师（希望他们能原谅我，我指的是人权牧师）先给我的头上戴上花环丝带，用他们的香水为我施洗，作为他们挥动圣斧砍下我脑袋的前奏。他们说，我伤害了宪政体制；我放弃了辉格党和我所承认的辉格原则。我亲爱的先生，我不打算为了替自己辩护去反驳那位大人。对于世人如何议论或看待我，我没有多大兴趣，就像世人如何议论我或看待某人不感兴趣一样。我希望那位大人宽恕一个不幸的人，他已经退出，只想在懊悔中享受郁郁寡欢的特权。无论如何，过去我就这个问题既有发言，也写

---

❶指诺福克公爵。——译者注

过文章。假如我的言论和文字乏善可陈，让人过目即忘，那么再道一次歉也不会留下持久的印象。"树既然倒了，我只能让它躺在那里。"❶ 也许我必须自取其辱。我承认，我是按自己的而不是那位大人的政治原则行事，我敢说这些原则非常深刻，充满了智慧，但我不敢谎称已经理解了它们。至于他所暗示的政党，很久之前就离我而去了，但是我相信，受到他谴责的那本书中的原则，与那些最可敬、最严肃的政治家中许多人的看法十分一致。当然，有少数人，我承认在各方面也同样可敬，他们与我有分歧，与公爵大人一个腔调。我自忖不才，没有办法让他们满意。他们有自己的地盘。还有一些非常年轻、非常机灵的人，他们大概构成了那位大人乐于承认的那个党的绝大多数。当我进入那个圈子时，他们中间有些人还没有来到这个世界，或者还只是孩子。对于威严的检查官、经文的守护者、熟谙政治学秘籍的拉比和博士，我是有充分信任的。我同意，"智慧像人长出的灰发，学问属于可敬的长者"❷。但是，当人们大谈自由的时候，如果我有些固执己见，也许能够得到原谅。在一个纪律松弛的时代，我把自己的锁链也放松一两环，稍微放任一下自己的观点，人们也不必惊奇。如果这是可以允许的，我大概也能偶尔（只是偶尔，不是不可饶恕的犯罪）信赖自己的非常认真勤勉的研究，尽管我有些愚钝，而不是只去信赖他们与生俱来、视野宏大、明察秋毫的权威。但是，现代自由是宝贵的，不可被过于庸俗的运用所亵渎。它只属于少

---

❶ 参见《圣经·传道书》6：18.："树倒在何处，就存在于何处。"——译者注
❷ 改写自《德训篇》（Ecclesiasticus）4：9.："见识化为人的白发，老年收获清明的人生。"——译者注

数选民，他们生来就有整个民主制的世袭代表权，没有给我们这些可怜的平民流浪汉留下任何东西，甚至连垃圾也没有。

我认为，在那些一到成年，甚至还没到成年便获得权力的先生中间，公爵大人并不属于其中的一员。他同那些有天然资格主宰我们头脑的出类拔萃的人分享着很多经验。他对宪政体制的理解肯定比我更好。他研究过它的基本成分。在二十次选举中，我只见过他参加了一次。❶ 没有人比我离耽于幻想的理论家更远；没有人比我更多地从实践中得出思考。没有贵族比我更谦卑警觉地监视着可怜的民众正在衰落的权利。"他用三个伟大的赫尔墨斯看管着那头熊。"❷ 他常常挑烛夜读，直至油尽灯枯，埋首于研究宪政，为此彻夜不眠，付出漫长的努力，为的是确保选举的纯洁、独立和节制，如果有可能，也要对破坏选举权本身的指责加以限制。

我即使挑灯夜读，也比不上他开明，假如我过于热情地夸赞这种宪政体制，甚至说一些像是在赞扬那个把他看作首领的团体的话，这位大人在劳作之余是乐于原谅我的。不喜欢我的这种偏爱或——假如那位大人乐意，也可以称为——吹捧的人，大可以心安理得。我可以受到驳斥，最令人信服的驳斥，即实践的驳斥，可以让我丢尽脸面，每一位贵族都可以证明我错得离谱；整个贵族团体可以为了自己而驳斥我。只要他们乐意，他们可以跟自己作对，其力量要比像我这样支持他们的一千个三流作家强大得多。即使我具备那位大人为了夸大我

---

❶［柏克这里是指贵族日益不受欢迎的做法（柏克本人也是受益者），把"口袋选区"（Pocket Boroughs）的议会席位送给他的同党。］——编者注
❷［见 Milton, "Il Penseroso," ll. pp. 87 – 88.］——编者注

的罪过而愿意赋予我的能力，也不会有多大的不同。厄斯金先生的雄辩可以把某位先生从绞架上救下来，但是什么样的雄辩也救不了杰克逊先生免于服毒自尽的后果。❶

我那本不幸的书已经被列入现代辉格党的禁书目录，我在书中不仅为贵族，也为戴王冠的人说了不少好话。国王们不仅手长，而且强壮有力。例如，我用一百年才能写下的东西，或最勤奋的日耳曼政论家运到莱比锡市场上的出版物，一位伟大的北方统治者为了向君主和君主制道歉，用一纸文书就可以就把它们全都禁掉。如果我或者任何微不足道的学者为皮尔尼茨宣言辩护，陛下可以用巴塞尔条约驳斥我。这样的君主可以因为一个共和国的首脑是国王而毁灭它，为了平衡这种反常的行动，他也可以再建立一个砍下国王头颅的共和国。我维护那位伟大的统治者，因为他缔结了保护欧洲旧政权的大同盟；可是他又把那些政权（实际上也包括他本人的政府）拱手让给了法国的新体制，这让我哑口无言。假如他在巴黎的法庭（为审判各国国王而建立的法庭）受审，指控他用自己的顺从的奴隶污染了自由的土地，他为了撇清自己，就会把日耳曼地区一部分最美丽的领土（包括他本人的一块领地）送给威严受到冒犯的法国弑君者。假如他手里拿着火炬，脖颈上套着绳索，向共和国的无套裤汉公开谢罪，我能挡住这种事吗？我能为之负责吗？即使我发出抗议，他也会抱着这种可耻的态度，恳求原谅他的威胁性声明；为了补偿那些他无法用威胁吓住的人，他会抛弃他用承诺煽动起来的人。他可以牺牲法国那些

---

❶［威廉·杰克逊是一名法国奸细，1795 年他以叛国罪受审，但在做出宣判之前自杀。见 *Corr.* Copeland 8：41。下面一段话中"不幸的书"指《反思录》。］——编者注

被他召唤到旗下的保王党，为服从他们自己的君主，或信任那些承担起受到折磨的国王和忠诚的臣民的事业的人，树立一个有益的榜样。

假如这位高傲的君主接受弑君者对所有国王，尤其是对他本人的谩骂，我又能做什么呢？假如这位王室的宣传家鼓吹人权教条，我还能做什么呢？假如他的文学教授在他的所有学院里讲授那部法典；假如他的领地上的所有报馆经理用数百种日报向整个欧洲传播这种思想，这是我的过错吗？假如他让自己的所有掷弹兵和骠骑兵都去了解这些高级神话，这能怪罪于我吗？假如他让"le Droit de l'Homme"或"la Souveraineté de Peuple"❶变成他的军队津津乐道的话题，我又有什么责任？现在他的军队要和勇敢的自由军团一起行动，他无疑要让他们适合于他们的博爱精神。他要教导普鲁士人像他们一样去思想、感觉和行动，让他们仿效"Regiment de l'Echaffaut"❷的荣耀。他要雇用著名的"公民桑泰尔"，❸他的新盟友的将军，教给愚钝的日耳曼人如何对待路易十六（他曾为后者的事业和人身提供过保护）那样的人，因为他们竟敢不经人民的同意就自视为世袭国王。我能阻止这位伟大的统治者追求荣耀吗？这个威斯特伐利亚和约和三种宗教❹的保护者，让自己去迎合哲学共和国，消灭所有三种宗教，所以我主张美德和宗教是所有君主制的真正基础，这难道有错吗？假如改革宗教会的伟大保护人非要这样做，在他的所有邦国领地废除加尔文

---

❶法文：人权、人民主权。——译者注
❷法文：绞架行刑队。——译者注
❸桑泰尔（Antoine Joseph Santerre, 1752—1809），法国大革命时的巴黎国民卫队司令，担任过对路易十六执行死刑的指挥官。——译者注
❹指天主教、路德教和加尔文教。——译者注

宗的安息日，实行无神论的共和历，我是没有能力拦住他的。❶ 他甚至也可以在理性的圣殿里放弃神秘主义，宣布与之断绝关系。至少在这些事情上，他是真正的暴君。他现在向最初让他感到恐惧的所有事情示好。人们当然会感到好奇，想看一看（不过我不会跑那么远去看这种事）当普鲁士恢复和平和自由出场时，那些精妙的计划和高雅的风景画会如何装饰波茨坦和夏洛滕堡的节日。"光照派"委员会❷在柏林歌剧院为庆贺这个幸运的事件上演豪华的芭蕾舞，将要唤起对他的布兰登堡家族哪一位全副武装的祖先的回忆，是条顿骑士团的大首领，还是伟大的选帝侯？是普鲁士的第一个国王，还是它的最后一个国王？或者，它的整个漫长谱系（我这里说的"漫长"是指永恒）看上去只是麦克白悲剧中班柯的皇家阵仗？

我怎么能挡得住所有这些王室政策的伎俩，所有这些壮丽的王室表演呢？我怎能阻止腓特烈大王的继位者对这个新时代独一无二的荣耀的向往呢？我怎么能够说，他不会以圣奥古斯丁或卢梭的风格进行忏悔，❸ 不会扮演悔罪和苦行的角色，脱去他的王袍，给他强壮的身体穿上粗布衣和苦行服，按无套裤党的神圣命令，用鞭子抽打他那宽阔的肩膀呢？我挡不住国王们建立新的宗教和军事骑士团。我不是赫拉克勒斯，❹ 没有足够的力气举起阿特拉斯想从他疲惫的肩头移开的

---

❶［1795 年初，新成立的巴达维亚共和国取消了 1618 年的多特宗教会议，后者在荷兰确立了改革宗信仰。］——编者注
❷"光照派"（*Illuminés*）是一个社团或"教团"，组织和仪式类似于共济会，流行于 1776 到 1785 年。其成员包括许多日耳曼人，受启蒙运动影响极大，是宗教和政治自由主义的狂热支持者。——译者注
❸圣奥古斯丁和卢梭都写过自传体的《忏悔录》。——译者注
❹赫拉克勒斯（Herakles），希腊神话中的大力神，宙斯之子。——译者注

魔球。如果大人物铁了心要成就他们自己的人格和处境的堕落与毁灭，别人又能做些什么呢？

我就日耳曼诸君主所说的话，对神圣罗马帝国另一些地位尊贵的人和制度同样可以这样说。假如他们有心自寻毁灭，他们可以让他们的拥护者闭嘴，羞辱他们的顾问。我经常赞扬宫廷会议。❶ 我确实这样做过。我认为它是一个法庭，是人类智慧所能建立的最好的法庭，它迫使大人物和权贵们服从帝国的法律，服从自然法和国际法；设立这个法庭的初衷，是为了在日耳曼共同体的各个地区根除贪污腐败和压迫。我不会因为因人类的弱点而犯下的一般过失，就撤回这些赞扬；它们仍然存在着，虽然从其中一些判决可以感觉到国家或宗派的偏见，无论是政治上还是宗教上的。甚至一定程度的腐败，也不能让我认为它们是自寻死路。但是，如果我们能够假设，宫廷会议不顾它的职责甚至一般的体面，既不听从良知私下的警告，也不倾听名望公开的呼声，一些成员卑鄙地放弃自己的职责，另一些继续履职的人只是更无耻地玩忽职守，做出可耻而堕落的判决，它如此荒谬，如此令人震惊，在人类堕落的历史上，甚至在诗意想象的虚构中也找不到与之相比的先例；假如它做出冷酷无情的判决，让数百万无辜的人民受到敲诈、掠夺、生灵涂炭，使人间一些最美丽的国家受到践踏，变为废墟——如果是这样，谁还会认为我的谦卑的道歉，或是他们自己趾高气扬的恃强凌弱，能够使他们免于毁灭？人的智慧造就了这些制度，人的愚蠢也能毁掉它们。无论我们多么巧言善辩，材料的坚固总

---

❶宫廷会议（Aulick Council），神圣罗马帝国的两个最高法院之一，有皇帝任命的二十名成员，1806年解散。——译者注

是更重要的事情。一座好建筑的外形不能说无关紧要。但是，假如它整体上倾斜，使用的泥浆松散不成形，石材总因风吹日晒而剥落，那么我是被倒下来的一根科林斯柱还是多利克柱砸死又有什么区别呢？一艘船有漂亮外形，会让人驾驶起来很开心。看到它的华贵的艺术装饰，会让人赏心悦目。但是，假如她的木板已经朽烂，那么即使是她的形式符合数学真理，从头到尾都有华贵的艺术装饰，她的所有绳索和风帆、旗帜和飘带，甚至她的大炮、她的储备和供应，又有何用处？

> Quamvis Pontica pinus
> Silvae filia nobilis
> Jactes & genus & nomen inutile. ❶

我不知为何忍不住要用这些事打扰您，除了我自己之外，很少有人认为值得为之操心。有人在上院的演说中攻击我维护一种政府体制，而上院正是它固有的一部分，只能依靠它才能生存。大不列颠的贵族们可以像普鲁士君主一样变成忏悔者。他们可以后悔为维护国王的荣誉、为他们自己的安全所做的事情。但是，无论这项事业前景多暗淡，还是大人物们为加快他们的垮台而做的任何事情，都不能让我后悔我用笔和言辞（这是我拥有的唯一武器）所做的事情，即捍卫我生于斯，也希望终老于斯的制度。

---

❶ [拉丁文："虽然你是用本都的松木建造，你是高贵的森林之子，你只是在吹嘘毫无价值的血统和姓氏。" Horace, *Odes* 1. 14：pp. 11 – 13.] ——编者注

在塑造了历史的漫长世代里，从来没有过像法国大革命之前的欧洲所提供的这种美妙的盛世。我当然知道，这种繁荣本身包含着给它带来危险的种子。它在社会的一部分人中间引起放纵和堕落，在另一些人中间造成胆大妄为的精神和计谋。一种虚幻的哲学从学院传入宫廷，大人物自己也受到能够毁灭他们的学说的传染。在过去的两个世纪里要么根本不存在，要么只遵守正确原则，只掌握在有限的人手中的知识，如今在四处传播，起着削弱和颠覆的作用。普遍的财富使人道德松弛，变得更加高傲。有才华的人开始把社会财富的红利分配与权利人的功德加以比较。不出所料，他们发现自己的份额与他们对自己价值的评估（或者是公众的评估）并不相称。当法国大革命揭示出既有建制和贪婪之间的斗争能够继续进行下去，即使只有一年，只限于一个地方，我相信它就给事物的整个秩序，给每一个国家都造成了现实的破坏。首先是把社会织体整合在一起的宗教全面松弛了。其他所有意见都被扣上偏见的帽子，肯定也会同它一起垮掉；财产失去原则的保护，不再是提供自卫武器的库房，而是变成了贪婪掠夺的对象。我知道，当才华付诸行动，以邪恶的方式、以恶魔般的力量围攻权威时，它是无法只靠自身立足的。除了它自身的吸引力之外，它还需要另外的支持。过去是环境支持着人，现在则变成了必须由人的品格去支持环境。过去，有权威的地方总是也有智慧和美德。而现在帷幕已被撕下，要想把入侵的渎神者拒之门外，政府这个庇护所就必须不仅展示它的威仪，还要露出它可怕的一面。政府要全面展现它的美德，也要全面展示它的武力。如果它向世人宣布一项宽宏大量的事业，适合于宽宏大量的人投身其中，这无异于引狼入室。能够指望逆来顺受的人做出坚定的自卫行为吗？不可能！必须有警觉的拥护者和热情的捍卫者，沉闷不满的默认是绝对产生不出这种人的。如果一个稳固的权威机构说，或者用行动表明，"我所信任的不是自己的美德，而是你们的耐心；我将陷入懦弱、懒散和腐败不能自拔；我将自甘堕落，放纵恶习，因为如果你惩罚我，你也有自取灭亡的危险"，这该是多么下贱而愚蠢的做法？

我希望告诫人们提防最大的罪恶，即打着改良旗号的盲目而狂热的创新精神。我当然很清楚，权力很少能够自我改良。当所有人都对它沉默不语时，就更是如此。然而我还是希望，谨慎的畏惧可以防止后悔莫及。我相信，危险会在最不慎重的时候发生；此时此刻我敢于自夸，不应当再为权力增加不稳定性；发生地震的那一刻，不是为我们的房屋加盖一层的时候。我希望看到最可靠的改革，也是唯一可靠的改革，即停止胡作非为。同时我希望人们拥有智慧，知道如何宽容他们的任何努力也只能做到使其差强人意的状况。但是，这种状况使他们能够活得顺应自然，假如他们乐意，还能活得既有美德又有尊严。

对于那些抱有良好愿望的人，我不会后悔自己把他们想得太好，只要他们能让我觉得他们值得我这样想。面对上帝，我非但谈不上后悔，我已听到了新任务的召唤，我并不是要支持这个人或那一个人、这种体制或那一种体制，而是支持一种至关重要的一般原则，它产生了父辈留给我们的遗产，但是同时滥用权力和自由，可能会让它死在我们手里。我不认为人类和他们创造的国家，会像人的身体一样，因为自身构造的必然性、寿命和时间的作用而衰老，逐渐变得痴呆，血色褪去，终至僵化。这种拿身体和政治做类比有时能说明一些问题，它本身却是不能成立的。它常常披着华而不实的哲学外衣，为无可救药的懒散和胆怯找托辞，当我们的国家在危难之时大声疾呼时，成为男子汉无所作为的借口。

当公共灾难来临时，有多少次仅凭一人之力就能及时挽狂澜于既倒？我们中间有没有这样的人呢？我确信，就像我确信自己还活着一样，一个头脑强健的人，即使没有官职，没有地位，没有任何公共职权，我要说（当人们感到缺少这样一个人时，而且我相信现在就是这种时候），这样一个人，只要他信赖上帝的帮助，对自己的勇气、活力、事业和毅力充满信心，首先会把和他相似的少数人吸引到自己身边，然后难以想象的大众就会聚集在他身边。

虽然我有困惑和挫折感，况且也来日无多，在海外被人不耻，在国内备受冷落，使我失去了我的自豪感、我的希望、我的安慰、我的助手、我的顾问和我的向导❶（您知道我失去了什么，我会向上帝坦白在这种损失中我的所有疏忽和过错），尽管如此，假如我看到这个吉祥的起点，我仍会让灰烬下的余火重新燃起。我对公众的眼光已感到不耐烦，我也没有力气在人群中冲出一条路。然而，即使孤身一人，仍可以为社会做一些事情。密室里的沉思曾让元老院怒火中烧，复仇女神使军队义愤填膺。良药可以与瘟疫有同样的来源。那些激励人民（他们心里仍怀有正义感）重新投身于古老事业的人，我会为

---

❶［这是指他的儿子理查德于 1794 年 8 月去世。柏克这封信的最后一段又提到了他的儿子。］——编者注

他们贡献一份力量。

新奇的事物不是热情的唯一来源。鼓舞着任何创新者去毁灭古代的虔诚和荣耀的热情和勇气，不是也曾让马加比和他的族人奋起维护古老律法的荣誉，捍卫他们祖先的圣殿吗？❶ 这并不是危险的行动，而是伟大的真理，一旦事情脱离正轨，就只能用脱离正轨的行动加以恢复。共和派的精神只能用性质相同的精神去对抗；虽然性质相同，但是它包含着另一种原则，指向另一种目的。我主张既要对抗腐败，也要对抗目前流行的改革。同时向它们开战，切不可示弱，而是要更加强大。战胜真正的腐败，将使我们有能力挫败那些假冒伪劣的改革。我并不想挑动那种能激发出邪恶力量去匡正人间混乱的罪恶精神，我甚至都不能容忍这种精神。不！我会发出更美好的声音，我相信也是更有魅力的声音，让正义、智慧和勇气回到人间，纠正这里的罪恶，让人类迷途知返。我希望唤醒每个人既帮助，也要控制权力的欲望。我呼唤真正的共和精神，这看起来有点自相矛盾，但只有它能够把君主制从宫廷的愚顽和群众的疯狂中拯救出来。这种共和精神不会让位高权重的人蒙难，给他们的国家和他们自己带来毁灭。它将进行改革，不是通过破坏，而是通过拯救大人物、富人和当权者。我们也许会接受这样的共和精神，用它来唤醒昔日出类拔萃的英雄和爱国者，他们所知道的唯一政策只有宗教和美德。这些人将把宪政体制看得至高无上，他们不会让君主、元老院或平民院打着尊严、权力或自由的幌子，把由理性指定主宰着各种权力的道德规则弃之不顾。这些

---

❶ 马加比（Judas Maccabeus），犹太祭司，公元前166—前164年他领导了一次犹太人成功反抗叙利亚统治的反叛。——译者注

人透过他们的影响力的外表，用压力来增强他的实质性力量。外力可以增强动能，这是道德的真理，就像它是力学真理一样；不仅对挽马是如此，对赛马也是如此。实际上，这些伟大的骑手握着缰绳，引导权力不偏离正轨，激励着它追求荣誉和安全。大人物必须听命于谨慎和美德的统治，不然没有人会服从他们的支配

"Dîs te minorem quod geris imperas."❶

这是他们无法改变的封建职责。

是的，我亲爱的先生，现在的局势很糟糕。我不否认，掌管着我们事务的人不乏勤奋，能力十分出众，也有足够的公共美德。但是他们的手段、国家的所有机构，并没有为他们提供帮助，而是在阻碍着他们。我认为，我们的内阁（虽然有一些与他们作对的力量，是你我都无法掩盖的，这未免令人伤心）一向十分忠诚，堪称欧洲最智慧的行政部门。他们的倒台并不是无足轻重的不幸。

我无意贬低议会的少数派，他们具有不凡的才华，我也不否认他们具有美德，他们的学说在我看来有着根本的错误。但是不管是对是错，他们缺乏足够的一致性，在公众中没有足够的名望，人数也不够多。他们无法组成政府。这是再清楚不过的事情。有许多力量在反对他们，我不指责这是他们的错误，但这应当算是国民的不幸。必须做一些不同寻常的事情，不然一个政党便无法作为内阁存在，另一个政

---

❶ [拉丁文："你若做诸神的仆人，你就统治。" Horace, *Odes* 3.6；p.5.] ——编者注

党甚至无法作为反对党立足。他们不能改变自己的处境,他们之间也不能结成有益的同盟。我看不到结盟的方式,也看不到通向结盟的道路。一想到这件事,我就高兴不起来。

我很清楚,我斗胆讨论的每一件事都是至关重要的,但是时代才是关键。新世界的新事物!我从日常的生活轨迹中看不到希望。假如找不到能由衷地感到有某种冲动的人

"—— quod nequeo monstrare, & sentio tantum,"❶

使他们对现状失去耐心;假如没有人觉得私人有时能承担起无需国王任命或人民选举、但得到他们承认的职责,那么我就看不到这个世界还有什么希望。

假如我能看到这样一群人开始聚集起来,他们会得到我的祝福和建议(我也只能做到这些)。人们在谈论战争或呼吁和平。他们是否根据现实世界的标准,深入思考战争或和平的问题呢?不,恐怕他们没有。

为何您不加入到我谈到的那些人中间呢。您年轻,才华横溢,有清醒的头脑,天生就具备浑然天成的演讲才能;您也有正确的想法,有仁爱、开阔、丰富的情感,大可不必过于谦虚低调。如果时机和场合得当,谦虚可以为所有其他美德增辉,但它也时常成为所有美德最

---

❶[拉丁文:"我指不出这个人,我只是能感觉到他。" Juvenal, *Satires* 7: p. 56.] ——编者注

275 坏的敌人。我曾送给您那个人的一本书，请把他铭记在心！我们认为有时让他感到沮丧和受人冷落的性情，会使他变得有点萎靡不振，但是如果上天有意让他经历正在到来的危难时局，他会重新振作起来。有一两次他发现，从他的活跃而昂扬向上的思想中，从他不可战胜的勇气、他的言行的所有意图中，他是能够有所期待的。我的朋友，请记住这个对您抱有最高敬意和尊重的人；请记住，重任也是重托；也请记住，如果美德用错了地方，即使不像罪恶一样危险，至少会让它的自然倾向变得无益，让伟大的奉献者的意图落空。

276 　　再见，我的梦做完了。

致一位上院议员的信

1796 年 2 月

1794 年 6 月柏克从议会退休时，他的财务状况像过去一样危险。议员的工作是不发薪水的。只有当他的政党执政，他获任政府职务，他才能靠自己的工作挣钱。在柏克三十年的职业生涯里，罗金汉派辉格党只短暂执政过两次，分别在 1765 年和 1782 年。柏克一向对身边贫穷的朋友和亲戚慷慨大方，这使他在 1794 年面临一个困境，要卖掉自己在比坎斯菲尔德可爱的房子。不过柏克的担心被皮特的决定所缓解，他要从王室专款中为柏克提供 1200 镑年金，这是法定的最高限额。但是这一慷慨的法案受到政治上的强大反对，于是皮特决定不在议会为柏克提出进一步拨款的申请，而是利用可以直接从国王得到的两笔年金基金，在 1795 年夏天把柏克的年金提高到了 3700 英镑。

1795 年 11 月，柏克的年金在上院受到劳德戴尔伯爵八世詹姆斯·梅特兰和贝德福德公爵五世弗兰西斯·罗素的攻击。这两个人就像法国的奥尔良公爵——现在自称"平等派菲利普"——一样，陶醉于自己的激进派形象。劳德戴尔甚至在一次去法国的朝圣之旅中与布里索见过面。"从来没有像贝德福德这样不幸的人，他一个对手，"杰克逊·巴特写道，"因为他的攻击促使柏克做出了雄辩滔滔的答复，《致一位上院议员的信》是任何政治家所能写出的最出色的告别辞。"柏克信中所说的"贵族议员"，是指他的朋友和庇护人、罗金汉勋爵的侄子菲茨威廉伯爵四世。

《致一位上院议员的信》分为三部分。首先，柏克不得不为自己一直接受王室年金辩解，观点与《关于经济改革的演说》（1780）一脉相承。他在这篇演说中曾批评王室发放年金，授予闲职，浪费大笔公款，既无功德依据，也不受议会的监督。其次，柏克讨论了贝德福德家族，将它的历史与自己的儿子过早去世的家庭悲剧做了比较。最后，柏克呼唤贝德福德的舅舅奥古斯都·凯珀尔的精神，他曾被罗金汉任命为海军大臣，柏克设想了他会如何看待法国大革命。这篇文字包含着柏克一些最精彩的言论，尤其是对英国宪政体制的描述。

阁下：

我抱有一种难以抑制的愿望，应当尽早承认我欠着贝德福德公爵和劳德戴尔伯爵的人情。两位高贵的人，不失时机地授予我这份荣誉，这是他们唯一的能耐，也最符合他们的性情和施恩的作派。

哲学和政治新宗派的狂热分子无论用什么语言对我恶语相向，这些大人都认为很仁慈，另一些人认为很公正，这并没有让我感到不安或惊奇。引起奥尔良公爵或贝德福德公爵的不快，受到公民布里索或他的朋友劳德戴尔伯爵责难，证明我的努力产生了一定的效果，虽然这没有给我带来丝毫的满足感。我勤勉劳作的所得，是由高贵的上院议员们慷慨支付的。我没有冒犯过他们任何一个人。他们对我的指责是出于对事业的热情。这太好了！非常好！我必须向他们的公正表示敬意。我感谢贝德福德家族和劳德戴尔家族，他们充满信任，使我完全免除了普雷斯特利和潘恩没有偿还的债务。

有些人也许认为是他们自己犯了错误：至少我没有什么好抱怨的。他们超越了公正的要求。他们（大概有点超出了他们的本意）一直对我有所偏爱。他们的谩骂，促成了格兰维尔勋爵[1]的善意，使他屈尊为我说好话。我已经从世事、从它的事务和乐趣中退出，我承认，受到这么多的攻击、这么多的赞扬，这让我感到十分受用，又点燃了我几乎已经熄灭的热情。得到一位既能干又精力充沛、见多识广的政治家的赞扬，这可安抚我受伤的心。他充满了男子汉气概，及时挺身而出，坚定地维护我们君主的个人声誉以及他的政府、法律和自由，他的人民的道德风尚和生命的安全。以任何公平的方式与这种事联系在一起，当然是出类拔萃的表现。任何哲学都不会让我凌驾于它之上；任何哀伤都不能让我情绪低落到对这种荣誉完全无动于衷。

他们为何不让我籍籍无名、无所作为地活下去呢？那帮人难道认

---

[1]1795 年 11 月 13 日，时任外交大臣的威廉·格兰维尔（William Grenville）在上院说，柏克的年金是"一个人的功绩的奖赏……他不屈不挠地挺身捍卫重要的既定原则，使之免受到危险创新的粗暴攻击"。——译者注

为只要我一息尚存,他们就寝食难安?难道非要像约翰·齐西卡❶那样,把我的皮肤做成战鼓,激励欧洲投身于无休止的战争,反抗威胁着整个欧洲、整个人类的暴政?

　　大人,这是一个想起来就很可怕的问题。在这次法国大革命之前,任何时代都没有过这种革命的先例。这场革命似乎扩展到了人类的思想结构。这种神奇的现象就像韦鲁勒姆勋爵❷所说的大自然的运行:不仅它的元素和原理,而且它的成分和机制,从一开始就是完美无缺的。法国的道德方案提供了唯一的模式,欣赏它的人会立刻全盘接受。它确实储备着取之不尽的事例。以我的可怜的处境,虽然很难列入活人之列,他们也无法让我感到安全。他们如同猛虎扑食。他们是食尸的豺狼。那个国家马戏团的野兽,是由这个时代一流的动物学家搜集的。他们有着完美无缺的野蛮天性。他们甚至不放过像我这样退居乡野的人,要将其供上他们的革命祭坛。他们不分男女,不分年龄,甚至对受到墓穴庇护的人也毫无敬畏。他们坚定地憎恨一切特权等级,甚至不放过死者、不幸的墓中人。他们并非完全没有目标。他们的奸诈供养着他们的邪恶;他们把棺材里的铅做成刺杀活人的子弹。❸假如所有革命者完全缺乏谨慎,我建议他们考虑一下,历史上从来没有人,无论圣人还是俗人,惊扰过坟墓,用他们的巫术唤醒已

---

❶ [约翰·齐西卡(John Zisca,1376—1424)是波西米亚贵族,胡斯派信徒的首领。据说他曾下令在他死后用他的皮肤做成了战鼓,敌人一听到这鼓声就会望风而逃。]——编者注
❷ 韦鲁勒姆指弗朗西斯·培根,1618 年由国王詹姆士一世封为韦鲁勒姆男爵(Baron Verulam)。——译者注
❸ 法国国民议会在 1793 年 8 月 1 日下令摧毁圣丹尼王室墓地。坟墓被破坏或移除后,将铅棺里的尸体抬出扔进水沟,铅棺融化后造成子弹。——译者注

故的先知，这只能预示着他们自己的灾难性命运。"走开吧，请让我继续长眠！"❶

在一件事上，我可以原谅贝德福德公爵对我和我暮年的年金的攻击。他不太容易理解他所指责的交易。我的所得并不是讨价还价的成果，也不是搞阴谋的产物，不是毫不妥协的结果。最先向国王陛下或他的大臣提出这种建议——无论直接还是间接——的人并不是我。人们早就知道，当我的工作允许我这样做时，我还没有因最大的悲剧而变得郁郁寡欢之前，就已经决定完全撤出。❷ 当大臣们慷慨而高尚地让王室的赏金自动生效时，我已经落实了这一设想，抽身而去，不再效力于任何政治家或任何政党了。他们做的都是分内事。当我不能再为大臣们效力时，他们考虑过我的境况。当我不再能伤害他们时，革命派却对我落井下石。我相信，我的感激与他们提供好处的方式相当。在我人生的这个时刻，以我的身心状态，财富并不能给我带来真正的愉快。然而这不是王室的馈赠或陛下的大臣们的过错，他们很高兴承认一位效力于政事的无能之辈的功劳，安抚一位凄凉老人的悲伤。

我若吹嘘任何事情固然不妥，我若贬低我的漫长一生的价值、我以无出其右的辛劳服务我的国家，也同样不妥。我的全部服务，我所表现出的勤勉，我的公正的意图，已经得到了我的君主的认可，既然

---

❶ [改写自 Thomas Gray, "The Descent of Odin," l. p. 50.] ——编者注
❷ [柏克说的撤出是指对黑斯廷斯的弹劾程序，此事一直持续到 1794 年 6 月。"最大悲剧"则是指他的儿子在同年 8 月 2 日突然去世。] ——编者注

如此，如果我主动站到贝德福德公爵和笔友会❶一边，或是允许我们的体制授予评估这种事情的权力引发争议，那就太荒谬了。

对于空穴来风的诽谤，应当报以沉默和蔑视。我也是一向这样对待它们。我知道，只要我还有公务在身，我就不应当理会恶意中伤和无知的判断。假如我像所有人一样有时犯下错误，我必须承担自己的过失和错误的后果。现在的诽谤和过去的诋毁并无两样，然而它是来自一些有地位的人，是在那样的场合说出，这就增加了它的重要性。我应当以某种方式关注一下。表明我本人受到了诽谤，这并不是出于虚荣或傲慢。这是公正的要求，这是感激的表示。假如我是毫无价值的人，给我赏金的大臣们就比败家子还要坏。倘若这种假设成立，我完全同意贝德福德公爵。

不管我为自己的国家做过什么（现在我已经不再做了），应当允许我享有合理的自由，因为是我坚持让自己获得解脱的；不应当让罪犯在铁笼里为自己辩护。即使把辩护的自由运用到极致，我也希望尽可能保持礼貌。无论这些高贵的大人们如何看待我，他们的地位应当得到最大的尊重。假如我偶然有所冒犯，虽然我相信自己不会这样，不妨设想一下角色混淆可能造成的错误；在我们这个时代的狂欢节化妆舞会上，会有荒唐的冒失行为，会听到一些怪话，事情自然会消散。假如我对那些著名的人物有所不敬，切莫以为我是针对上院的贝德福德公爵和劳德戴尔伯爵，我针对的是西敏寺大教堂大院里的贝德

---

❶这个笔友会由托马斯·哈代于1792年创立，其目标是对选举和议会进行激进改革。它和法国外省一些激进社团的成员有联系。——译者注

福德公爵和劳德戴尔伯爵——布伦特福德的公爵和伯爵。❶ 他们已被遗弃街头，他们在那里似乎更接近于我谦卑的地位，至少实际上动摇了他们高贵的特权。

在提出这种抗议时，我要拒绝所有的革命法庭，那个地方将人处死的唯一理由，是他得到了王室的好处。我不是根据英国古老法律的条文，而是本着它的精神，要求受到同侪的审判。我不承认那位大人有法官的司法权，我拒绝贝德福德公爵以"陪审员的资格"判断我的服务价值。无论他有什么天分，他在上院无所作为地待了几年，我不承认他有能力审判我漫长而勤勉的一生。假如我能做到的话，我不会允许他质疑我的 quantum meruit。❷ 可怜的富人！他很难明白为公事操劳的细节，很难评估为这些劳作而得到的补偿。我不怀疑那位大人很乐意进行庸俗的算术计算，但是我怀疑他很少研究道德理论，从未学过政策和国家算术中的基本法则。

这位大人认为我得到的太多了。我的回答是，我的所作所为无论是什么，都不是受任何金钱奖赏的刺激，也不是任何金钱的补偿可以奖励的。在金钱和这种服务之间（很久以前，当这种事与我本人无关时，我就这样说过❸），没有通用的标准。挣钱是为了动物性生活的舒适和方便。它并不能奖励什么，仅仅是动物性的生活当然要维持，但绝无可能带来精神上的鼓舞。我对这位大人的恭顺，已经表现

---

❶ [布伦特福德是白金汉的讽刺喜剧《排练》（Buckingham, *The Rehearsal*, 1672）中的两个崇尚法国的荒唐角色。]——编者注
❷ [拉丁文，意为"完全应得之物"，用来描述个人责任范围的法律术语。]——编者注
❸ Speech on Oeconomical Reform, 1780. ——柏克原注

得绰绰有余。我相信自己像他一样，知道如何把比他拥有的更多财富用于高贵的用途。我的用度更为有限，但我确实比他更需要放松和清闲。当我说我的所得并不比我的应得更多时，我是在对陛下这样说吗？不是！远远不是这样！在陛下面前，我从来没有邀功请赏，我得到的一切都是来自恩宠，来自赏赐。对待施于恩典的人是一种方式，对待傲慢无礼的敌人则需要另一种方式。

这位大人很喜欢夸大我的罪过，指责我接受陛下的赏赐违背了我的观点，违背了我的节俭精神。果真如此的话，我的节俭观就是错误的，是没有根据的。但我驳斥的是贝德福德公爵的节俭观，而不是我自己的。假如他是要暗示我在1782年根据来自王室的信息提出的某些法案，我要告诉他，我的行为并没有违反那些法案的文字和精神。他是不是暗指《付薪官职法案》呢？我认为他当然不是这个意思。我猜测，他暗示的法案是有关既有建制的法案。我甚为怀疑公爵大人是否读过它们。我虽然利用了当时的处境给我提供的一切帮助，它还是让我付出了难以言表的痛苦。我发现在所有官员中间普遍存在的意见，在公众中也很普遍，都认为改革和整饬主计大臣办公室是不可能的。但是我还是承担起了这项任务，我的工作也取得了成功。军队或我们的一般财政状况已经从那个法案中获益，我留给那些熟悉军队、熟悉财政的人去判断。

同时还有一种普遍的意见，认为对王室专款的既有体制的管理做不了任何事情。人们认为，对它的使用加以合理化、做出任何限制都是荒唐的。我没有看到那个大力主张节俭原则或节俭用项的人，对这个问题说过什么。当时人们只讨论粗暴的削减开支或更粗暴的课税，这两种设想并没有方案，也没有丝毫体现原则的影子。当时的大多数喧嚷带来的只有盲目、轻浮的热情或宗派的愤怒，只是为了满足公众或是为王权开脱。

我想告诉我这位年轻的审查官，当时必须做的事情，与另一些人的建议或公爵大人现在设想的大不相同。我想让他明白，那是我们历史上一个最关键的时期。

曾有天文学家假设，如果一颗彗星的轨道与黄道相交，发出与地球相遇的某种信号（我忘记是什么了），它能使我们跟着它在不同心圆的轨道上旋转，进入上帝才知道的冷热交替的区域。一旦人权这颗灾星（"它的彗尾散布着瘟疫和战争"，有"君主易位的威胁"），❶一旦这颗彗星在英格兰国内与我们交汇，没有人能阻止我们沿着命定的轨道，难以抵挡地步入法国大革命的恶行、犯罪、恐怖和苦难。

幸运的是，法国当时还没有雅各宾化。她的敌意离我们还很远。我们的一条肢体被斩断，但我们保住了身体。我们失去了我们的殖民地，❷但我们保住了我们的宪政体制。当然内部有很多热病，酝酿着可怕的事情。野蛮凶残的暴乱走出了绿林，以改革的名义在我们的街头徘徊。公众的头脑也病得不轻，倘若有一个疯子，抱着最疯狂的想法、最疯狂的计划，他不会算不出支持他的原则、执行他的计划的人数多寡。

被十分错误地称为议会改革的许多变化，并不符合所有专家和支

---

❶ [*Paradise Lost* 2：710 – 11，1：pp. 598 – 599.] ——编者注
❷ 指英国北美洲殖民地的独立。——译者注

持者的意图，它的效果用不了多久就能见分晓，在我看来将最终注定会毁灭本王国的宪政。一旦这些变化出现，英国而不是法国将有幸在民主革命的死亡之舞中领舞。与之同时出现的另一些计划，冲击着本王国在任何宪政下的生存。有人还记得一些人的盲目愤怒，另一些人的可悲的无助；一边是惧怕危险带来的混乱，另一边是麻木不仁而产生的无所作为；一边有人对恶行翘首以盼，另一边则是冷漠的观望者。同时，一个性质上可疑、有危险的示范作用的国民公会，坐在它的权力宝座上盯着议会；它摆出一副高高在上的架势，不仅对法律，而且就立法机构的形式和本质发号施令。❶ 在爱尔兰，事态甚至更严重地脱离了正轨。政府软弱无力，混乱不堪，处于停摆状态。它已完全失去平衡。我不想对诺斯勋爵有所不敬。他是个值得赞赏的人，具备全面的知识，有适用于各种事务的完备的理解力；有无限的机智和幽默；他性情开朗，想问题不偏不倚。但是，只是送上无关痛痒的奉承，否认他缺乏那个时代所要求的警惕心和决断精神，我就是在贬低自己，而不是对一位伟大人物的纪念，确实，那个日子的浓雾散去之后，黑暗笼罩着整个地区。船舵似乎一度失控——

> Ipse diem noctemque negat discernere coelo
> Nec meminisse viae mediâ Palinurus in undâ. ❷

---

❶1780 年 3 月，来自十三个郡、三个市、两个镇的代表"向议会发出救济冤情的请愿"，他们在帕尔美街的圣奥尔本斯酒店开会，制订了一项计划：严格审查政府开支，厉行节俭，在下院增加一百名郡代表，采取措施阻止议会中的贿赂和不当影响。1781 年 3 月和 4 月这些代表在伦敦召开了第二次会议，但与会人员大为减少。——译者注
❷["甚至巴利纽拉斯也说，在天上他分不出有白天黑夜，也记不得大海的路。" Vergil, Aeneid 3: pp. 201 – 202.] ——编者注

那时我与社会上的一些上层人士有来往，他们像贝德福德公爵一样热爱自由，对自由至少也有很好的理解。按常理说，他们的政治活动大概就是他们性格的写照，他们培育了他们所喜爱的事情。他们所追求的自由，是与秩序、美德良俗和宗教信仰分不开的自由。他们对自由的追求既不伪善，也不狂热。他们不希望，自由这一最大的福祉，因为受到歪曲而变成对人类最大的诅咒。完整地保留宪制，在实践中相当于保留它的全部目的，不是它的一个成分，而是它的所有成分，是他们的第一目标。他们对民意和权力同样看重。对于他们来说，这只是获得那个目标的不同手段，他们心里对两者并没有倚轻倚重的想法，只考虑哪一方可以提供达到那个目标的更可靠或更不确定的前景。在我暗淡无光的垂暮之年，我的政治生涯和他们联系在一起，无论事实上还是表面上从未片刻脱离过他们美好的愿望和意见，这对我多少是一种安慰。

我一生中总是受到毁谤的追杀，有时甚至变得声嘶力竭，这是由什么事引起并不重要，但就在这种追杀中，我还是获得了相当可观的公众信任。我十分清楚，功德获得的这种民意的检验是多么不足凭信。我对这种财产之不可靠并不陌生。我从来没有吹嘘过它。我提到它，不是要表明我多么看重它，而是要说明我有正当的权利评价我利用它所做的事情。我尽力把自己取得这种一时的优势，转化为我国的持久利益。在那种场合下，我一点也不想贬低一些绅士的业绩，无论他们是在职还是离任。不！对我得到的帮助拒绝给予充分公正的评价，这不是我做人的风格。我一生都愿意把一切奉献给别人，除了内心的良知之外，不为自己保留任何东西，我不辞辛苦地寻找国家的能力，使之焕发生机，引导它不脱离正轨，让国家从中得益，为它增光添彩。我是有这种良知的。我从未压制过任何人，没有出于猜忌或采用任何手腕，片刻阻碍过别人走自己的路；我总是愿意用尽自己的手段（它总是与我的愿望相差极大），去助推那些能力胜过我的人。缺少装备，只靠自己的双手干活的人，做事难免捉襟见肘。我的能力很贫乏，但我总是认为它还算充裕。尤其是在那个艰困危难的时期，我给人出主意，真诚地与各党派的人合作，他们似乎都倾向于追逐同样的目标，或其中的主要内容。为了阻止混乱，我没有忽略任何事情；当混乱出现时，只要我还能发挥作用，我不会遗漏任何能消除它的因素。在我谈到的这个时期，我短暂地扮演了带头的角色，得到过大力的帮助和鼓励，就像一只强健的手中的武器——我不是说我拯救了我的国家，但我相信我为它提供了重要的服务。其实，当时几乎没有人不承认这一点，那是十三年前的事情了。当时人们众口一词，本王国没有人比他更应当得到那份殊荣。

关于1780年到1782年的整个危机期间我的一般行为，以及我的同胞对这种行为的一般看法，我已经说得够多了。但是，在贝德福德公爵提到的那些具体事例中，我作为改革者的角色，从原则上涉及我对一些隐蔽的变化的看法，那些变化后来使法国野蛮化，并且四处扩散，威胁着整个世界的政治和道德秩序，这似乎需要做出更细致的讨论。

我主张的经济改革并不像阁下所想，是要多少压缩一下不必要的津贴或冗员。在我的计划中，节俭是次要的、从属性的和工具性的，也理应如此。我是根据政治原则行事。我从这个国家看到一种顽疾，我是根据弊端和问题的性质去治疗它。无论从原因还是症候来看，病情都很严重，也很复杂，其中充满了禁忌。一方面，政府表面上日益强大的手段每天都在召致更多的怨恨，而它真正的软弱每天都在导致更多的蔑视。这种涣散的状态不仅限于通常所说的政府。它已扩展到了议会，人们认为后者的行动不是出于有价值的动机，这使它损失了不少的威信和尊严。另一方面，人民的欲望（部分出于自然，部分是用技巧灌输给他们的）在经济目标方面（我暂时不提对宪政制度本身的可怕篡改）是以如此粗野、如此轻率的方式表现出来，假如他们的请愿完全得到满足，国家就会受到扰乱，有可能为所有的财产受到洗劫和破坏大开方便之门。政事难免受到虚假改革的伤害，其荒谬很快就会昭然若揭，使一切真正的改革失去信任。这会给人民的心中留下难以愈合的创伤，他们知道自己的愿望已经落空，但是就像所有时代的人一样，他们会怪罪于任何事情，唯独不会怪罪自己的作为。不过，世间总有喜欢抱怨的人，假如人民总是得到满足，他们就会大失所望。我没有这样的怪癖。我希望他们应当得到满足。我的目的是，在人民的欲望变成愚蠢的请愿之前，把我知道他们想得到的生计所需给予他们，只要我认为那是正确的，不管他们是不是有此愿望。我知道，头脑不健全、筹划不周全的人，或是没有能力做任何筹划的无能之辈，总是搞不清楚一种显而易见的区分，即全盘改变和改良之间的明显区分。前者改变目标本身的实质，全盘抛弃它们所有的基本优点，连同与它们联系在一起的偶然的弊端。全盘改变是创新行为，它能否达成改良的任何效果，或者它是不是违背了改良所遵循的原则，都不能事先确切地知道。改良则不是对本质的改变，也不以改变目标为第一要务，而是直接运用救济手段来解决引起抱怨的疾苦。疾苦一旦消除，事情也就搞定了。它止步于此；如果它失败了，经过手术的部分再糟糕，也无非像过去一样。

我认为这就是我实际上说过的话，但不是很确定。此时，我要不厌其烦逐字逐句地一再重复，直到它成为通行的格言：创新不是改良。法国的革命者抱怨一切；他们拒绝改良任何事情；他们根本不想保留任何未加改变的事物。结果就摆在我们面前，不是来自遥远的历史，也不是对未来的预言：它就在我们身边，直接影响着我们。它动摇公共安全，威胁私人的享受。它阻碍年轻人的成长，打破老年人的安宁。如果我们外出旅行，它堵住了我们的道路。它在城镇骚扰我们，在乡村追逐我们。我们的生意被打断，我们的睡眠受干扰；我们的愉悦变成悲伤；我们的学习受到毒害，以致我们步入歧途；这种极为邪恶、可怕的创新，使知识变得比无知更有害。法国大革命这个鹰身女妖从冥府或混乱的无政府状态跳出来，导致了"所有荒诞怪异的事物"❶，就像布谷鸟一样到处交配下蛋，让它们在每一个邻国的鸟巢里孵化。这些淫荡的女妖装扮成的样子，我看不出有神圣的属性，而是像盯着猎物（既有母亲也有女儿）的邪恶而贪婪的巨禽，在我们头上盘旋，扑到我们的桌子上搞得狼藉一片，用它的排泄物玷

---

❶ [*Paradise Lost* 2：p. 625.] ——编者注

291　污了一切。❶

假如那位大人能深入思考一下这种彻底的创新，或者——如他的一些朋友所说——这种改良的结果，它浑然一体、无所不包，就像哈姆雷特所说，能让上天勃然大怒，让每一个有头脑、有敏感心灵的人变成思想的病人，他却没有彻底厌恶他们所说所做的一切，他的头脑病态式的强大或天生的无能就真让我感到诧异了。

因此，我提出自己的改良计划，并不是出于对创新的喜爱，而是出于对它的痛恨。我不在乎逻辑推理的严谨，我认为创新和改良从本质上是相互对立的事情。为了阻止那种罪恶，我提出了一些措施，那位大人很乐意让我回想起它们，既然是他乐意，我也不必表达歉意。我有一个（我希望这位高贵的公爵在他采取所有行动时记住这一点）需要保全的国家，正如我有一个需要改良的国家一样；我有需要给予满足，而不是去煽动或误导的人民。我为自己所做的事要求得到的信

---

❶ Tristius haud illis monstrum, nec saevior ulla.
　Pestis, & ira Deûm Stygiis sese extulit undis.
　Virginei volucrum vultus; faedissima ventris
　Proluvies; uncaeque manus; & pallida semper
　Ora fame—
［天神的谴责没有比这更残酷的了，
从冥河出来的恶魔没有比这更坏的了。
她们是鸟身，少女的脸，肚子里流出的污秽令人作呕
她们的手是利爪，面色总是苍白的饥色。
　　　Aeneid 3: 214–18.］［译按：汉译采用的版本是维吉尔：《埃涅阿斯纪》（哈佛百年经典），李真译，北京理工大学出版社。］
　　诗人在这里戛然而止，因为他（他可是维吉尔！）找不到措词或言语来描述他所设想的那个女妖。如果他活在我们这个时代，现实也许比他的想象力给予他更大的能力。维吉尔只知道他之前那些时代的恐怖。他若是能亲眼看到法国的革命者和立宪派，他会看到比他的女妖更难以描述的可怕而令人恶心的特点。——柏克原注

任，不及我为自己阻止的事情所要求的一半。在公众的那种心态下，我没有像当时所提议的那样，着手重塑下院或上院，也没有去改变生存不易的国王官员据以行动的权威。国王、上院、下院和司法体系，还有行政体系，继续一如既往地存在着，其模式和过去完全一样。我的措施，我当时在下院宣布的措施，只有疗伤和调解的意图；对国王在下院势力太大有抱怨，而我要在上下两院都减少这种势力；对于每一项开支的削减，我逐条给出了理由，说明我为何认为这对服务于国家并无影响。我取得的点滴进展都举步维艰。管理开支的方式受到了抱怨；我反对的不仅是节省，而是在未来很难行得通的节俭制度，因为它将造成无法计划或预见的随机性开支。我是根据调查研究的原则行事，它能让我对自己的问题做到心中有数；我也是根据讲究方式方法的原则、根据人心和公共事务的原则行事，以确保它能够长久有效。我从来不会率性而为，从来不主张按照别人或我本人的意愿或嗜好做任何事情，而是根据理性，仅仅根据理性。自从我萌生出理解力以来，我痛恨一切在政治事务上根据看法、幻想、倾向和意愿做事的行为，应当发挥指导作用的只有至高无上的理性，它主宰着所有的立法和行政的形成。建立政府的目的，就是为了用理性对抗意志和肆意妄为，无论它来自改良者还是改良对象，来自统治者或还是被统治者，来自国王、上院还是人民。

因此，根据对王室专款的所有成分的细致审查和分析，根据在它们之间所做出的权衡，尽可能把它们全部纳入评估对象（这是所有正常的节俭的基础），在我看来显然是行不通的，因为其中称为"年金专款"的部分，其数量完全是随意的。出于这个原因，也仅仅是出于这个原因，我建议把它减少到确定的数量，无论是它的总量还是较大的单笔数额，以免它脱离一般的限制，这有可能耗尽王室专款；假如批准的数额对于基金而言太多，这有可能使它自身的目的落空；不加限制地批准给予一些人，可能使国王失去为其他人提供年金的手段。年金专款作为一笔神圣的基金应当予以保留，但不能作为一笔无限制的款项，用以满足不断增长的需求；有些需求能让它消耗殆尽。法案的主旨是要表明，它只考虑这笔王室专款，我的主要目的是将它减少到一定的数额。

我没有对另一笔王室基金说三道四，因为它们涉及的是不同的问题。这笔钱大约占 4.5%，❶ 那位大人是不是以为我和那些在立法中同我一起行动的人把它遗漏了？我知道这笔基金的存在，年金一向就是以它为基础批准的，在公爵还没有出生时就是如此。这笔基金我知道得一清二楚，与我共事的人也知道得一清二楚。对它忽略不计是有原则的。我是遵照原则做和过去一样的事；遵照原则保留的事，就不必计较。我岂敢剥夺国家奖赏功德的基金。如果在这件事上太较真，我就违背了我发誓要遵守的原则。先生们很喜欢引用我的话，但是，假如有任何人愿意花片刻工夫了解一下我的改良计划的指导原则，他可以读读我就这个问题已经印刷成册的演讲稿；至少是从第 230 页到第 241 页的内容，它见于一个友人费心为我出版的文集第二卷。可以说，这两个法案（虽然是在议会内外通过百般努力才取得的）只是一种更大的制度的一部分，而且是一小部分，它们包含着我在公布我

---

❶ 指巴巴多斯和加勒比群岛关税的 4.5%，它构成了王室世袭收入的一部分。柏克的大部分年金即来自这笔年金专款。——译者注

的议题时宣布的所有目标，其实我在《对布里斯托选民的演说》中就有所暗示，当时我已失去了那里的代表权。虽然多少有些冒昧，我长期以来一直是这样做的。

但是，我是用这些理由为陛下的恩赐辩护吗？只要涉及我的服务，我极少想到这些理由！时运赋予了它们一时的价值：我从政治经济学的角度所做的事情，远远不限于这些措施。我进入议会，不是来上课的。在步入圣斯蒂芬礼拜堂❶之前，我已经挣到了自己的年金。我已经为这种政治斗争做好了准备，也受过这方面的训练。坐在议会的第一个会期时我就发现，有必要分析大不列颠及其帝国的整个商业、财政、宪政体制和对外利益。我为此做了大量工作，假如情况允许，我还会做得更多。在我年富力强的时候，我的精力、我的体格已被我的操劳压垮了。假如我那时去世（我觉得自己已经濒临死亡），我已经挣到了属于我的东西，那是贝德福德公爵的服务观无力评估的。但是我要求加以估算的这些服务，其实并不是我认为自己做出的最有价值的贡献。假如我要求得到奖赏（我从未提过这样的要求），那也应当是我十四年从未中断、我表现出最大的勤奋但又最不成功的部分，我指的是印度事务。这是我本人最看重，也是最重要的服务；是我付出的劳动最多、最想得到评价的部分。别人可能对它的意图评价最高。就此而言，他们并没有搞错。

那位大人是否认为，向国王提出建议让我安享退休生活的人，只

---

❶ St. Stephen's Chapel，西敏寺教堂建筑群的一部分，从1547年开始是下院开会的地方，1834年毁于火灾。——译者注

是把我看作经济学家？如果理解得当，这对我来说是个很不错的待遇。从我十分年轻时起，直到我在议会的服务即将结束，甚至（至少就我本人所知）在欧洲其他地方勤于思考的人还没有用心于政治经济学之前，我就把它作为我的谦卑研究的对象，假如我不认为它有一定的价值，我是不会这样做的。它起源于上世纪的英格兰，当时仍处于幼儿期，博学的大人物认为我的研究尚有可取之处，曾就他们的一些不朽大作中的细节不时与我交流看法。这些研究的心得，也偶尔出现在我最早发表的一些作品中。在过去二十八年里，议会见证过它的成效，也多少从中受益。

我把这件事留给他们去评价。我不像贝德福德公爵大人那样，在襁褓和摇篮中受到娇惯时就是立法者；像我这样的人，奉行的格言是"Nitor in adversum"❶。我不具备什么素质，也没有培养出什么技能，使我能够得到大人物的恩宠和保护。我生来就不是充当宠儿或工具的。在我的一生中，每前进一步（因为我每前进一步都遇到挫折和反对），每遇到一道关卡，我都不得不出示自己的护照，要一再证明我是国家的有用之才，具备享有荣誉的独特资格，我要证明自己并非完全不熟悉它的法律，它的国内外的全部利益关系。不然我便得不到地位，甚至得不到宽容，我没有什么技艺，只有男子汉的刚毅勇猛。我立足于此，但愿上帝作证，直到我一息尚存，不在乎有贝德福德公爵和劳德戴尔伯爵这样的人。

假如那位大人不认为斥责这个人是自我贬低，屈尊调查一下，他

---

❶［拉丁文，意为"反抗逆境"。见 Ovid, *Metamorphoses*, 2: p.72.］——编者注

就会发现，在我的整个一生中，我从未以节俭作为借口，或以其他任何借口，哪怕只有一次，杯葛过一个人因为自己的服务而得到的奖赏，或他有益的才华和追求所受到的鼓励，无论那是最高贵的还是最卑微的服务和追求。相反，我曾无数次怀着异于常人的热情，鼓励每一个人坚持尚可容忍的自负。我不止一次受到友人善意的责难，说我做的事近乎荒唐。这种行为方式，无论有什么功过，部分归因于天性，但是我认为也完全符合理性与原则。在我看来，对公共服务或公共颜面的考虑是十分现实而正当的；我总是认为，纠缠于一种错误的性质，不过是小肚鸡肠式的公正。我认为，从结果来看那是世界上最糟糕的节约。就省钱一事而言，我能很快清点出我做过的所有好事；但是，如果我用冷酷的贫困损害了国家的能力，阻碍它的活力的增长，那么我可能犯下难以估量的罪过。无论我做得太多还是太少，无论我做过什么，都是针对一般性和系统性的问题。我从未涉足于那些无聊的烦心事和沉闷的细节，向它们发出错误的、极为荒谬的谴责。

　　从我提出自己的计划直到它实施期间，我可曾指责过给予巴雷先生和丹宁先生的年金？没有！确实没有！那些年金符合我的原则。我要肯定地说，那些先生配得上他们的年金、他们的爵位、他们拥有的一切。假如他们拥有更多，我只会更高兴。他们是有才华的人，他们的服务兢兢业业。我不会让他们任何一位扯上法律专业的问题。那是服务应得的奖赏。但是他们的公共服务，虽然是来自于他们无疑比我更有价值的能力，在数量和时间长度上却不能和我相提并论。在我的一生中，我从未费力地讨价还价，无论涉及什么事情，对于在功绩上如何锱铢必较，我是一窍不通。我本人从未得到过任何年金，也没有乞求过年金。但是一有削减之事，我就受到怨恨；一有赠予之事，我就遭到诽谤。因此，我只能仰仗那个让我感到亲切、让世人永远尊重的人的馈赠，❶ 以便让那些既不是我的也不是他的朋友的人对抗另一些人的野蛮攻击，而后者当时正是那些年金接受者的朋友，是他们的热情的同党。我从未听说劳德戴尔伯爵抱怨过这些年金。直到他遇见我之前，他从未发现这有什么错。这就是真正的现代革命者不偏不倚的风格。

那时我无论做过什么，只要涉及秩序和经济，都是坚定而持之以恒的，对待任何原则也必须如此。特定的事物秩序可以改变，但秩序本身不能丧失它的价值。遇到其他具体情况，它们可以随时间和环境而变化。制定法不是基本法，公共领域的紧急状态是所有这一类法律的主人。它们支配着这种法律，而不是受这种法律支配。行使立法权的人这时必须做出裁决。

那位大人可能听着新鲜，但我还是要告诉他，仅仅是吝啬并不是节俭。两者从理论上是可以分开的。事实上，它既可以是节俭的一部分，也可以不是，这取决于具体情况。开支，巨大的开支，可以是真正的节俭的基本成分。即使把吝啬视为节俭美德的一种属性，但还有另外一种更高级的节俭。节俭是分配的美德，不是由省钱，而是由取舍构成的。吝啬不需要深谋远虑，不需要见识，不需要组合能力，不需要比较和判断。单纯的本能，不是一种具有最高贵属性的本能，就

---

❶［指柏克所属政党的领袖罗金汉侯爵查理·沃森－温特沃斯（Charles Watson-Wentworth）。］——编者注

能产生这种虚假的节俭。另一种节俭有更开阔的视野。它要求明察秋毫的判断力，要求坚定而有远见的头脑。它把放肆的索要拒之门外，只是为了给谦和的功德敞开大门。假如只有优秀的服务和真正的才华才能受到奖赏，这个国家便不需要奖赏它得到的一切服务，鼓励它所产生的一切功绩。如果社会的基础因那种慷慨而陷入贫弱，就不会有国家了。如果任何时候都遵循有取有舍的节俭，我们现在就不会看到贝德福德公爵压制谦卑而勤奋的人，用他自己的认识标准去限制国王的正义、馈赠或仁慈。

那位大人只要乐意，大可以认为我一生中的大多作为平庸无奇。他有这样想的自由。对于政治服务的价值，总会有一些意见上的分歧。但是我有一项功绩，无论是他还是所有在世的人，是最不应当怀疑的。我满腔热情地支持一种意见，并且取得了一定程度的成功；这种意见，或者用公爵大人喜欢的另一种更好的说法，这种古老的偏见，支撑着他的高贵、财富和头衔。我毫不懈怠地尽力阻止他和他身份地位的沦落，而这位大人至少是在与低俗的法国帮派调情时，却不遗余力地这样做。我竭力反对他们追究那些没有任何明显功德的人拥有的大笔财富。我不遗余力地维护贝德福德公爵的地位，只有这种地位使他高我一等。阁下您一直是他在利用那种杰出地位的见证人。

但是即便如此，这就是美德！即便如此，这就是经过严格挑选的美德；虽然所有的美德不会在任何时间都同样属于所有人。有一些罪行，无疑有一些罪行，我们在人生的任何时候都应当从行动上嗤之以鼻；这种罪行会激起义愤和正义感，唤起热情积极的行动。对于所有那些或许我会叫道德预防警察的事物，所有那些都只是死板的、严厉的和审查严苛的要求,即使把我培养成人的老一辈道德学家,都不会认为这些最适合于塑造有身份的年轻人的美德。从脾气严厉而暴躁的老加图那儿,混杂着畏惧的崇敬所接受的事情可能已经足够优秀,但年轻的西庇阿——罗马贵族的表率——在他们人生的盛年仍缺少某种礼仪教养。❶ 时代、道德风尚、老师和学者都经历了巨变。这是一个邪恶粗鄙的学派,是无套裤汉的法兰西学院。那里没有任何适合绅士学习的东西。

无论有可能流行的是什么,我都敢于说句大话,正在成长的一代人的父母,会满足于西敏寺公学、伊顿公学或温彻斯特公学教给他们孩子的东西;我依然怀着一种愿望,我们这个时代的年轻绅士或贵族都不会认为,在自己国家的古老大学里未完成的学业,还要再在塞沃尔先生的课堂上补足。❷ 我想送给格兰维尔勋爵和皮特先生一句话作为座右铭,它是由一位罗马检察官或执政官(或不管他担任什么官职)说的;根据元老院的法令,他关闭了一些学校,

"Cludere Ludum Impudentiae jussit."❸

本王国每一个家庭里诚实的父亲,都会为这不期而至的放假而开

---

❶ 柏克这里可能是指老加图(Publius Cornelius Scipio Africanus, the elder,公元前237—公元前183)和科尼利乌斯·西庇阿(Cornelius Scipio Aemilianus Africanus,公元前187—公元前129),他们在担任官职时都很年轻。——译者注
❷ [约翰·塞沃尔(John Thelwall,1764—1834),在罗马史和其他课程中讲授雅各宾原则,不久前被免除了煽动罪。]——编者注
❸ [拉丁文,意为"他下令关闭这些厚颜无耻的学校。"Tacitus, *Dialogus De Oratoribus*, p. 35.]——编者注

心，都会祈祷所有这类学校有一个漫长的假期。

当前可怕的时局，而不是我本人或我的自我辩护，才是我现在讨论的，或我将要写下或言说的真正主题。我本人，甚至贝德福德公爵有什么境遇，对世人来说都是微不足道的事。我的大人，您很容易领悟到，我提到的关于我们两人所说的话，不过是我对更值得您关注的问题表达看法的手段。当我谈到第一个话题时，我就应当表达歉意，而不是当我放下它时。因此，我必须请求阁下原谅，在短暂的离题之后，我要重新回到这个主题上来，我要向你保证，我绝不会忽略比我更有能力的人可以从中受益的这个问题。

贝德福德公爵觉得他有义务让上院关注国王陛下对我的赏赐，他认为这份赏赐太多，超出了所有的限制。

我不知道这是如何发生的，但是当那位大人思考对我发出责难时，他却有点走神了。老虎也有打盹的时候，贝德福德公爵也会做梦；梦境（即使是他的美梦）很适合于胡乱拼凑出故事，于是那位大人蒙生出指责我的想法。不过，他是从王室对他本人家族的赏赐想到这个问题的。这是"他用来做梦的材料"❶。这位大人完全有权利用这种方式拼凑故事。给罗素家族的赏赐数量如此巨大，不仅是对节俭的污辱，甚至令人难以置信。贝德福德公爵是由王权创造出来的巨怪利维坦。他翻滚着笨拙的躯体，在王室赠款的海洋中嬉戏。他如此巨大，"摊成一大片浮动着"❷，但他仍然不过是别人造出来的。他的

---

❶［见 Shakespeare, *Tempest*, IV. i. pp. 156 – 157.］——编者注
❷［见 *Paradise Lost* 1: p. 196.］——编者注

肋骨，他的鳍片，他的鲸须，他的脂肪，他用来把我完全淹没的喷水管——他拥有的一切，他身边的一切，都是来自于王室。他居然还质疑王室的恩宠？

那位大人用他的公共服务为自己得到的赏赐正名，我的服务也让我有幸获得了公爵大人极力反对的东西，但是把这两种服务相提并论，我真的做不出来。在私生活中，我从来没有荣幸结识这位高贵的公爵。但是我可以假定，他在自己生活中得到那些人的高度尊重和爱戴，我并没有为此付出任何代价。不过说到公共服务，从地位、财富、显赫的血统、强壮或仪表的角度把我与贝德福德公爵作比较，而不去比较他的服务和我为国家付出的有益努力，这在我看来就太可笑了。说他本人有任何政治功绩，使他赖以获得自己庞大地产年金的服务仍保持着活力，这并不是拙劣的奉承，而是不得体的嘲讽。我无论有什么功绩，都是来自于我本人，而他的功绩是衍生出来的，他的祖先才是最初的年金享有者，后者的功德为这位大人留下了用之不尽的金钱财富，使他能对其他所有王室馈赠享有者的功绩百般挑剔。如果他允许我继续过自己宁静的生活，我会说那是他的地产，这就够了。根据法律那是属于他的；我何必要对它或它的历史说些什么呢？按常理，他本来可以说："这是他本人的财富。他现在就像250年前我的祖先一样优秀。我是个享受古老年金的年轻人；他是个享受新年金的老家伙。"——不过如此。

那位大人为何要攻击我，迫使我不情愿地把我微不足道的功绩和他从王室获得的慷慨馈赠——这让他能对那些谦卑而勤奋的平庸之辈嗤之以鼻——加以比较呢？我很乐意把他留给皇家纹章院，这是要将傲慢的无套裤党（与那些在他的朋友称为贵族和暴君的行列里趾高气扬、峨冠博带的大人物相比，这些人更为傲慢）的哲学加以消灭的机构。这些只讲功德的历史学家、书记官和授勋者，不同于另一类历史学家，后者从来不把政治家的行为归因于良好动机。相反，这些文雅的历史学家下笔不写别的，只会歌功颂德。他们对功绩的兴趣，仅限于特权或墓志铭的内容。他们所写的每一个受封为贵族的人，首先是已经功成名就的人。他们判断每个人担任官职的能力，是根据他已经担任过的官职。担任过的官职越多，能力就越大。他们的每一个将军都是马尔巴罗，每一个政治家都是伯利，每一个法官都是默雷或约克。那些在世时受到自己的所有熟人讥笑或同情的人，在格威利姆、埃德蒙森和科林斯❶的书中都成了最出色的人物。

　　罗素男爵一世或贝德福德伯爵❷及其功绩带来的赏赐，我很乐意留给这些对丰功伟业充满善意的书记官去讲述。但是，那些负责鉴定和评估王室馈赠的行家，并不会让我们默认做出馈赠决定时在位的君主的判断。他们对得到王室赏赐的人是绝不会客气的。好吧，既然新的受赠者要面对老受赠者对他们发动的战争，君主的承诺也不会得到承认，那么我们不妨转而看看历史上的大人物，他们总是乐意回忆他们家族的英雄起源。

　　这个爵位的第一个贵族，第一个津贴的购买者，是一位叫罗素的

---

❶约翰・格威利姆（John Guillim）、约瑟夫・埃德蒙森（Joseph Edmondson）和亚瑟・科林斯（Arthur Collins）都是写过纹章学和宗谱学的作家。——译者注
❷贝德福德家族可上溯至约翰・罗素（John Russell，1485—1555），他于1539年被册封为男爵，又于1549年受封为贝德福德伯爵。——译者注

先生，他是一个古老的绅士家族的后代，由亨利八世的一名宠臣养大。建立这种关系的人有普遍的相似性，所以那位宠臣也非常像他的主人。那些数量不菲的赏赐中的第一笔，并不是取自王室古老的私人领地，而是来自不久前对古老的土地贵族的没收。狮子吸吮猎物的血，把内脏扔给等在一旁的豺狼。一旦品尝到没收得来的食物之后，宠臣们也会变得残忍而贪婪。这位著名的宠臣的第一笔赏赐是来自世俗贵族。第二笔赏赐的数量与之相比极为可观，是来自对教会的剥夺。事实上，那位大人不喜欢我得到赏赐是情有可原的，不但在数量上，而且性质上也与他得到的赏赐大为不同。

我得到的赏赐是来自一位性情温和而仁慈的君主，他的赏赐则是来自亨利八世。

我得到的赏赐与杀害任何无辜的名门望族无关，[1] 也与对任何清白的团体的掠夺无关。他得到的赏赐，是来自用非法判决聚敛的钱财，来自合法的财产主人因为自己家门口竖着绞架只好投降而放弃的财富。

他继承了得到王室赏赐的前辈的财富，前辈的功绩是积极充当一个暴君的敛财工具，这个暴君压迫他的所有臣民，尤其仇恨伟大而高贵的事物。我的功绩则是保护每一个人、每一个阶层免于压迫，尤其是捍卫那些地位崇高显赫的人，在君主没收成性的可悲岁月里，他们

---

[1] 参见白金汉公爵的悲剧故事，Temp. Hen. 8. ——柏克原注［亨利八世对白金汉公爵三世（Edward Stafford, 3rd Duke of Buckingham, 1478—1521）的猜忌和怀疑，导致了后者于1521年以莫须有的叛国罪受审并被处死。］——编者注

最易于受到嫉妒、贪婪和羡慕的伤害。

那位大人的年金的最初领受者，曾对这种没收施以援手，参与了洗劫那个时代国家的一部分教会的君主掠夺。我的功绩则是捍卫我本人所处这个时代我国教会以及所有国家所有教会的完整性，抗拒那些导致掠夺教会、蔑视所有世袭头衔和所有财产，导致普遍凋弊的原则和事例。

那位大人财富的起源，是君主的一位宠臣和首席顾问的功绩，他并没有把自由留给自己的国家。我的功绩则是为我的祖国❶、为那里的所有人和所有教派争得自由。我的功绩是在这个接纳了我、我更加喜爱、也更了解的国家，毫不懈怠地支持每一项权利、每一项特权和选举权；不仅维护这个帝国要地，而且还有它的每一个民族、每一片土地，每一种语言和宗教受到不列颠王权庇护的权利。

他的家族创立者的功德，是用自己的技能服务于主人，挣来他的财富，给国家带来的却是贫困、苦难和人口减少。我的功绩则是在一位仁慈君主的统治下，促进他的王国的商业、制造业和农业发展，在这方面向国王陛下展示表率作用，甚至在消遣娱乐中也是爱国者，在闲暇时光也在为自己的故乡谋福祉。

那位大人的家族创立者的功德，是由宫廷技艺培养出来的绅士的功德，他在一位沃尔西❷的保护下，成了伟大而有权势的勋爵。他的

---

❶指爱尔兰。——译者注
❷沃尔西（Thomas Wolsey, 1475—1530），亨利八世时期的大主教，也是国王的重臣。——译者注

功德是唆使暴君行不义，激起人民的反叛。我的功德则是唤醒头脑冷静的国人，对抗任何有权有势的爵爷或大人物集团，以防他们试图故伎重演，从相反的方向煽动腐败的民众起来反叛，利用反叛引入比那位大人的祖先所支持的暴政更恶劣的暴政，使他不能采用我们在亨利八世的专制中看到的方式渔利。

那位大人的家族中第一位接受赏赐的人，其政治功德是作为国务大臣出主意，并且亲自履行了与法国缔结的可耻和约中的条款，让当时我们在欧洲大陆的前哨站布伦城堡投降。由于这次投降，地处法国的要地加莱，套在那个强国嘴上的辔绳，没过几年终于失守了。我的功绩则是始终抵抗法国的强权和傲慢，无论它的统治采取什么形式。当它的统治采取了最恶劣的形式时，我以最大的热情和真诚去反抗它。我说它最恶劣，因为它是所有罪恶的事业和原则登峰造极的表现。我用尽一切手段让议会——我在那里荣幸地享有一席之地——鼓起勇气，果断地尽快进行一场正义战争，这是我国或任何国家都避免不了的，❶ 以便把我国从强权的铁链、从它的原则更可怕的蔓延中拯救出来；守护住英国人民古老的，与生俱来的正直、虔诚、优秀的纯洁品格，使之免受来自法国的可怕瘟疫的玷污，这场瘟疫在它的策源地表现得最为恶毒，就要摧毁整个道德世界，在很大程度上也是整个物质世界。

那位大人的家族创立者理所当然地受到了英格兰下院的诅咒，即

---

❶[已经向奥地利开战的法国，又于路易十六被处决不到两周后的1793年2月1日，向英国和荷兰宣战。]——编者注

或说不上怒吼,却是发自内心的,因为他和他的主子对议会进行了全盘改革,使其受到他们的奴役和羞辱,变成了卑劣、堕落的人的真正代表。我的功绩则是无一例外地积极参与每一项法案,虽然说不上总是发挥着有目共睹的作用;在我任职期间让宪政发挥无可争议的作用,不失时机地支持大不列颠下院的权威、效能和特权。我结束自己的服务时,我为下院的宪法权利所做的充分合理的伸张,为它的宪法行为的辩护,都有议会的记录可查。我在所有事情上的劳作,赢得了他们由衷的认可,我(以及在我付出最重大、最出色的努力中帮助过我的人)也得到了他们大度、公正、公开的郑重感谢。

以上所说,就是对构成贝德福德公爵财产的王室馈赠的功绩与我的功绩之间的比较。平心而论,贝德福德公爵为何认为,只有罗素家族有资格得到国王的恩宠呢?他为何认为,除了国王亨利八世之外,任何英国国王对功德都没有判断力呢?他会原谅我的,因为他确实搞错了:所有的美德并没有结束于贝德福德伯爵一世。所有的鉴别力并不会因为他的主人闭上了眼而失明。对于另一些人的功德与奖赏之间的失衡,他还是不要太苛刻了吧,他们并不会追究他的财富来源。他如果以现在养尊处优的身份,想一想在数代人的漫长时间里,在天命的影响之下,他的家族血统已经逐渐变得柔和,这会让他们更加满意。几乎不必怀疑,在他的一代又一代的祖辈当中,有些人已经具备了荣誉与美德。但愿贝德福德公爵会抱着鄙视和恐惧的态度(我相信他会),拒绝那些演说家的说辞,那些贪婪和野心的邪恶引诱者,他们会诱惑他在乱世中从另一些贵族被没收的财产、对另一个教会的掠夺中获取更多的财富。他不如利用(我相信他会)他的年富力强和他的所有财富，去清除没有道德依据的叛乱原则，粉碎没有受到暴政挑衅的反叛运动。

这样的话，他的祖先虽然可能是头号嫌犯，他所挑起和平息的叛乱就会被人遗忘。对于这位高贵的公爵的行为，他的许多同胞可以找到某种借口表达他们的感激之情，以古代演说家的风格振臂高呼，假如命运只能以这种方式给予一位贝德福德公爵❶财富，让他支撑起一个摇摇欲坠的世界，那么杀害白金汉公爵就是可以容忍的；他们甚至可以心满意足地认为，他们从那个没收财产的继承人身上，看到了对今天正遭受野蛮没收的受难者表示同情和安慰的人；他们也会以赞许的眼光看到，他热情地保护高尚而忠诚的法国贵族，强有力地支持自己的同胞——他的故乡中那些依然存在的贵族和乡绅。如果是这样，那位大人的功德便是纯洁而清新的，就像刚刚获得的荣誉一样。只要他乐意，他可以追忆自己祖先的荣耀或把它留给自己的后人。他可以宣扬这份荣誉的遗产或是它的来源，只要他认为得体。

假如上帝让我继续抱着成功的希望，虽然我才智平平，我生活的这个时代也很平庸，我本来也能光耀一个家族；我会留下一个儿子，在用来评价个人功德的所有方面，在博学多识、才华、品味、荣誉、豁达、人道情怀、心胸博大、通识教养等各个方面，他不会逊色于贝德福德公爵或他的任何同道。那位大人很快就会失去理由，无法再攻击属于我的家族而不是属于我的王室馈赠。我的儿子很快就会弥补缺

---

❶ [At si non aliam venturo fata Neroni, &c. "假如命运能让尼禄以另一种方式出现……" Lucan, *Pharsalia*, 1: 33.] ——编者注

失，消除一切德不配位之处。我这位继承人不必求诸我或任何祖先的功德留下的余荫。他本人就是一泓旺盛的泉水，既慷慨大度，又充满活力。他活着的每一天都会重新获得王室的奖赏，假如他收到不止十次，他还会收到更多。他被培养成公共人物，除了履行职责之外没有其他享乐。在这个紧要关头，失去一个成熟的人并不容易得到补偿。

但是，一个主宰者，他的权力我们无法反抗，他的智慧我们没有争议，以另一种方式，并且（无论我爱挑剔的弱点有什么建议）是远为更好的方式支配着事物。风暴向我袭来；我就像一棵老橡树，在上一次暴风雨呼啸而过时倒下了。我被剥夺了所有的荣耀；我被连根拔起，倒在地上！我伏在地上，由衷地承认神的正义，在某种程度上服从于它。但是，虽然我在上帝面前是谦卑的，我并不知道反抗不义之人的攻击是受到禁止的。约伯❶的耐心人所共知。在与我们暴躁的天性做了痛苦的抗争之后，他屈服了，陷入深深的忏悔。但是即便如此，当他把那些性情不好的邻人请到他的陋室，向他们宣讲处世敬神的道理时，我没有看到他因为抱怨而受到十分粗暴的言辞羞辱。我孤身一人。没有人替我出门迎接我的敌人。当然，我的大人，在这个艰困时刻，假如我对世人所谓的名声和荣誉弃之如敝履，我就太自欺欺人了。这是生活闲逸的人所享受的奢侈品，是他们的特权和嗜好。但是，我们天生就对不体面的处境避之唯恐不及，因为我们天生就害怕痛苦、贫穷和疾病。这是一种本能；在理性的引导下，本能总是正确的。我生活在一种颠倒的秩序中。应该继承我的人先我而去了；应当

---

❶约伯（Job），圣经人物，以正直忍耐著称，事见《旧约·约伯记》。——译者注

把我当祖辈的人，已经与古人待在一起。我这个最亲近的亲人（必然永远活在我的记忆中）会对我十分孝敬，我这样说起他，只为表明他并不像贝德福德公爵那样，有一个不值一提的先辈。

王室是在漫长的服务之后才对我有所关照，而它提前就把赏赐给了贝德福德公爵。他以后可能提供的任何服务，早就得到了信任。但愿他当心，无论他本人是有用之才还是无足轻重，都不要威胁到为他提供了保障的宪政体制的安全，也不要让那些捍卫一种秩序的人感到心灰意冷，这种秩序就像天上的太阳照耀着世人，无分贵贱尊卑。❶ 他得到的馈赠，拜历经无数世代风霜的欧洲公法所赐，有神圣的世袭法规加以保护，有法理学的宝库作为基础，我们幼稚贫乏的国内法逐渐得到了丰富和加强。我也为这种因袭权的完善做过一份（非常尽力的一份）贡献。❷ 只要因袭权的法律还存在，只要我们和所有文明国家共有的稳定的财产法还保持完好，没有受到法国大革命的法律、公理、原则或先例的玷污，贝德福德公爵就仍然会安然无恙。它们能够抵抗一切变化，只有一种情况除外：整个革命体制、制度、法典、法律文本和评注，不仅与世界上所有过去的政府用来维持文明生活的一切法律不一样，而且是完全相反，从根本上相反。博学的"人权"教授们认为，因袭权没有资格禁止一切权利主张，而是可用来对抗一切古老的占有——他们认为，因袭权本身就可以用来否定占有者和财

---

❶ 参见《新约·马太福音》5：45："他叫日头照好人，也照歹人，降雨给义人，也给不义的人。"——译者注
❷ 乔治·萨维尔（Sir George Savile）的法案，称为"无时效法案"（*Nullum Tempus Act*）。——柏克原注（萨维尔是柏克的政治盟友，他这个法案在1768年2月17日得到过柏克的支持。——译者注）

产所有人。他们认为，难以追溯源头的占有，不过是一种长期延续的占有，因此也是有增无减的不义。

这就是他们的观点；这就是他们的宗教；这就是他们的法律。但是，就我们这片国土、我们这个种族而言，我们的教会和国家是一种良好的合约制度，如同耶路撒冷的庇护所和古老律法的圣殿，只要它得到崇敬的拱卫、权力的守护，作为堡垒和圣殿，不容侵犯地屹立于不列颠的锡安山上——只要不列颠的君主制只受到国家各项制度的限制，它就会像屹立不倒的温莎城堡，保持着威严的均衡，有古老家族和同代人的双重保护；只要这个令人敬畏的结构照看并守护着这片臣民的土地——贝德福德的肥沃庄园里的土丘堤坝，就不必害怕法国所有平均派的镐头。我们的国王陛下及其忠诚的臣民，即本王国的贵族和平民，只要这三方拧成一股绳，便无人可以打破。这个民族发出庄严的誓言，结成一个同舟共济的宪制共同体，相互之间提供坚定的权利保障，维护着共同的和各自的安全，各方都各得其所，无论有什么品质、财产和地位——只要这些还能延续，贝德福德公爵就是安全的；我们也都是安全的——上等人不会受到嫉妒和贪婪的掠夺，低贱者也不必遭受压迫的铁腕和傲慢的轻蔑。阿门！事情就是这样，它也将仍然是这样。

>Dum domus Aeneae Capitoli immobile saxum
>Accolet; imperiumque pater Romanus habebit. ❶

---

❶[拉丁文：" 只要埃涅阿斯的庙堂依然屹立于朱比特山的坚固岩石上，罗马之父就保持着权威。见 Vergil, *Aeneid* 9：pp. 448—449.] ——编者注

但是，假如傲慢的大人物被狂妄的野心冲昏了头脑，民众在他们的唆使下误入歧途，把高卢人的骚乱以及他们高深玄妙、混淆视听的"人权"和草菅人命的刀剑引入我们的城市，我们就会命归黄泉，无一例外地陷入灭顶之灾。如果大风暴袭击我们的海岸，它抛到岸上来的不但有长春花，还会有巨鲨。这位大人不会比他所蔑视的那位可怜的王室馈赠领受者活得更长，不会超过一年。假如大人物通过效力于这种高卢人的事业寻求安全，他们就太愚蠢了，甚至超出了特权允许财产所能做的范围。假如那位大人是他们力促其改宗的那些人中的一员，他应当明白让他接受其信条的那个宗派的性质。和他们混在一起，造反就是最神圣的革命义务。对施主忘恩负义是革命者的第一美德。忘恩负义就是他们至高无上的"美德"。他从哲学革命发生以来出现的一切事情中都能看到它。对他生活于其中的秩序履行造反义务的人，假如他为之辩护（上帝禁止他这样做），那么另一些人的功绩就是履行对他造反的义务。对光耀自己家族的王室忘恩负义的行为，假如他为之辩护（上帝再次禁止他这样做，我猜测他也不会这样做），别人也会根据自己的权利和义务对他以牙还牙。他们会嘲笑他，嘲笑他的羊皮纸和封蜡。他的契约将同他的档案室中的其他废物一起被取出，在贝德福德宅邸的院子里化为灰烬。❶

对于那位大人对我充满敌意的责难，如果我向他发出友好的告诫，难道就是在指责他？法国那个食人族的哲学教派会让我国人民中

---

❶［雅各宾党人的一首歌中反复唱着要绞死所有的贵族。］——编者注

的很多人改宗，它会利用这种共同的改宗武器战胜我国政府，而那位大人在我看来似乎没有为了自己的安全起见倾力给予支持，假如我向他指出这有可能给他造成什么影响，我就该受到谴责？他以及和他一样的另一些人，有必要搞清楚这个教派的真正性质，他们的意见是什么，他们对谁做了什么，以及（假如人的倾向和行动能够形成某种预兆的话）他们今后肯定还会做什么。他应当知道，他们在这个国家有信誓旦旦的助手，这些人和他们非常相似，认为"人的全部职责"❶ 就是破坏。他们是宁录❷家族中败坏的一支。他们是贝德福德公爵的天然猎手；他是他们的天然猎物。他没有深入思考，所以是在浑浑噩噩地活着。相反，他们总是保持着警觉，勤于建功立业，虽然他们远远不具备能成为可敬或有用之人的任何知识，但是他们的领袖在这方面却不是等闲之辈或装备不足。在法国大革命中，一切事物都是新颖的；由于对无法预见的罪恶缺乏应对的准备，一切又都是危险的。在过去的时代，还从未有过一批文人变成一帮劫匪和杀人犯，也从未有过歹徒匪帮装扮成哲学家，操着他们的腔调。

我想告诉那位大人，这样一帮看上去很荒诞的人联合在一起，并不是为了成为卑鄙的敌人。但是，假如他们作为仇敌很强大，他们作为朋友同样可怕。法国的有产者相信一种势力似乎是不可抵挡的，因为它从未被检验过，他们没有做好用自己的武器与之对抗的准备。他

---

❶［"人的全部职责"是一本广受欢迎的英国国教著作的标题，出版于 1658 年，作者不明。］——编者注

❷宁录（Nimrod），圣经人物，《旧约·创世记》（10：9）中说他是一个"强壮的猎户"。——译者注

们面临着和墨西哥人一样的处境，当受到一小撮人的猛犬、骑兵、利刃和火器的攻击时，他们从来不知道自然界还有这样的人。这是别人做过的类比，我以为是正确的。在法国，他们在自己家里就有敌人，甚至就存在于他们许多人的亲友中间。但是他们缺少看穿这些人的野蛮天性的智慧。这些人似乎是驯顺的，甚至很讨人喜爱。他们言谈优雅，充满人情味。他们不能忍受对滔天大罪给予最温和的惩罚。司法稍有严厉，就让他们惊悚不已；一想到人世间还有战争，他们就难以入眠。在他们看来，军事荣耀不过是出色的恶行。他们很难听进去自卫这种说法，对它加以严格限制，以至于它完全称不上是防卫。就在他们这样想时，我们却看到了没收和屠杀。如果有人告诉这些不幸的贵族和绅士，使他们兴旺的法国君主制将要被颠覆，他们不会怜悯这种幻想家，而是会视之为可怜的小丑不屑一顾。但是我们已经看到发生了什么。因为法国的食人哲学而受难的那些人，与那位大人十分相似，可能除了后者法语说得不太好以外，看不出他们之间有任何不同。他们有很多人拥有像他一样显赫的头衔，出身名门望族；他们中间有少数人家财万贯，有些人像他一样——这样说丝毫没有贬低贝德福德公爵的意思——既聪明又有德行，既勇敢又有良好的教养，是像他一样的正人君子；除此之外，他们还具备职业军人的强大戒备心，这使他们比那些只知无所事事安享财产的人更加警觉。但是，安全感会让他们毁灭，他们会在风暴中被摔得粉碎，我们的海岸将布满残骸。假如他们早就知道会发生这种事情，这种事情就绝无可能发生。

我向那位大人保证，如果我向他说明他的敌人的计谋，采用的方式让他觉得很可笑，像是根本不可能发生的事情，我并不是在向他讲述确实没有发生过的事情，它就发生在离我们的海岸直线距离只有24英里的地方。我向他保证，亲法的帮派受到法国发生的事情的鼓舞，要比有些人发出的警告更为严重，他们盯住了他和他的地产，作为他们的好奇心和贪婪的目标。他成了他们的双重角色的关注对象。作为劫匪，他们视他为贵族猎物；作为思辨家，他是为他们的试验哲学赢得荣誉的主题。他为广泛的分析提供了素材，这涉及他们的所有科学分支：几何学、物理学、民法学和政治学。这些哲学家是狂热分子，独立于任何利益——假如利益起作用，本可以让他们更加有章可循；他们怀着莽撞的怒火，不顾一切地进行任何尝试，为了自己最微不足道的试验，不惜牺牲全人类。与那位高贵的公爵相比，我能更好地看透这些人的性格。我年事已高，阅世丰富。我不敢夸口自己有多少文学修养，但我曾动情于文学。我多年生活在以此为业的人中间。对于那种人可能有什么表现，我能做出差强人意的判断，这种表现要想获得名气和财富，取决于知识和才华，它既可表现为扭曲的病态，也可以健康而自然。这样自然成才的人，是上天送给世界最好的礼物。但是，他们一旦放弃了对上帝的敬畏——这是所有时代经常发生的事情——和对人的畏惧——现在就属于这种情况，他们在这种状态下相互之间意气相投，统一行动，将会给人类带来比地狱还要可怕的灾难。难以想象还有比彻底的形而上学家更坚硬的心肠。与人的弱点和激情相比，它更接近于邪恶灵魂的冷酷。它就像魔鬼的原则本身，是经过升华、纯而又纯、没有任何杂质的罪恶。从人心中根除人性并不容易。莎士比亚所谓"愧疚的天性"❶ 有时会敲打他们的心灵，抗议他们杀戮的念头。但是他们拥有把自己的天性与之混合的手段。他们的人性并没有消散。他们只是让它长期休眠。他们随时都可以宣布，对于他们追求的善来说，他们认为两千年并不漫长。走向他们所设计的善，他们显然只能看到某种罪恶的道路。他们的想象力从不疲倦，思考着千百年绵延不绝的人类苦难，无尽的凄凉和荒芜。他们的人性存在于他们的地平线上——就像地平线一样，它永远处在他们视野的尽头。几何学家和化学家的性情来自于他们干瘪的图表或炉灰，这使他们比冷漠地看待支撑着道德世界的感情和习惯还要恶劣。野心突然降临到他们身上，这让他们极为兴奋，对别人或他们自己就要面对的危险无所畏惧。这些哲学家在他们的实验中看待人类，比看他们的空气泵或毒气罐里的老鼠强不了多少。无论那位大人怎么看待自己，他们看待他，以及属于他的一切事物，就像观察那只长尾巴的小动物的胡须一样，这一向是那些道貌岸然、阴险而又妒火中烧的哲学家的拿手好戏，无论他长着两条腿还是四条腿。

那位大人的地产难以抗拒地诱惑着他们进行土地试验。这种地产是对"人权"明目张胆的侮辱。它比希腊许多城邦的领土还要大，肥沃程度更是它们大多数没法比的。如今在意大利、德国和瑞士还有一些城邦国家，它们也没有拥有这样一片沃土。有一种设计，可以让七个哲学家根据哈灵顿所说的七种政体，在这位公爵的土地上进行分

---

❶ [Shakespeare, *Macbeth*] I. v. 45.] ——编者注

析性试验。❶过去那片土地完全不生产高深的思想，只适合养牛，种植酿造啤酒的谷物，更适合愚钝的英国人的理解力。西哀士神父❷有一个完备的格子柜，里边装满了有待制定的宪法，上面贴着标签，做了分类和编号，适合每一个时代和每一种幻想，有为底层的高端模式，也有为上层的低端模式；有的浅白，有的花哨；有的以简洁取胜，有的以复杂见长；有的带有血迹，有的沾满了巴黎的污垢；有的附带指南，有的没有任何说明；有的咨询过长者和年轻人的意见，有的没有问过任何人的看法；有的是选民选出代表，有的是代表选出选民；有的穿长袍，有的穿斗篷；有的穿马裤，有的不穿马裤；有的规定了五先令的财产限制，有的没有任何限制。因此，任何宪法迷都不会空着手从他的店里出来，无论他喜欢什么样的作恶方式——掠夺、镇压、任意监禁、没收财产、流放、革命审判、合法的预谋杀人——总有一款适合他。令人遗憾的是，这种试验哲学的进步将受制于那位大人的垄断权！我向他保证，这就是他们的想法；他们敢于发言时就会操起这种语言，他们有了行动的手段时就会这样做。

他们的地理学家和几何学家有时是脱离实际的。他们把自己的国家划分成方块已经有一段时间了。那种形状已经失去了新颖的魅力。他们需要新的土地进行新的试验。不但共和国的几何学家发现他是个

---

❶指哈灵顿在《大洋国》（Harrington's *Commonwealth of Oceana*，1656）中提出的政治理论。他在讨论大洋国的政体之前，提到了以色列、雅典、斯巴达、迦太基、罗马、威尼斯、瑞士和荷兰的政体。——译者注
❷西哀士（Comte Emmanuel-Joseph Sieyes，1748—1836），法国大革命时期著名的政治活动家，雅各宾俱乐部的创始人之一。在起草1791年和1795年宪法中都发挥过重要作用。——译者注

好的对象，化学家也要在地理学家之后拿他下手。地理学家盯着他的土地，化学家看上了他的住宅。灰浆是一种反革命的发明，但只要运用得当，就可以成为推翻一切旧体制的材料。他们发现，从废墟中提炼的火药最适合用于更多的破坏。他们计算过，贝德福德的大宅子和沃本大修道院有多少材料能转化为硝石，公爵大人及其受托人还要为考文特花园那个愚蠢的保王党人伊尼高·琼斯花多少钱。❶ 教堂、剧院和咖啡馆都注定要夷为平地、化为垃圾；经过加工后，提炼出暴民在真正的民主大爆炸中使用的硝石。他们的以莫尔沃和哈森弗拉特❷为首的"实验科学院"（反其义而用之）❸ 已经做过计算，英勇的无

---

❶琼斯（Inigo Jones，1573—1652）是17世纪英国的著名建筑师，考文特花园和白厅都是他的杰作。他曾接受贝德福德公爵的委托，在其布鲁姆斯伯里郊区的庄园里实施了一项巨大的建筑方案。——译者注
❷莫尔沃（Louis-Bernard Guyton de Morveau，1737—1816），法国化学家，把气球用于战争的先驱。他是制宪会议成员，投票赞成处死国王。哈森弗拉特（Jean-Henri Hassenfratz，1755—1827）是气象学家，巴黎雅各宾党的主要成员之一。热月政变以后很少再参与政治。——译者注
❸［短命的实验科学院（Accademia del Cimento），1657年在意大利佛罗伦萨成立的研究机构，旨在对抗中世纪的"四艺"（quadrivium，指算术、几何、天文、音乐），十年后解散。柏克这里是指上述两位参加革命的法国科学家。］——编者注

套裤汉利用贝德福德公爵宅第的废墟,可以与欧洲的全体贵族开战一年。❶

当莫武❷和普雷斯特利用贝德福德公爵大宅的垃圾进行这种试验时,西哀士、另一些分析法学家和宪法贩子,则悄悄地忙于解构组织的勾当,他们用那位大人的封臣组成了初级议会,第一、第二、第三国民志愿卫队,调查委员会、巡回断头台操作员、革命法庭的法官、强迫借贷的勒索者和大宗财产评估员。

这个铁匠铺传来的喧嚣声,在某个时候可能唤醒这位高贵的公爵,促使他努力从他们的试验哲学中救出一点东西。假如他为王室给他的赏赐辩护,他从一开始就彻底输掉了。假如他辩护说,他得到的赏赐是来自对迷信团体的掠夺,这确实能让他们犹豫片刻,因为他们是一切信仰社团、一切宗教的敌人。但是他们很快就会恢复常态,他们会告诉这位大人或他的博学顾问,这些财产都属于国家。假如他希

---

❶ 共和国的领袖们在评价他们自己时,最为看重的莫过于化学方法,他们运用科学,把傲慢的贵族变成了毁灭他们自身的工具。用这种方法,他们把贵族辉煌古老的住宅——由公爵、男爵或伯爵这些封建爵位装点的地方——化为他们所说的革命火药库。这些人告诉我们,过去的事情"一直没有以适当的、革命性的方式得到揭示"……"坚固的封建城堡引起了你们的委员会的关注,下令将其摧毁。大自然悄悄地重新获得了她的权利,通过提供硝石,提供了毁灭的手段,以方便执行你们的命令。从这些依然蔑视共和国的自由的废墟中,我们提取了生产原料;那些过去散发着暴君们的傲慢、隐藏着旺代的阴谋的建筑物,将很快为制服叛徒、压制不满者提供必要的资金"……"叛乱的城市也提供了大量的硝石。获得解放的社区(即许多地方已变成废墟的里昂这座高贵的城市)和土伦将为我们的炮兵支付第二笔财源"。Report 1st. February 1794.——柏克原注[译按:这段引文的出处是贝特朗·巴雷尔(Bertrand Barere de Vieuzac, 1755—1841)代表公共安全委员会提交制宪会议的报告。]

❷ 莫武(Guyton de Morveau, 1737—1816),法国化学家,化学命名法的发明人,也是大革命时期政坛上十分活跃的科学家之一。——译者注

望过完一个公民的自然周期（按孔多塞的计算，平均为六个月），不被当作国民财产的篡夺者，这才是更明智的做法。这就是"人权"法的大律师要对英国普通法的小学徒说的话。

这就是闻所未闻的哲学天才？你大可以认为，杜伊勒丽宫的花园受到了国民议会很好的保护，他们用丝带做了隔断，以防至高无上的暴民侵扰可怜的法国国王，仿佛蛛网就能把革命的野蛮人和他们的天然猎物隔开。深刻的哲学家并不是不务正业的人，英勇的无套裤汉也不是形式主义者。他们对塔维斯托克侯爵，不会比对塔维斯托克修道院院长有更多的敬意；在他们的眼里，沃本的勋爵不会比沃本的小修道院院长更值得尊重；他们不会区分考文特花园的修女总监和考文特花园的另一种总监。他们不在乎他的外套是长是短；是紫色的还是蓝黄色的。他们不会为这些人的发型操心，看看他们头发理成了什么样子；他们会对光头和短发一视同仁。他们唯一的问题，也是勒让德❶或他们的另一些立法屠夫的问题：如何下刀？如何刮下爪子或肾脏的油脂？

这不是个别现象，当无套裤党屠夫和屠宰场的哲学家在他的皮肤上画出分割线，就像我们在查令十字街的橱窗里看到的可怜的公牛画一样；当它还活着对世界无害的时候，便被分割成臀、胸、腰，切成用于烧烤、炖煮的各种条块；就在他们打量这位大人时，他却在算计我，把王室的馈赠与他那个等级的捍卫者的功绩进行不公正的比较，同时又去奉承那些拔出刀子的人——可怜的天真汉！

---

❶ [路易·勒让德（Louis Legendre）是个无套裤党，屠夫，也是丹东的朋友。]——编者注

> 为了讨其欢心，他备好了盛宴，
> 舔干净那只让他流血的手。❶

人生一世，怀着勇气去做神意命令或规定的事情，终而不得不退出，这确实是困扰着老年人的严重不便。就在不久前，我离开伦敦去处理一些事情时，观赏过一些精美的肖像画，画中的大多数人现在都已离世，但是在我的处境较好的岁月里，他们的社交圈使这里成了一个让我感到骄傲和幸福的地方。在这些人中间，有凯珀尔勋爵❷的肖像。它的作者是一位非常擅长这种题材的艺术家，❸当这位杰出的人士还很年轻时，画家就是他的出类拔萃的朋友，也是我们两人共同的朋友，我们一起相处了许多年，没有片刻的冷淡、牢骚、嫉妒或不和，直到我们最后分手的那一天。

我永远把凯珀尔勋爵视为他那个时代最伟大、最优秀的人之一。我很喜欢他，因此也栽培过他。他活在我的心中，我相信自己也活在他的心中，至死不会忘却。他在朴茨茅斯受审后送给了我这幅肖像。当他的荣誉蒙受苦难时，我既热情又担忧地同他站在了一起，我的儿子初出茅庐，❹便怀着虔诚的热情投身于维护我的友人的事业，同我

---

❶ [Pope, *An Essay on Man*, 1: pp. 83—84.] ——编者注
❷ [奥古斯都·凯珀尔（Augustus, First Viscount Keppel, 1725—1786），英国海军将领，也是柏克在议会中多年的同事。1779 年他任海峡舰队司令期间，曾受到军事法庭的指控，称他在他同法国舰队的作战中没有全力以赴，柏克帮助他准备了辩护词。] ——编者注
❸ 指约书亚·雷诺兹（Joshua Reynolds），见 184 页注。——译者注
❹ 柏克的儿子理查德 1775 年进入伦敦著名的律师学院"中殿律师会馆"，1780 年取得律师资格。——译者注

一起致力于为他消除几乎所有的敌意,我相信他就像我的感受一样,在那个时刻能够感受到这份友情。我确实是与本王国一些最优秀、最能干的人一起,分享着这份荣誉,但我并不输于他们任何人;我相信,假如事情脱离正轨,让这个国家蒙受永久的耻辱,它的一切荣耀和美德被一扫而空,我会同他一起出现在战舰的甲板上,虽然是出于不同的感情,我的真诚意愿和自豪感,不会逊于我同国人一起为他的美德得到公正的对待而欢庆。

很抱歉,阁下,上了年纪的人一饶舌,喜欢喋喋不休地谈论已故的大人物。在我的有生之年,我们只生活在回顾往事中,已经完全不适合活跃的社交生活,我们永远失去的人,他们的友情是能治疗所有创伤的最好的安抚。我对永远失去凯珀尔勋爵的感受,任何时候也不像我在上院第一天受到攻击时那样强烈。

倘若那位可敬的人还在世,他会从自己的位子上站起来,对他的外甥贝德福德公爵❶发出长辈温和的责难,他会告诉公爵,仁慈的君主曾用大不列颠的海军指挥权、王国枢密院的世袭职位奖赏他的美德,这并不是向他这位受到粗暴审判的朋友、他的忠实同伴和顾问展示不当的恩宠。凯珀尔勋爵会告诉公爵,那些斥责无论针对谁,在他的家族近亲中间都是失礼的行为。他会告诉公爵,那种身份的人失了礼节,也就失去了一切。

那一天我失去了凯珀尔勋爵,但公众是在那次可怕的危机中失去

---

❶ 贝德福德公爵的母亲是奥古斯都·凯珀尔的姐姐伊丽莎白·凯珀尔(Elizabeth Keppel, 1739—1768)。——译者注

了他！我这样说，是因为我很了解这个人，他绝对不会听任与法国无套裤党的乌合之众有任何妥协的发生。他的善意、他的理性、他的品味、他的公共职责、他的原则、他的成见，使他永远把集疯狂、邪恶、不敬神和罪行于一身的可怕事物拒之门外。

凯珀尔勋爵有两个国家，一个来自血统，另一个来自出生。❶ 这两者的利益和荣誉是相同的，他的心胸也足以包容两者。他的家族是高贵的荷兰人；他是欧洲值得夸耀的最古老、最纯正的贵族，属于一个热爱自己的故土超过任何人的民族。他没有对任何人表现得无礼，凯珀尔勋爵是高贵的。高傲而又强壮的血脉，能为所有最幼小的心灵赋予最温柔的美德。他看重古老的贵族，从来不迟疑于用新的荣耀为之增光。他对新老贵族同样推崇，不是作为可耻的懒散的借口，而是作为积极展现美德的动力。他认为高贵的出身是克服自私和头脑狭隘的良药；他认为出身高贵的人本身无足轻重，他过去和身后发生的事才重要。他不必多加思考，只要运用正直的情感所形成的可靠直觉，在天生的、朴素的理解力引导下就能感觉到，没有某种形式的贵族团体，以荣誉为傲，由特权所加强，任何伟大的国家都不可能长存。贵族构成了一根链条，把民族的世世代代联系在一起，不然的话，他们很快就会听信（潘恩先生的）教导，认为一代人不能约束下一代人。他感觉到，这种秩序经由漫长的时间，为国家提供了可靠的团结、统一和稳定的合理希望；没有它，就不可能形成任何政治结构。他感觉到，除此之外，没有任何办法能防止朝廷的多变，以及大众更严重的

---

❶凯珀尔的祖辈是1688年光荣革命时随威廉和玛丽一起从荷兰来到英格兰的贵族。——译者注

多变。谈论世袭君主制，却不提在国家中享有世袭尊严的事物，是智力低下的谬论，只适合那些可恶的、"有志于成为流氓无赖的蠢人"❶，他们在 1789 年开始铸造"法国宪法"这种伪币——而用古老贵族的偏见（那个民族在这方面曾经拥有巨大的优势，却邪恶而粗暴地拒绝了它）是制造不出它来的，因为这种偏见反抗用幻想重新打造出来的所有共和国。对它可以进行改进，加以纠正，为它重新注入活力；人们可以摆脱它，也可以培养它，但这种偏见本身是一种日积月累的现象，因此不能仅仅视为实在的制度。他能感觉到，这种贵族事实上不是国家的另一些制度中的弊端，而是由那些制度所建立，为了它们而存在的。

我了解我所谈论的这个人；假如我们能根据对往事的记忆预测未来，任何在世的人都会怀着极大的藐视和恐惧看待奥尔良、拉罗什富科、拉法耶特、诺瓦耶和佩里戈尔❷这些人，以及宫廷里一大批背信弃义的无套裤党，这些不忠不孝之辈毁弃宗祠，使后代无所归依；他们就像魔鬼的化身，怀着堕落的傲慢、颠倒的野心，放弃了自己的尊严，脱离了他们的家族，背叛了最神圣的信任，把连接社会的伟大纽带、凝聚国家的筋骨撕成碎片，使他们的国家永远陷入混乱和荒芜。凯珀尔勋爵不会怜悯这些乱臣贼子自身的命运。他们让人世间卑微的芸芸众生要么死在牢里，要么被送上绞架，或是沦为乞丐，流离失所。这使他或任何头脑健全的人心中不可能对他们有丝毫的同情。我

---

❶ [见 Pope, *Epilogue to the Satires*, 1: pp. 163—164.] ——编者注
❷ [柏克提到的这些人，都是同情革命、宣布放弃特权和身份的法国贵族或主教。] ——编者注

们无法做到同时同情压迫者和被压迫者。

看看他的巴达维亚血统吧，他是高贵的荷兰贵族的后代，曾不惜挥洒热血维护自己的独立，其作用不亚于他们国家的海河湖渠；他如何能忍心看着这个家族，其崇高的灵魂压过霸气冲天的西班牙人、趾高气扬的奥地利人和不可一世的法国人，屈服于最卑贱的奴役，向最无耻的歹徒称臣，把那里变成充斥着暴民和绞架的地方？❶

这些贵族宁愿让他们的国家变成沼泽，消失在海里，也不愿臣服于当时如日中天的路易十四，因为他的军队是由蒂雷纳、卢森堡和布夫莱尔指挥，他的枢密院受科贝尔和卢瓦领导，他的法庭由拉穆瓦尼翁和达戈索主持；他怎能容忍这些人的后代就范于皮什格鲁、乔丹和萨特雷的野蛮游戏，他们的领袖则是罗兰、布里索、戈尔萨、罗伯斯庇尔、瑞贝尔、卡诺、塔里安、丹东，以及由弑君者、盗贼和革命法官组成的野蛮部落，这些人让他们的国家尸横遍野，最下贱的人蜂拥而出，如同铺天盖地的蝗虫，把世间这片最美好的地方变成荒原？

凯珀尔勋爵能忍心看到"显贵阶层"❷的毁灭？这个阶层是贵族和市民完美的结合，他们具备审慎和真诚的优秀品格，长期统治着这个邦联制共和国的城市，他们宁愿弃商从政，使自己的国家在他们的保护下取得史无前例的繁荣。凯珀尔勋爵能忍心看到一个邪恶的帮派

---

❶ [柏克写这封信时，法国大革命军队已经迫使奥兰治亲王逃到英国，荷兰成了巴达维亚共和国，受法国统治。在下一段，柏克把路易十四的法国军事领导人比作法国国民议会的军事和政治领导人。]——编者注

❷ Patricians 一词在古罗马时代是指与"平民"（Plebeians）相对的"贵族"，在中世纪的西欧往往是指城市的统治阶层，其成员多来自名门望族，但未必有封建意义上的贵族身份。——译者注

彻底毁掉这种和谐的体制，反而去赞成建立在虚假人权上的掠夺性民主？

他不是伟大的记账员，但他对欧洲的利益一清二楚。他怎能忍心看到，格劳秀斯的国家——国际法的摇篮，法律最丰富的宝库——却要由无知轻浮的托马斯·潘恩、拿着来路不正的人权夸夸其谈的拉法耶特，还有工于阴谋、煽动暴乱的马拉，不敬神明、擅长诡辩的孔多塞，就像他在巴伐利亚共和国发表的傲慢演讲那样，给这个国家讲授新的法典？

崇拜拿骚家族、把自己奉献给英格兰的凯珀尔勋爵，沐浴过英国和荷兰革命——带来稳定的革命，使两国的自由和利益得到加强并形成永久联姻的革命——的恩泽，他能眼看着英国自由的来源国受到法国的奴役吗？他能忍心看到一位奥兰治亲王被当作小暴君赶出自己的国家，不得不在另一个国家——将自身的自由归功于他的家族的国家——过着流亡生活？

凯珀尔勋爵能忍心听到有人说，这时应当忍气吞声，向那帮杀人犯下跪，求他们平静地退出？或者，既然他们第一次无缘无故的入侵被战争的命运所打断，所以不必采取安全措施，不必做出安排，不必建立屏障，不必形成同盟，以便保护那个作为英国最珍贵的一部分的姓氏？假如有人提议奥属尼德兰（应当成为荷兰的一道屏障或结盟的纽带，保护她对抗有可能在法国建立或恢复的任何类型的统治）应当建立一个受法国势力支配、依附于其强权的共和国，他会说什么呢？

最重要的是，假如他听到自己的外甥贝德福德公爵找理由指控我，说我是战争的始作俑者，他会说什么呢？如果我有意把这份殊荣留给自己，出于骄傲我可能这样做，但出于公正我却不敢，他会从我手里夺走他那一份，而且会死抓着不放。

如果我把属于国王陛下，属于他的内阁、他的议会、他的信仰坚定的大多数人民的荣耀据为己有，我就太放肆了。但是，如果出主意的只有我一个人，所有人都决心遵循我的建议，那么我就是战争的罪魁。但这是一场涉及我的理念、我的原则的战争。那位大人对于我在与弑君者的战争中的过失不管有何想法，他会发现我的罪过仅限于此。他绝对没有任何理由指责我是与弑君者媾和的首倡者。但兹事体大，不可与任何琐事——譬如我或贝德福德公爵各有什么功过——混为一谈。

顺候大安，余不多谈。

埃德蒙·柏克

索　引

（按汉语拼音顺序排列）

阿尔及尔 Algiers, 236
阿拉贡 Arragon, 225
阿维尼翁 Avignon, 85, 220—221, 251
埃德蒙森 Edmonson, 302
埃尔 Eyre, Robert, 137—138
埃及 Egypt, 236
《埃涅阿斯纪》（维吉尔）Aeneid (Vergil), 291n
艾迪生 Addison, Joseph, 12n
艾略特 Elliot, William, x, xiii, xv, xxi, 257—258
爱尔兰 Ireland, 121, 287
爱尔维修 Helvetius, Claude Adrien, xiv, 55
《爱弥儿》（卢梭）Emile (Rousseau), 27, 47n
安妮（英国女王）Anne (Queen of England), 74, 121, 121n, 133
安托瓦内特（法国王后）Antoinette, Marie (Queen of France), 19, 23n, 203
奥地利 Austria, 203, 222, 245, 258, 305n, 323

奥尔良公爵 Orleans, Duke of, 277, 279
奥古斯丁 Augustine, St., 267
奥古斯都三世 Frederick Augustus III, 227n
奥兰治的威廉（威廉三世，英国国王）William of Orange (William III, King of England), 38, 121n, 149
奥勒留 Aurelius, Marcus, 90
巴达维亚共和国 Batavian Republic, 267n, 323, 323n
巴雷 Barre, Mr., 297
巴黎议会 Parliament of Paris, 63—64
巴塞尔条约 Basle, Treaty of (1795), 257, 265
巴士底狱 Bastille, 3, 92, 112, 206n, 214
巴特 Bate, W. Jackson, 277
巴雅泽 Bajazet, 44
巴伊 Bailly, Sylvain, 214
白金汉公爵 Buckingham, Duke of, 303n, 307
柏克的定义 Burke defines, 73
柏克的讽刺 Burke satirizes, 264—265
柏克的描述 Burke's description of, xi—

xii

柏克为他的著作辩护 Burke defends his writings on,113

柏林 Berlin,267

邦康帕尼 Boncompagni,Cardinal Ignzio,223n

保王党 Royalists,266,317

报纸的传播 spread of,by newspapers,215

暴力 violence of,7,14—15,37,70,83—84,114,123,151,169,175,178,181,187,189

贝德福德的财产是对人权的污辱 Bedford's holdings an insult to rights of man,315—317

贝德福德公爵 Duke of Bedford,xv,xviii,277—326

背叛主人 betray their masters,54

被国民议会篡夺 usurped by assembly,176—177

被监禁 imprisoned,178,186,245

比坎斯菲尔德 Beaconsfield,5,72,277

比利时 Belgium(Belgic Provinces),203—204,216

比作彗星 compared to a comet,285—286

必要性 necessity of,16,96,126—127,129,132,142,144,152,162,228

波茨坦 Potzdam,267

波尔 Ball,John,xvi,170—172,237

波兰 Poland,165,185—187,204,218,227—228,236,258

波兰宪法 Constitution,Polish,236

波利克里托斯 Polyclitus,xi,47

波旁家族 Bourbon,House of,222,253

波士顿港口法案 Boston Port bill (1774),108

伯尔尼 Berne,221,236

伯利 Burleigh,Bacon(William Cecil),302

伯内特 Burnet,Gilbert,38

勃艮第人 Burgundians,166

不反抗教义 doctrine of non-resistance,138

不宽容 intolerance of,84

不列颠的宪政 Constitution,British,65,180,183,196

不列颠殖民地 Colonies,British,106,286

不受民意的影响 popular opinion does not affect,288

不稳定性 instability of,271

布夫莱尔 Bouffler,324

布拉班特领地 Brabant,States of,244

布兰登堡家族 Brandenburgh,House of,267

布里斯托 Bristol,104—105,294

布里索 Brissot de Warville,Jacques-Pierre,250—252,277,279,324

布鲁塞尔宫廷 Brussels,court of,246

布伦瑞克 Brunswick,155—156

布伦特福德 Brentford,283

财产 property,x,xiv,xv,xvi,xvii,8,10—12,30,36—37,39n,57,59,61,64,66,69,76,84,89,110,136n,145,151,178,183—184,187,191—

192,200,225,231—233,246,258,270,288—289,303—304,306—307,310—311,313,316,318

查理二世(英国国王) Charles II (King of England),141—142

查理十世(法国国王) Charles X (King of France),206n

查理一世(英国国王) Charles I (King of England),71n

查令十字街 Charing Cross,319

查塔姆伯爵,见"皮特" Chatham, Earl of, see Pitt, William,121

《忏悔录》(卢梭) Confessions (Rousseau),xi,47—48

称赞君主制的毁灭 Praises destruction of monarchy,88—89

斥责革命学社的祝酒词 chides Revolution Society for their toasts,259—260

从议会退休 Retires from Parliament,277—278

达戈索 Daguessau, Henri Francois,324

大不列颠 Great Britain,41,68,85,106,108,111,118,124,127,149,207—208,218—219,244,269,294,306,321

大宪章 Magna carta,42

《大洋国》(哈灵顿) Oceana (Harrington),316n

代表制 representation,29,64,66,211

带来稳定 leads to stability,325

丹东 Danton, Georges Jacques,319n,324

丹麦 Denmark,226

丹宁,约翰 Dunning, John (Bacon Ashburton),297

《当前局势的思考要点》 Heads for Consideration on the Present State of Affairs,203

道德法则 Moral law,158—162

得到年金的奖赏 rewarded by pension,297

德比什 Captal de Buche,169

地理学家 Geographers,316—317

第欧根尼 Diogenes,75

第三等级 Tiers Etat 64,67,242

第五街同盟 Firth Street Alliance,249,249n

第一次联盟 First Coalition,258

蒂雷纳 Turenne, Henri de la Tour d'Auvergne,324

定义 definition of,xvi,xviii,7,73,91,123,173

东印度公司 East India Company,117—118,212

杜邦 Depont, Charles-Jean-Francois x,xxi,3—17

杜波尔 Duport family,246

杜伊勒丽宫 Tuilleries,318

断头台 Guillotine,214n,261,318

《对布里斯托选民的演说》(柏克) Speech to Electors of Bristol (Burke),294

《对当前不满的原因的思考》 Thoughts on the Cause of the Present Discontents,73

对法国天生的敌意 natural animosity toward France,229
对贵族的蔑视 disdains aristocracy,xvii
对国家有重要贡献 does country an important service,289
《对结盟政策的评论》(柏克) Remarks on the Policy of the Allies (Burke),203
对君主制的歪曲 misrepresent monarchy,155
对新阶层的评论 comments on new class,203
对政党的定义 defines political parties,73—74
对政治生涯的反思 reflects on political career,119—121
对知识阶层的评论 comments on knowledge class,203
多数民众的行动 act of popular majority,157
多特宗教会议 Dort,Synod of (1618),267n
多样性 variety of,221,260
俄国 Russia,94n,204,218n,226,244,258
厄斯金,托马斯 Erskine, Thomas,260—263,265
《法国大革命反思录》Reflections on the Revolution in France, vii, xii, 3, 19—20, 22—26, 27, 74—81, 86—87, 99, 105, 116—117, 119, 122—124, 132—133, 135, 147, 184, 189, 200—201, 257, 265n

法国大使 Ambassador, French, 204, 248
法国的榜样 French example of,98
法国的腐败状态 corrupt state of, in France,10—11,36—37
法国的极端表现 excesses of in France,112
法国的农业经济 Agricultural economy of France,232
法国的市政府 Municipalities, French,235
法国的体制 French system,229
法国的温和派 Moderates, French,70—71,246
法国对荷兰的战争 France at war with,305n
法国公民 Citizens of France, vii—viii, ix, xiii,8
法国军队 Army, French,78
法国人的帮派 partisans of French,212
法国宪法 Constitution, French,87,94,96,98,117,183—185,204,322
法国宪法与英国宪政的比较 constitution of compared to British constitution,87,179—180,183—184
法国政府的破产 Bankruptcy of French government,230—231
法兰克人 Franks,xvii,166
法则 rules of,158,160,164,284
凡尔赛宫 Versailles,42n,45n
反对上院 opposes the House of Lords,66—67
反对在软弱状态下使用武力 opposes

use of force in weakened state, 31

反革命 Counterrevolution, xvi, 204, 231, 236, 317

反抗 Resistance, 58, 122, 125—133, 137—144, 170n, 171n, 189, 191, 193, 229, 235, 273n, 280, 305, 308, 322

反抗压迫 Oppression, resistance to, 32—33

放弃原则 abandon principles, 258

菲茨威廉 Fitzwilliam, Earl of, 73, 278

腓特烈大王 Frederick the Great, 240n, 267

费尔法克斯 Fairfax, Thomas, 71

费扬社 Feuillans, 222, 246—247, 250—251

封口信件 Lettres de Cachet, 112n

《讽刺诗》（佩尔西乌斯）Satires (Persius), 167n, 275n

否决权 Veto, 247

弗兰克尼亚 Franconia, 217

弗朗西斯 Philip Francis, xi, xxi, 19, 23n

弗洛里达布兰卡 Floridablanca, Conte de, 224

伏尔泰 Voltaire, xiv, 48, 55

福克斯 Fox, Charles James, 73—75, 87—89, 94—102, 106, 110, 116—118, 192, 203

福图纳图斯 Fortunatus, 152

腐败 corruption in, 50, 52, 71, 94, 129, 176, 244, 246, 268, 271, 273, 305

父母 Parents, ix, 49—51, 150, 161—162, 238, 299

《付薪官职法案》Pay Office act, 285

妇女 women in, 30

复仇 Revenge, 55, 273

复辟 Restoration, 37n, 57—58, 140—141

富兰克林 Franklin, Benjamin, 106—107

改革 Reformation, 14n, 40, 63—64, 103, 110, 115, 185, 185n, 190, 226n, 266, 266n, 271, 273, 282n, 285—286, 289—290, 306

改良 Reform, 12—15, 61, 64, 66—67, 111, 113, 115—116, 225, 271, 290—294

戈尔萨 Gorsa, Antoine-Joseph, 324

革命的种子 seeds of revolution in, 223

革命派 Revolutionists, 118, 258, 282

革命学社 Revolution society, 19, 25, 154, 248n, 259

革命者的自由 Revolutionary liberty, vii—ix, xiii, xvii

格兰维尔 Grenville, Lord, 280, 300

格里高利 Gregoire, Abbe, 170

格威利姆 Gwillim, David (Dafydd ap Gwilym), 302

公共自由与私人自由的统一 uniting public and private, 198

公民不服从的对象 target of civil disobedience, 139

公民投票 Plebiscites, 86n

公职 Public service, 100, 104

攻击辉格党和低教会派圣公会信徒 attacks Whigs and low-church Angli-

cans,74
宫廷会议 Aulick Council,268
共和主义 republicanism,95n,97,137, 222—226
共和主义倾向 republicanism gains in, 222
共济会 Freemasons,227n,243,267n
怪物 monstrous thing,88,149,230,236
《关于经济改革的演说》Speech on Economical Reform(Burke),278
光荣革命 Glorious Revolution, xii—xiv,19,38,74,117n,121n,147,321n
光照派委员会 Committee of Illumines, 267
贵族制的柱石 Pillar of aristocracy, 149—150
国民议会 National Assembly,xi,20—63,72—73,83—86,117,150,170, 176—178,199n,206,230—234, 238—239,243,246—252,281n, 318,324n
国民议会的声明 Manifesto of the Assembly,249—250
国王 King of,xi,xvii,xviii,33,38—45, 56,58,60,63—64,66—69,73,83, 87,94n,96,102,106,107,110, 115—118,122—129,133,139,142, 146,151,154—156,185—186, 204—208,210,210n,212,214,218, 220,222,224,226,226n,228,231, 235—236,239—242,244—252, 257,261,265—267,269,275,277, 281,292—293,295,298,300,304,

304n,306,310,317n,318,325
哈代 Hardy,Thomas,260n,282n
哈考特 Hacourt,Simon,132
哈克尼 Hackney,171n
哈灵顿 Harrington,James,316,316n
哈森弗拉特 Hassenfrats,317
哈特 Hart,Jeffrey,ix
汉诺威家族 Hanoverians,134,153,155
《捍卫人权》Defence of Rights of Man, 174n
合法性 legitimacy of,xvi,xviii,11,37, 135,138,144,152
和解的合法性 legality of settlement, 119
和伊壁鸠鲁学派相似 similar to Epicureans,237
荷兰 Holland,41,42n,122n,144,154, 267n,306n,316n,322—323,325
荷兰革命 Revolution,Dutch,325
贺拉斯 Horace,167
赫茨伯格 Hertzberg,240
赫尔墨斯 Hermes,264
赫卡柏 Hecuba,xi,23—24
赫克托 Hector,102
赫拉克勒斯 Hercules,267
黑尔 Hale,Matthew,37
黑海 Euxine,75
黑斯廷斯 Hastings,Warren,19—20, 71n,282n
亨利八世（英格兰国王）Henry VIII (King of England),303—305
侯赛因 Hessians,154
《胡迪布拉斯》（巴特勒）*Hudibras*

（Butler），147

皇帝党 Ghibelines，210

辉格党的立场 Whigs' position on，121—122

毁于法国的叛乱 subverted by French Revolt，166

彗星 Comet，285—286

混合政体 Mixed constitution，xvii，194—195

货币 Money，39n，230—232

霍尔斯 Hawles，John，127—128，135—136

霍兰德 Holland，John，143—144

基督教 Christianity，39，41，47，55，138，206

基克尔 Jekyl，Joseph，131—133，136n，137—143

激情 Passions，182，190，191，218，227，240，314

极端民主 excesses of，30—31，36

几何学家 Geomdetricians，47，315—317

技艺 Art，ix，xix，34，74，168—169，185，296，304

继承权 Succession，74，125，135，140，150，153，227—228，240

加尔巴 Galba，90

加尔文教 Calvinsim，266n

加拉 Garat，Dominique Joseph，Comte de，250—251

加莱 Calais，305

加拿大 Canada，94n

加泰隆人 Catalan，225

加图 Cato，229n，299

迦太基 Carthage，42—43，316n

家庭 Family，50—53，97，150，187，215，278，300

江湖骗子式的法案 Mountebank's bill，34

交往法案 intercourse bill，(1774)，108

教皇 Pope，42n，85n，143，210，210n，220，223—225，251

教皇党 Guelfs，210，210n

教会领地 ecclesiastical states，217—220

教会选帝侯领地 Ecclesiastical electorate，217—210

教士请愿反对签署同意书 clergy petitions against subscription，103

教育 education，vii—xv，27—28，46，50，150，168，197，199，239n，258

节俭 Economy，35，228，284—286，288，292—293，296，298，301

节制的美德 virtue of moderation，16—17

杰克逊 Jackson，William，265，265n，277

结盟社团 Federation societies，123

经济改革 economic reforms of，277—306

经验 Experience，xix，12—13，30，44，60—61，197—198，232，235，264

颈手枷 Pillory，4n，45，261

敬畏 reverence for，vii，xiii，xiv，43，51，55，160—161，224，225n，281，310，314

拘捕路易十六 Captures Louis, xvi, 206n

拒绝改革代表制 rejects reforms in representation, 103

军队 Military, x, 9, 40—41, 43n, 56—57, 70, 108, 110, 112, 145, 168, 185, 200, 213, 221, 232, 236, 243—246, 266, 273, 285, 324, 324n

君主 monarch, 42—44, 55—69, 82, 88—89, 94n, 101, 105, 109—117, 127—156, 182—187, 199—228, 231—257, 265—285, 302—304, 310, 312, 322

君主立宪制 constitutional monarchy, 135

君主权利与人民权利的平衡 monarchical, balanced with popular, 140—143

君主制 Monarchy, 139—140

咖玛列 Gamaliel, 39

卡诺 Carnot, Lazare, 324

卡庞特拉 Carpentras, 85

卡普莱特家族 Capulets, 154

卡维雍 Cavailhon, 85

卡扎里 Cazales, 60

凯德 Cade, Jack, 170

凯珀尔 Keppel, Augustus, 278, 320—325

凯撒 Caesar, Julus, 14

考文特花园 Covent Garden, 317, 319

苛捐杂税 abuses of, 10

柯勒律治 Coleridge, Samuel Taylor, xviii, xixn

科贝尔 Colbert, Jean-Baptiste, 324

科林斯 Collins, William, 42n, 269, 302, 302n

科隆 Cologne, 218

科特 Ket, 170

克伦威尔 Cromwell, Oliver, 37—38, 57, 71, 140, 140n

孔多塞 Condorcet, xiii—xiv, 200n, 237, 238, 240, 250—252, 318, 324

口袋选区 Pocket boroughs, 264n

狂热的无神论者 a fanatic atheist, 237—239

魁北克法案 Quebec bill, 73—74, 86, 93—100

拉法耶特 Lafayette, Marie Joseph Yves Gilbert du Motier, Marquis de, 149, 206, 246, 323—324

拉斐尔 Raphael, 199

拉罗什富科 La Rochefoucauld-Liancourt, Francois Alexandre Frederic, Duc de, 323

拉莫兹 Lameth family, 246

拉穆瓦尼翁 Lamoignon family, 324

莱比锡 Leipzig, 265

莱奇米尔 Lechmere, Mr., 124—127, 141

滥用 abuses of, 7, 45, 82, 99, 137, 229, 262, 271

劳德戴尔 Lauderdale, Earl of, xv, 277, 279, 280, 282, 283, 296—297, 301

劳动 Labor, 49, 294

老辉格党 Whigs, old, 77, 120, 123, 146—148, 153, 193

勒让德 Legendre,Louis,319,319n

雷恩齐 Cola de Rienzi,223n

李维 Livy,199

里昂 Lyons,317n

理性 Reason, vii, ix, x, xiii, xvi, 7, 8, 10,16—17,31—32,35,47,54,68, 88,120,154,156,158,161,167—168,174,177,182—183,185,198—199,239n,267,274,293,296,308,321

历史 History, viii, ix, xii, xvi, xix, 33, 63,74,84,117,129n,146,159,169, 203,209—211,215,235,262,268, 270,278,281,285,291,301,302

立法机构的形式 Legislature,forms of, 287

立宪派辉格党俱乐部 Constitutional Whigs,club of,249,249n

利奥波德二世 Leopold II,203—204, 235n

利维坦 Leviathan,301

列格 Liege,Bishop of,41

吝啬 Parsimony,298

卢森堡 Luxembourg,324

卢梭 Rousseau, Jean-Jacques, x, xii—xiv, xv, 27—28, 47, 47n, 48—53, 267,267n

卢瓦 Louvois family,324

路易十八（法国国王）Louis XVIII (king of France),206n

路易十六（法国国王）Louis XVI(King of France),44n,69n,73,178n,204, 214n,222n,225n,235n,242,266, 266n,305n

路易十四（法国国王）Louis XIV（King of France）,63n,229,324,324n

伦巴第 Lombardy,222

伦敦 London,5,23,39,145,173n,248, 248n,250,287n,319,320n

伦敦塔 Tower of London,149,153

轮换制 Rota,233

《论法的精神》（孟德斯鸠）Spirit of Law,The(Montesquieu),198

《论人》（蒲柏）An essay on man (Pope),319n

《论人权》The rights of Man,148n

论述人性 describes human nature, xi—xii

罗伯斯庇尔 Robespierre, Maximilien de,246,324

罗金汉 Rockingham, Marquis of,120n, 121,278,297n

罗金汉派辉格党 Rockingham Whigs, viii,xvii,277

罗兰 Rolland,324

罗马 Rome,42—43,224,310n,315

罗马人 Romans,xiv,151,224

罗马元老院 Roman Senate,43n,254

罗素家族 Russell,House of,301,306

马德里 Madrid,224,224n

马尔巴罗 Marlborough,Duke of,302

马加比 Maccabeus, Judas, xiii, 258, 273,273n

马拉 Marat,Jean-Paul,324

马利乌斯 Marius,14,14n

马穆鲁克 Mammalukes,236,236n

马萨诸塞宪章法案 Massachusetts Charter bill(1774),108

马赛 Marseilles,222

玛丽二世(英国女王) Mary II (Queen of England),121n

麦金托什 Mackintosh,James,148n

《麦克白》(莎士比亚) Macbeth (Shakespeare),267,315

曼彻斯特 Manchester,248

曼诺维尔 Menonville,Francois-Louis-Thibaut de,27

曼斯菲尔德 Mansfield,Harvey,xiv

没收 Confiscation,x,9,29,36—37,38n,42,186—187,231—232,303—304,306—307,313,316

梅萨丽娜 Messalina,23

梅特兰 Maitland,James,277

美德 Virtue,vii,viii,x,xvi,9,13,15—16,23—24,33—34,47—49,51—52,54,59,79,84,91,100,104—105,120,130,152,158,168,200,239n,266,270—271,273—276,287,298—299,306,311,320—322

美因兹的选帝侯 Mentz,Elector of,251—252

美洲革命 American Revolution,108—109,286

蒙克 Monck,George(Duke of Albemarle),55—57

蒙塔古 Montagu,John,124

蒙特莫兰 Montmorin,Saint Herem,Armand Marc,Comte de,204—207,248

蒙特莫兰先生的声明 Manifesto of Montmorin,206

孟德斯鸠 Montesquieu,Charles Louis de Secondant,Baron de,198,198n

孟加拉俱乐部 Bengal Club,212,212n

弥尔顿 Milton,John,198

米开朗基罗 Michelangelo,199

米奎莱 Miquelet,225

米拉波 Mirabeau,38,38n,56n

米兰 Milan,222

描述 description of,vii,xv,xviii,24,72,77,109,135,149,156,169,203,278,284n,291n

民兵法案 Militia act,142

民众的选举 Elections,popular,104

民主 Democracy,11,74,101,159,240,242—245,247,317,324

民主革命 Democratic revolution,226,286

名声 reputation of,11,48,71,76,79,100,170,174,186,260—262,308

明斯特主教 Munster,Bishopric of,218

摩泽尔河 Moselle,216

莫利 Maury,Abbe,60

莫斯科 Moscow,227

莫武 Morveau,Guyton de,318,318n

墨西哥人 Mexicans,311

默雷 Murry,William(Earl of Mansfield),302

默兹河 Maese,216

目的 ends of,xiv,xvii,9,12,14—16,19,27,40,44,48,54—55,64,66,68,69,72,77,93,107,115—116,122,131,135,140,144,156,167,

180，188，194，200，211，212n，218，229—230，239，252—253，273，287，290，293

穆罕默德 Mahomet，40

穆尼埃 Mounier，Joseph，60—61

拿骚家族 Nassau，House of，325

那不勒斯 Naples，222

内克 Necker，Anne-Louis-Germaine，214，214n，222n，240，242，247

《内战记》(卢坎) *Pharsalia*（Lucan），307n

尼布甲尼撒 Nebuchadnezzar，153

尼德兰 Netherlands，41，41n，203—204，229，244—245，325

尼禄 Nero，23n，90，90n，307n

年金 Pensions，xv，212，214，277—278，280n，281，293—294，297，301—302，304

年金专款 List，293，293n

宁录家族 Nimrod，House of，312，312n

农民叛乱 Peasant Revolt（1381），xiii，170n

农民起义 Peasant Uprisings，169n，226n

奴隶制 Slavery，171n

奴隶制污染自由 slavery pollutes，265

挪威 Norway，226

诺福克公爵 Duke of Norfolk，xv，257，259—265

诺福克公爵 Norfold，Duke of，xv，257，259n，262，262n

诺瓦耶 Noailles，Louis Marie，Vicomte de，323

欧里庇德斯 Euripides，xi，23

欧洲 Europe，24，27，27n，40—42，53，55，68，83，152，178—179，204—205，207—209，212，215—217，219，221，225，228，240，245，247，249—253，258，265—266，270，274，280，295，305，309，317，321，324

欧洲的封建体制 federal in Europe，216

《排练》(白金汉) *The Rehearsal*（Buckingham），283n

潘恩 Paine，Thomas，viii，xiii，xvii，148n，257，259，261—262，280，322，324

叛国罪 Treason，61，265n，303n

培根 Bacon，Francis（Lord Verulam），280n

佩蒂 Petty，William（Earl of Lansdowne），19

佩里戈尔 Perigord family，246，323

批评法国宪法 critizes French constitution，29—30，86

批评英国宪政 critizes British constitution，xv，xix

皮尔尼茨宣言 Pillnitz，Declaration of (1794)，204，235n，245，257，265

皮什格鲁 Pichegru family，324

皮特 Pitt，William，87，87n，94n，192，277，299

毗邻法国的风险 proximity to France Places it at risk，218

平等派菲利普 Philippe-Egalite，277

评论同盟政策 Remarks on the Policy of the Alles，203

评论政治的客观性 objectivity in commenting on politics,62—63
迫害 persecution,38,84,200,210,245,253
破坏英国的宪法权利 damaged English constitutional rights,108—109
仆人 Servants,54,274n
葡萄牙 Portugal,226
普加乔夫起义 Pugachev Rebellion (1773—75),226
普赖斯 Price,Richard,19—20,25
普雷斯特利 Priestley,Joseph,xvi,237,237n,257,259,261,280,318
普里阿摩斯 Priam,xi,23,102
普鲁士 Prussia,41,41n,203,216n,218,218n,227n,228,235,240—241,257,267,269
普罗透斯 Proteus,188,188n
普通法 Common law,318
七年战争 Seven Years War,94n,227—228,228n
齐西卡 Zisco,John,280,280n
骑士 Chivalry,24
骑士等级 Orders of knighthood,214
启蒙运动 Enlightenment,xii,28,224n,267n
启蒙运动 Enlightenment,xii,28
起源 origin of,xvi,123,150,157—159,181,183,188,210n,217,236n,295,303—304
前提条件 preconditions for,125
钱商 Monied interest,39,213
乔丹 Jourdan Family,324

切罗基部族 Cherokee,154
琼斯 Jones,Inigo,317,317n
屈莱顿 Dryden,John,197n
权力 power of,135,238n
权力 Power,xviii,6,10,11,13—14,14n,16—17,30,33,35—37,40,42,43,48,58,60—61,63n,64,67—70,82,85,94n,101,103,105,108,110—112,118—120,124—125,127—128,130,133—137,141—143,146,149—151,153—154,157—160,163—165,169,171n,175—177,189,191,195,200,206—207,211,216,223n,226,228,232—235,239n,241,243,246,263,271,273—274,282,286—287,308,310
权力和谍报中心 seat of power and intelligence,235
权利 right of,viii—xvii,7,8,10,35—36,42,51,53,60n,64,69,77,86,91,96—98,102,105,108,117—118,123,125—129,133,140—143,146,150—157,162,164—167,170,175—179,186,187,193,200,210,218—219,221,227,240,240n,243,257,264,270,288,301,304,306,310—311,318n
权利的安全 Security of rights,183—192
《权利法案》Bill of Rights(1689),xiii
《权利宣言》Declaration of Rights,127
权威 Authority,xiii,xvi,xxi,10,46—47,68,76n,78,81,106,119,122,

140,142,148,166,181—182,185,192,199—200,210n,227,232,242,245,261,263,270—271,292,306,310n

热那亚 Genoa,222

人的天性 man's nature,39,41,53,74,79—80,194,210,247,315

人民的权利 a right of the people,102,140—142,179

人民是主人 people are masters of,157

《人权宣言》Declaration of Rights of Man,viii,ix,86

人人生而具有的自由 birthright of all,7—8

人性 human nature,74—81

仁爱 benevolence,xii,89,187—188,240,275

仁慈的君主 a benign monarch,57

日程 journals,116

日耳曼地区 Germany,152n,155,204,207,216—220,227,250,253,265—266

日耳曼地区的政制 Constitution, German,221

日内瓦 Geneva,214n,220

瑞贝尔 Reubel,Jean Francois,324

瑞典 Sweden,210,210n,216n,226

瑞士 Switzerland,60n,216,220—221,316

萨丁 Sardinia,204,236

萨伏伊 Savoy,220—221

萨克森 Saxony,227,228,228n,236n

萨克森的种子 seeds of, in Saxony,228

萨克森选帝侯 Elector Saxony,227,227n

萨切弗雷尔 Sacheverell, Henry,74,122—124,128,128n,131—132,135,137,143

萨切弗雷尔的攻击 Sacheverell attacks,74

萨托尼努斯 Saturninus,14,14n

萨维尔 Savile,George,309n

塞沃尔 Thelwall,John,260n,299,299n

三个等级 three estates of,69,117

三十九条信纲 Thirty-Nine Articles (subscription),103n

桑泰尔 Santerre, Antoine Joseph,266,266n

沙玛 Schama,Simon,vii,x

莎士比亚 Shakespeare,William,xi,23,315,300

商业 Commerce,viii,9,89,105,185,213,234,294,304

上帝 God,vii,xiii,xiv,xvi,44,55,71,156,160,162,168,171n,180,197,225n,261,271—272,285,296,307—308,311,314

社会 social,vii,viii,ix,x,xi,xii,xiii,xiv,xv,xvi,xix,7—9,11,16,34—35,38,40,48—50,52,54,60,69,72,83,85,89,107,144,151,157,159—162,164—169,171n,175,179,181,184,186—187,190—192,194,196,198,213—214,217,247,248n,254,261,270,272,287,298,323

绅士 Gentlemen,vii,viii,x,xi,xii,xiv, xvi,20,30,52,54,57,60—61,112, 145,169,171,171n,186,211,233, 288,299,304,313

绅士阶层 Gentry,169

神圣罗马帝国 Holy Roman Empire, 41n,210n,216n,268,268n

神圣性 sacredness of,51,224

神职人员 Clergy,60n,103n,170n, 211—212,217,224,225,230—232

审慎 Prudence,3,15—16,64,87,91, 121,127,129—130,207,324

《圣经》Bible,153n,171,262n,308n, 312n

圣斯蒂芬礼拜堂 St. Stephen's Chapel, 294

《失乐园》(米尔顿)Paradise Lost (Milton),198n,286,291n,301n

实践的自由 Practical liberty,vii,viii, x,xiii,xiv,xv,xix

实验科学院 Academy del Cimento, 317,317n

士瓦本 Suabia,216

世袭制的荒谬 absurdity of hereditary, 150—151

弑君 regicide,24,137,243,246,265—266,324,326

受到英国教会的谴责 condemned by Church of England,137—139

枢密院 Privy council,41,63n,250, 321,324

疏远柏克 distance themselves from Burke,99

私生活 private life,301

斯巴达人 Lacedemonians,210

斯波鲁斯 Sporus,90,90n

斯奎拉切 Squillace,224,224n

斯塔尔 Stael-Holstein, Baronne de (Necker, Anne-Louise-Germaine), 222,222n,247

斯塔福德 Stafford,Edward,303n

斯坦霍普 Stanhope,James,128—129

斯特劳 Straw,Jack,170,172n

死亡 death of,64,65n,134,245,286, 295

苏格兰 Scotland,56,71n

苏拉 Sulla,Lucius Conrnelius,14,14n

索齐尼教派 Socinians,212,212n

塔里安 Tallien,Jean-Lambert,324

塔列朗 Talleyrand, Perigord, Charles Maurice,39

塔维斯托克 Tavistock,Marquis of,318

塔西陀 Tacitus,xiii,196n,197n,300n

逃亡 flight of,90,245

特利尔选帝侯 Treves,elector of,251

特洛伊 Troy,xi,23

特权 prerogative of,7,9,74,94,97, 108,110—111,155,186,214,247, 262,281,284,302,304,306,308, 311,322,323n,118,137n,140—142

调查委员会 Committee of Research, xiv,55,71,234,318

通过民主恢复专制 recovers despotism through democracy,245

图克 Tooke,John Horne,260n

图拉真 Trajan,90

土地税 Impost, territorial, 129, 230, 242n

土伦 Toulons, 317n

托利党 Tories, 74, 104, 120, 132, 137, 203, 212

瓦特尔 Vattel, Emmerich von, 207n

外交界 Corps diplomatique, 241

《万民法》(瓦特尔) Droit des Gens (Vattel), 207n

王国的等级制 Orders of the Kingdom, 206

王权的影响 influence of crown on, 110—111

王室专款 Civil list, 277, 285, 293

王太子的老师 Preceptor to the Dauphin, 239

王位觊觎者 Pretender, 128, 128n

忘恩负义 Ingratitude, 28, 200, 311

旺代 La Vendee, 317n

威廉二世 Frederick William II, 41n, 203, 235n, 240

威尼斯 Venice, 222, 224, 316n

威斯特伐利亚和约 Westphalia, Treaty of, 216, 216n, 219, 227, 266

威苏威火山 Vesuvius, 222

韦兹勒 Wetzlar, chamber of, 41, 41n

为个人声望辩护 defends personal reputation, 99

为接受王室年金辩护 defends acceptance of royal pension, 277—306

为美洲革命辩护 defends American Revolution, 106—110

为人民提供所需之物 gives to the people what they desire, 290

《为人权辩护》(沃尔斯通克拉夫特) Vindication of the Rights of Men (Wollstonecraft), 156n

为他论自由的作品辩护 defends his writings on liberty, 113

为王太子指派教师 appoints preceptors to the Dauphin, 238n

维吉尔 Vergil, 56, 65n, 160n, 199, 287n, 291n, 310n

维也纳宫廷 Vienna, court of, 246

温彻斯特公学 Winchester, 299

温莎城堡 Windsor Castle, xviii, xix, 25, 310

文明社会 Civil Society, ix, x, xvi, 60, 69, 159, 164, 167, 168

稳定性 stability of, 178, 230, 325

沃本大修道院 Wobern Abbey, 317

沃本的勋爵 Wooburn, Lord of, 318

沃波尔 Walpole, Robert, 129, 129n, 130

沃尔斯通克拉夫特 Wollstonecraft, Mary, 148n, 156n

沃尔西 Wolsey, Thomas, 304, 304n

无神论者 atheists, 39, 212, 237, 239

无时效法案 Nullum Tempus Act, 309n

无套裤党 Sans culotte, 267, 302, 319, 319n, 321, 323

无政府 Anarchy, 29, 40, 41, 56—57, 83, 185, 187, 229, 291

武力 Force, 27, 31, 35, 35n, 42, 55, 94n, 108—109, 125, 132, 222, 226n, 271

《物性论》(卢克莱修) De Rerum Natura(Lucretius),195n

西哀士 Sieyes,abbe,316,316n,318

西班牙 Spain,129n,210,210n,224—226,236,323

西班牙宗教裁判所 Inquisition,Spanish,224

西庇阿 Scipio,299,299n

西哥特人 Visigoths,166

西敏寺 Westminster,74,283,294n,299

西纳 Cinna,14,14n

西塞罗 Cicero,xiii,161—162,260

西西里 Sicily,222

希腊 Greece,42—43,92n,102n,188n,210,267n,315

希腊人 Greeks,xiv,43

希望自己的观点而不是私生活受到批评 desires that his ideas, rather than his private life, be critized, 325—326

锡若普 Sinope,75—76

下院 Commons, House of,73—74,79,83,94,94n,103—104,116—118,122—128,131—133,136n,139—144,150,287n,292,294n,305—306

夏娃 Eve,171,171n

闲差 Sinecure,153

宪章 city charter,xvi,108,145,150,150n,244n

享受劳德戴尔和贝德福德的攻击 relishes attack from Lauderdale and Bedford,280—281

小册子 Pamphlets,19,74,97,101,123,148n

小国 small size of republics in,220—221,253

效忠于王权 allegiance to the crown,125—126

谢尔本 Shelburne, Earl of(William Petty),19,20,25

谢里丹 Sheridan, Richard Brinsley,96—97

《新爱洛伊丝》(卢梭) La Nouvelle Heloise(Rousseau),x—xi,xiii,47n,52,54

新辉格党 Whigs,new,73,99,123,200

新教 Protestantism,135,141,209—210

新阶层 New class,203

新闻传播 News,circulation of,213

形而上学 Metaphysics,52,91,314

休谟 Hume,David,28,237

虚荣 Vanity,9—10,28,48—50,69,112,283

选民 Constituents,66,83,103—105,132,136n,177,207,263,294,316

哑剧小丑 Harlequin,152

雅典 Athens,43,43n,212,316n

亚当 Adam,171,171n,198,198n

亚伦 Aaron,153,153n

言论 of expression,75,107,114,129,249,262,278

耶稣 Jesus Christ,143

伊壁鸠鲁学派 Epicureans,237

伊顿公学 Eaton,299

伊丽莎白 Elizabeth,134,321n

以继承权为基础 based on succession,134—135

以社会制度作为媒介 mediated through social institutions, x

义务 Duty, vii, viii, 17, 23, 46, 48, 50—51, 54, 57, 62, 64, 71, 82, 123—127, 134, 138, 140, 143, 157, 160—163, 170, 183, 190, 194, 219, 239n, 300, 311

意大利 Italy, 210n, 213n, 215, 221, 222, 316, 318n

因信称义 Justification by faith, 208

印度 India, 19, 25, 71n, 118, 212n, 295

印度法案 India bill, 117

印度斯坦 Hindostan, 117

印花税 Stamp duty, 230

英法俱乐部 Anglo-Gallick clubs, 248

英国的反应 British reaction to, 81

英国的商业阶层 mercantile interest in England, 214

英国国教 Church of England, 312n

英国海军 Navy, British, 320n

英国人的宪法权利 questions constitutional rights of Englishmen, 108, 257

英国宪政 British constitution, viii, xvi, 66, 74, 186, 195, 278

英国宪政体制 British constitution, 278

勇气 Courage, xiv, 6, 16, 40, 55, 58, 60, 195, 258, 272—273, 276, 305, 319

优柔寡断 Indecision, 16, 181, 190

犹太人 Jews, xiv, 39, 153n, 224, 273n

友谊 Friendship, 79, 82, 219

有地阶层 Landed interests, 149—150

有限君主制 limited, 11, 124, 183, 238

渔业法案 Fishery bill, (1774), 108

《愚人志》(蒲柏) The Dunciad (Pope), 261, 261n

与波兰革命的比较 compared to Polish, 185—187

与法国同化的政策 policy of assimilation to France, 207

与法国宪法的比较 compared to French, 87, 179—180, 183—184

与光荣革命的比较 compared to Glorious Revolution, 154

与国王、贵族和教士不共戴天的敌人 sworn enemies to king, nobility and priesthood, 237

与君主制相容 monarchy reconcilable with, 111

与美洲革命的比较 compared to American, 109—110

《与美洲和解的演讲》(柏克) A speech on Conciliation (Burke), xiv

与其他革命的比较 compared with others, 154, 208

与萨克森的关系 relation to Saxony, 228

与新辉格党分手 separates from new Whigs, 75—80

与印度法案的关系 relation of to India bill, 117—118

原始契约 the original contract, 81, 124—126, 133, 135, 164

约伯 Job, 308, 308n

约克 Yorke, Philip, 302

约瑟夫二世(神圣罗马帝国皇帝) Joseph II (Holy Roman Empirer), 41n,

324 | 法国大革命补论

204,243,244n

在魁北克法案委员会的辩论中柏克的讨论 Burke's discussion of during Quebec Bill debates,86

在欧洲的传播 spread across Europe,210

在文明社会之外不存在 do not exist outside civil society,167

扎克雷 Jacquerie insurrection,169

詹姆斯二世（英格兰国王）James II (King of England),107,121n,128n,153

詹姆斯一世（英格兰国王）James I (King of England),135

战争 War,14,19,37,43n,44n,55,58,85,92,94n,106,108—109,128n,136,149,152—153,155,184,210n,216n,218—219,224,227—228,239,251,275,280,286,302,305,313,317n,325—326

战争或和平问题 War and peace questions of,275

战争与和平的权利 rights of war and peace,153

长子继承法/制 Primogeniture,150,214

哲学 philosophy of,24,40,45—46,48—50,52,75,102n,134,160,173,192—193,199,237n,240,243,252,266,270,272,279—280,302,311—319

征服者威廉（威廉一世，英格兰国王）William the Conqueror (William I, King of England),149

征税 Taxation,x,107

政党 Parties,political,xv,73,76,80—81,87,116,121—122,181,184,188,190,228—229,257,263,275,277,282,297n

政党是温和派 parties are moderate in,228—229

政党中的等级制 Hierarchy in,180—181

政府的基础 Foundation of government,194

政治美德 Political virtue,91

知识阶层 Knowledge class,203

职业生涯 career of,75,120n,277

纸币 Paper money,230,232

指责柏克 condemn Burke,108,111,179

制度 Institutions,vii,viii,ix,x,xiv,xvi,xvii,xviii,xix,8,16,31,38,46,50,63—64,66,74,82,83,87—89,92,94n,96,105,114—115,117n,118,129,151,179—180,183,187,191,194,198—199,205,207,214—215,221—222,233—234,236,239n,246,248,268,270,289,292,294,309—310,322

制宪会议 Constituting Assembly,245,317n

《致查理－让－弗朗索瓦·杜邦的信》Letter to Charles-Jean-Francois Depont,3—17

《致达朗贝先生的信》（卢梭）Letter to

M. d'Alembert（Rousseau），27

《致一位国民议会成员的信》A Letter to a Member of the National Assembly, x—xiv, xxi, 27—73

朱比特 Jupiter, 92, 92n

朱文诺 Juvenal, xiii, 36n, 51n, 275n

主计大臣 Paymaster General, 285

主权 sovereignty of, 10, 123, 134, 151—152, 223n, 239n, 266n

自然法 natural law, xvi, xix, 150, 251, 268

自然贵族 natural, ix—x, vii, xv, xvi, xix, 66—67, 168, 175

自然贵族与世袭贵族 natural versus hereditary, xvii—xix

自然神论者 Deists, 212

自然状态 Nature, state of, ix, 163, 168—169

自由 liberty in, vii, viii, ix, x, xii, xiii, xiv, xv, xvi, xvii, xix, 3, 6—13, 40, 42, 46, 50, 56—59, 61, 65, 68—71, 73, 77—79, 82—84, 87, 89, 97, 103—108, 111—113, 119, 123, 125—126, 129—130, 136, 140, 144—146, 149, 153—156, 158, 165, 168, 171n, 178, 180, 185—187, 194, 196, 197n, 198, 203, 216—220, 229, 235, 235n, 239n, 243, 251—253, 258, 261—263, 265—267, 272, 274, 280, 283, 287, 298, 304, 317n, 325

宗教的毁灭 destruction of, 55

宗教改革时期争论的教义 doctrine of debated during Reformation, 208

总督 Stadtholder, 19, 71n, 156, 229

佐伊尔 Zoilus, 102, 102n 作为帝国的一部分 as part of empire of, 229

作为对宪政的破坏 as subversion of constitution, 140